D1720157

Mai's Städteführer Nr. 3

Mai's Städteführer Nr. 3

Lissabon

und Umgebung

von Ellen Heinemann

2., überarbeitete Auflage
mit 34 Abbildungen und 3 Karten

Mai's Reiseführer Verlag Buchschlag bei Frankfurt

Fotos: Portugiesisches Touristik-Amt, Frankfurt (48 innen links, 120 innen links, 121 links, 153 innen rechts), Joaquim Bidarra, Lissabon (17 links, 17 innen rechts), Wilhelm Knüttel, Frankfurt (48 rechts, 49 links, 152 rechts), Prof. Dr. Manfred Kuder, Bonn (49 innen rechts, 81 innen rechts, 153 links, 184 rechts, 184 innen, 185 links); alle übrigen Fotos von Ellen Heinemann – Lektorat: Eva Schichtel

Verlag und Verfasserin sind für Verbesserungsvorschläge und ergänzende Anregungen jederzeit dankbar.

CIP-Kurztitelaufnahme der Deutschen Bibliothek

Heinemann, Ellen
Lissabon / von Ellen Heinemann. –
2., überarb. Aufl. – Buchschlag bei Frankfurt:
Mai's Reiseführer Verlag, 1987
(Mai's Städteführer; Nr. 3)
ISBN 3-87936-168-1
NE: GT

2., überarbeitete Auflage 1987

© Mai Verlag GmbH & Co Reiseführer KG 1987
Anschrift: Mai's Reiseführer Verlag, Im Finkenschlag 22, D-6072 Dreieich
Umschlagentwurf: Ingo Schmidt di Simoni, Dreieich
Karten und Pläne: Gert Oberländer, München
Gesamtherstellung: Clausen & Bosse, Leck
Printed in Germany

ISBN 3-87936-168-1

Inhalt

Lissabon (portugiesisch Lisboa), die Hauptstadt Portugals, liegt auf hügeligem Gelände am rechten Ufer des Tejo, der sich hier zum sogenannten »Strohmeer« (Mar de Palha) verbreitert, bevor er 16 km weiter westlich in den Atlantik mündet. Die Stadt hat 865 000 Einwohner; nimmt man das Einzugsgebiet in einem Umkreis von 25 km hinzu (Grande Lisboa), so kommt man auf eine Einwohnerzahl von 2,3 Millionen Menschen. Lissabon ist also mit Abstand die größte Stadt Portugals.

Warum Lissabon?

Was ist schon alles über Lissabon gesagt worden! Wie ist es besungen, schwärmerisch verklärt worden, und wie gehaßt, verflucht; manchmal sogar gleichzeitig. Nur unberührt hat es wohl kaum einen gelassen.

»Marmorstadt« wurde es genannt, die »schönste unter den Städten der Welt«, »auf sieben Hügeln erbaut wie Rom« (oder auf sieben mal sieben oder gar siebzig – doch immer haben sich die Berichter an die magische Sieben gehalten). Als exotische Traumstadt wurde es gerühmt, strahlend weiß in gleißendem Licht, mit üppiger subtropischer Vegetation, Prachtstraßen und schwarzen Schwänen, ein Garten Edens, ein Schmuckkästchen, sauber und gepflegt, eine iberische Schweiz. So hatte ich mir ein Bild geformt, bevor ich das erste Mal nach Lissabon kam, ein Amalgam aus Gehörtem, Gelesenem und eigenen Sehnsüchten, und natürlich war ich dann enttäuscht von der Realität.

Denn Lissabon ist schmutzig, schmuddelig. Parolen und von der Sonne verblichene, eingerissene Plakate prangen an allen Wänden (von Zeit zu Zeit unternimmt die Stadt halbherzige Reinigungsversuche, um der ausufernden Kommunikationsfreudigkeit Herr zu werden), doch wenn Sie einen Taxifahrer bitten, vor einem besonders farbenfreudigen, von der Revolution 1974 übriggebliebenen Wandbild zu halten, weil Sie es fotografieren möchten, wird er diskret, aber verständnislos den Kopf schütteln und nicht einsehen, warum Sie, statt dieser *porcaria*, nicht eine Postkartenansicht aufnehmen. Vor den Theken der Cafés liegen achtlos hingeworfene leere Zuckertüten und dünne Papierservietten neben Zigarettenkippen auf dem Boden. Und die wenigsten Häuser sind weiß (weiß ist die Farbe des Südens: des Alentejo und des Algarve); in Lissabon dagegen blättert überall der Putz in einer undefinierbaren Farbe ab, denn kaum ein Hausbesitzer steckt Geld in Schönheitsreparaturen

7

der alten Häuser, deren Mieten festgefroren und somit lächerlich niedrig sind. Die verkachelten Häuserfronten haben sich eine graue Schmutzschicht zugelegt; auch die modernen kalten Bankpaläste aus Glas und Beton in den Neubauvierteln und großen Alleen wirken nicht gerade anheimelnd. Selbst an strahlenden Sommertagen scheint in der *rush hour* auch in den großzügigsten Avenuen ein grauer Abgasschleier zu hängen, und das schwarz-grüne Taxi, das Sie vom Flughafen zum Hotel bringt, ist mit hoher Wahrscheinlichkeit ein 15–20 Jahre alter Mercedes, mit Löchern im Sitzpolster und überquellenden Aschenbechern, bei dem es durch die Türritzen zieht.

Sollte also das andere, das Negativbild stimmen, nach dem Lissabon ein Totenhaus ist, wie auch schon gesagt wurde? Wo eine feine Staubschicht auf Land und Leuten liegt, eine Aura von Langeweile und Monotonie; wo Resignation und Wurstigkeit die Lebensfreude erstickt, eine hartnäckig kleinbürgerliche Treibhausatmosphäre herrscht, in der alles miteinander versippt und verflochten ist; »filthy streets and more filthy inhabitants«, wie Lord Byron schrieb, nachdem die erste Begeisterung verflogen war?

Befragt man, angesichts widerstreitender Eindrücke ratlos geworden, die Bürger Lissabons nach ihrem Verhältnis zu ihrer Stadt, so erweist sich auch dieses als durchaus ambivalent. Nicht umsonst singt Carlos do Carmo in einem Fado: »Stückchenweise verzehre ich mich in dir, Stadt meiner Qualen, hier geboren und aufgewachsen, deinen Winden ein Freund.«

Aber erkunden Sie die Stadt selbst, so wie man jede Stadt erkunden sollte: zu Fuß, und Fußbreit um Fußbreit wird das wirkliche Lissabon das Bild der irrealen Traumstadt verdrängen. Man kann Lissabon auf vielerlei Weise lieben lernen – vom Fluß aus, wo es, mitten in der Stadt, nach Wasser und Salz riecht, zumindest für die ungewohnte Nase eines Binnenländers; von der Burg aus, vom Dachrestaurant des Tivoli-Hotels, von den *miradouros* (Aussichtsterrassen) Santa Luzia oder Santa Catarina oder von einem der anderen Aussichtspunkte, an denen Lissabon so reich ist, und die sich immer wieder neu und überraschend vor dem Betrachter öffnen. Früher pflegten Reiseführer zu empfehlen, zu Schiff in Lissabon anzukommen, um den Geist der Stadt, ihren Reiz sogleich zu erfassen – doch wer hat heute noch Zeit für gemächliche Schiffsreisen? Gehen Sie statt dessen zuerst zu einem der Aussichtspunkte, wenn Sie nach Lissabon kommen – und schon beginnt der eigentümliche Zauber zu wirken.

Nehmen wir z. B. die Aussicht von der Burg: Plötzlich liegt die Stadt zu Ihren Füßen. Der Blick fällt auf enggeschachtelte Dächer, Fernsehantennen, armselige Höfe mit Wäscheleinen und Kohlgärtchen, auf Gassengewirr, aus dem nur die Kirchen herausragen, aber auch auf die ordentlich rechtwinklige Unterstadt mit ihren Banken, Tuchmachern, Juwelieren, Möbelhändlern und Schuhgeschäften. Lautlos sieht man den Verkehr wie mit Spielzeugautos um die großen Plätze branden, während hier oben alle Geräusche nur gedämpft zu hören sind (wenn nicht gerade neben Ihnen ein Fan von »Benfica« oder des Konkurrenzclubs »Sporting« sein Kofferradio aufdreht, um die Übertragung eines Fußballspiels nicht zu verpassen …). Sanft neigt sich Lissabon zwischen Hügeln zum Fluß hinab, dem ständig aufs neue faszinierenden Tejo, zu dem der Blick immer wieder zurückkehrt. Silbrig schimmernd verbreitet sich das Wasser zum »Strohmeer«, einem riesigen Naturhafen, in dem die Schiffe scheinbar planlos verteilt vor Anker liegen. Dort, wo der Fluß sich wieder verengt, spannt sich die große Hängebrücke in einem kühnen, schlanken Bogen zum anderen Ufer, wo Fabriken, Werften und der übergroße Zuckerhut-Christus emporragen. Zartblau und duftig begrenzt in der Ferne die Serra da Arrábida den Horizont …

Doch zurück zur Stadt. Lissabon ist stadtviertelbewußt. Die traditionell gewachsenen Viertel entsprechen weder Verwaltungsbezirken noch Kirchensprengeln, ihre Grenzen sind vage und finden sich auf keinem Stadtplan, und dennoch unterscheiden sie sich deutlich voneinander. Das vornehme, reservierte Lapa-Viertel der Diplomaten liegt neben dem volkstümlichen Stadtteil Madragoa der Fischverkäuferinnen, die gutbürgerlichen Avenidas Novas grenzen an die Sozialwohnungsbauten des Arco do Cego, und an die vornehmen Villen der zum Flughafen führenden Avenida Almirante Gago Coutinho schließt sich eine Barackensiedlung an.

Die Namen von Straßen und Plätzen sind oft von einer sprechenden Poesie: Da gibt es das Zwiebelfeld und die Rosmarinstraße, ein Silberarm- und ein Maulbeerbaumviertel, die Straße der Schmuggler, der Stockfischhändler, der Seidenfabrik, des Negerbrunnens und der Volksküche, den Hof des Hinkenden und das Grab der Maurin.

9

Nicht wegzudenken aus Lissabon sind auch die altmodischen gelben Straßenbahnen, die gemütlich rumpelnd und quietschend die Hügel hinaufklettern, dabei allerdings auch, wie die U-Bahn, ein beliebtes Betätigungsfeld der Taschendiebe sind. (Zu Hause werden Sie wahrscheinlich, wie zahllose Reisende vor und nach Ihnen, überrascht feststellen, daß der erste Film, den Sie in Lissabon aufgenommen haben, fast ausschließlich Straßenbahnen aus allen erdenklichen Perspektiven zeigt . . .) Eine Fahrt mit der Straßenbahn läßt auch erkennen, daß viele Lissabonner neben dem Fußballspiel einem zweiten Nationalsport zu frönen scheinen: auf die fahrende Tram aufzuspringen, oder gar, vorwiegend in Stoßzeiten, mit einer Hand kühn an einem Griff draußen hängend mitzufahren, ohne Fahrgeld zu zahlen.

Forscht man nach weiteren Eigenarten der *alfacinhas* (Salatesser), wie der Spitzname der Lissabonner lautet, so bleiben Verallgemeinerungen natürlich nicht aus. Einem aber würde sicher jeder Portugiese sofort zustimmen, daß sie nämlich ganz anders seien als die Spanier, ihre ungeliebten Nachbarn.

Zumindest die Eigenschaft der Hilfsbereitschaft kann den Portugiesen wohl niemand abstreiten: Fragen Sie doch einmal nach einer etwas ausgefallenen Adresse: Innerhalb von Sekunden beugen sich zehn oder mehr Köpfe über den Stadtplan, jeder hat einen anderen Vorschlag, wie man zu gehen habe – Individualisten sind sie nämlich auch noch –, und es bleibt schließlich gar nichts anderes übrig, als sämtliche sich widersprechenden Anweisungen zu ignorieren und einfach loszumarschieren.

Man geht höflich miteinander um, und dazu gehört, daß nicht nur Ärzte, sondern überhaupt jeder Studierte, mit *Senhor Doutor* bzw. *Senhora Doutora* angeredet werden und die Ingenieure mit *Senhor Engenheiro*. Zeitungsannoncen richten sich an den *Senhor Comerciante*, *Senhor Emigrante* oder gar an den *Senhor Ladrão* (Herrn Dieb), der doch bitte eine wichtige Dokumentenmappe zurückgeben möge.

Am Steuer allerdings ist es mit der Höflichkeit vorbei – da wird nach Herzenslust geschimpft und geflucht. Der Fluch aller Flüche kommt allerdings ohne Worte aus, dafür wird nur die Faust in die angewinkelte Armbeuge geschlagen. Diese Geste, einem gängigen amerikanischen *four-letter-word* eng verwandt, stellt eine schwere

Beleidigung dar. Mit der Gebärdensprache läßt sich aber auch anderes ausdrücken: Wer sich mit Daumen und Zeigefinger ans Ohrläppchen faßt, will etwas loben; wer mit dem Zeigefinger das untere Augenlid herunterzieht, zeigt, daß er auf der Hut ist. Ohne Gestik geht nichts – selbst wer am Telefon eine Weg beschreibt, gibt mit der freien Hand die Richtung an ...

In mancher Hinsicht ist Lissabon nichts als ein großes, klatschsüchtiges Dorf. Personalien werden mit Interesse verfolgt und von einer gut funktionierenden Gerüchteküche immer mal wieder auch frei erfunden. Sogar seriöse Wochenzeitschriften bringen eine Seite Klatsch – welcher Politiker wo und mit wem beim Mittagessen gesehen wurde, wer wo die Ferien verbrachte, wer bei welcher Geburtstagsparty dabei war, etc. Politischer Tratsch, sagte schon der Schriftsteller Eça de Queirós (S. 138), gehöre zu Lissabon wie der Nebel zu London. Und jeder Schuhverkäufer hält es für ein unwiderlegbares Argument, daß Maria Elisa, die Ex-Programmdirektorin des (miserablen) Fernsehens, eben bei ihm die Stiefeletten gekauft habe, die man selbst gerade anprobiere...

Das Interesse an den anderen hat jedoch auch positive Seiten. Spätestens nach dem dritten Café-Besuch ist man quasi Stammgast, erhält ungefragt »das Übliche« und wird mit Namen angeredet. Wen der Kaufmann um die Ecke kennt, den läßt er auch mal anschreiben. (Mein Lebensmittelhändler z. B. notiert die Schulden seiner Kunden auf unzähligen Zettelchen, die er völlig ungeordnet in einem Schuhkarton aufbewahrt und manchmal auch länger vergißt.)

Vieles gäbe es noch zu sagen – über die Lust am Witz zum Beispiel. Ein guter Witz wird mit Gusto erzählt und genossen, selbst wenn er gegen die eigene Überzeugung geht. Oder über die eher lässigen Zeitbegriffe. Wenn sich jemand mit *até amanhã* (bis morgen) verabschiedet, sollte man sich davon nicht verwirren lassen: dieses »Morgen« kann ebensogut übermorgen, in drei Wochen oder nie sein.

An Stolpersteinen fehlt es der portugiesischen Realität nicht – und doch kann man sich an Lissabon gewöhnen. Die Menschen machen es einem leicht, hier schließt man sich nicht eifersüchtig Fremden gegenüber ab. »Wer je in Portugal gelebt hat«, schreibt der sonst an Kritik nicht sparsame Literatur- und Landeskenner Curt Meyer-Clason, »wird es nie wieder verlieren, er gehört zur Familie, die Portugal heißt.« Lissabons zugereiste Gäste können das bestätigen.

Lissabons Geschichte

Mit Sicherheit läßt sich eigentlich nur eines sagen: Odysseus hat Lissabon jedenfalls nicht gegründet. Vom Gleichklang der Namen Olissipo – Ulysses verführt, glaubten das einige Humanisten der Renaissance unter Berufung auf den antiken griechischen Geographen Strabo nur zu gerne. Aus »Olissipo«, wie der Ort bereits in vorrömischer Zeit hieß, leitet sich das heutige »Lisboa« ab. Die ursprüngliche Bedeutung des Namens »Olissipo« kennt keiner so recht. Manche führen es auf das phönizische »Alis ubbo« zurück. Der Name wäre zumindest nicht schlecht gewählt, bedeutet er doch »liebliche Bucht«.

Wie dem auch sei, die Geschichte der Stadt reicht weit zurück in eine Zeit, zu der die heutige Unterstadt, die Baixa, noch vom Wasser einer Tejo-Bucht überflutet war. Wo heute der als Rossio bekannte Platz liegt, vereinigten sich in grauer Vorzeit zwei Seitenarme des Flusses. Der Verlauf der beiden Flußbetten ist heute noch deutlich zu erkennen: Ihm folgen in einem ausladenden V die Metro und die beiden Hauptverkehrsachsen der Stadt, die Avenida da Liberdade und die Rua da Palma. Phönizier, Griechen und Karthager benutzten den idealen Naturhafen als Ankerplatz und Handelsstation auf ihrem Weg nach Norden. Kelten und die geheimnisvollen Iberer vermischten sich zu einer einheimischen Bevölkerung, den Keltiberern.

Im Zuge ihrer Auseinandersetzung mit dem nordafrikanischen Reich Karthago machten sich die Römer 218 v. Chr. an die Eroberung der Iberischen Halbinsel und standen bald auch in Olissipo, das unter Julius Cäsar in »Felicitas Julia« umgetauft wurde. Heerstraßen verbanden es mit dem spanischen Mérida, der Hauptstadt der Provinz Lusitania.

Nach dem Zusammenbruch des Römischen Reiches im 5. Jh. n. Chr. wurde auch Lissabon von den Wirren der germanischen Völkerwanderungen erfaßt. Beim Ringen um die Vorherrschaft behielten schließlich die Westgoten die Oberhand. Westgotische Baumeister errichteten die erste Stadtmauer, für die sie sicher auch Steine aus den römischen Ruinen verwendeten und so dazu beitrugen, daß die sichtbaren Spuren der Römer bald verschwanden. Auf ihre Reste – Thermen, Theater, Tempel – stieß man erst zufällig wieder, als man nach dem großen Erdbeben von 1755 ans Aufräumen ging.

711 zog Tarik Ibn Sijad, Heerführer des rasch expandierenden arabischen Reiches, mit seinen Berbersoldaten von Nordafrika her über die Straße von Gibraltar. Er profitierte von internen Streitigkeiten der Westgoten, und mit Ausnahme der gebirgigen Nordprovinzen regierten die Araber bald die gesamte Iberische Halbinsel, die 756 zum Emirat von Córdoba erhoben wurde. Das maurische Lissabon – Achbuna – war, wie andere arabische Städte dieser Zeit, ein Kulturzentrum, mit dem sich die christlichen Niederlassungen nicht im entferntesten messen konnten. Doch auch die vier Jahrhunderte maurischer Herrschaft verliefen nicht ungestört: Da waren zum einen interne Machtkämpfe (in denen die verbliebenen Christen die Partei der Rebellen ergriffen) und zum anderen wiederholte Angriffe aus dem benachbarten christlichen Königreich León im Norden. Dazu kamen seit 843 die Raubzüge plündernder Wikinger.

Im 11. Jh. setzte die sogenannte *Reconquista* (Wiedereroberung) der Iberischen Halbinsel durch christliche Herrscher mit Nachdruck ein. Der erste portugiesische König, Afonso Henriques (1128–85), der Eroberer genannt und Begründer der Dynastie Burgund, setzte sich an die Spitze der Autonomiebewegung der Grafschaft Portucale, die sein Vater, der burgundische Ritter Heinrich, von seinem Schwiegervater, Afonso VI. von Kastilien und León, als Lehen erhalten hatte. Zunächst mußte der spätere König allerdings seine Position auf dem Schlachtfeld gegen die eigene Mutter verteidigen, die nach dem Tod ihres Mannes durch eine Liaison mit einem galicischen Adligen Mißfallen erregte, da ein Einfluß ihres Liebhabers zugunsten Kastiliens befürchtet wurde.

Dann machte sich Afonso Henriques auf den Weg gen Lissabon. Er appellierte an vorbeifahrende Kreuzfahrerflotten, ihn beim Kampf gegen die Araber zu unterstützen: Schließlich konnten diese sich so einige Monate langweiliger Schiffsreise ins Heilige Land ersparen und mit dem Krieg gegen die Heiden trotzdem ihr Seelenheil fördern. Nach einem fehlgeschlagenen Versuch, 1142, belagerte er mit 12 000 Kreuzrittern vier Monate lang Lissabon-Achbuna, bis es am 14. Oktober 1147 endgültig in seine Hände fiel. Einem englischen Kreuzfahrer, der seine Erlebnisse in einem Brief nach Hause schilderte, verdanken wir eine der frühesten Beschreibungen der Stadt. Nach der Eroberung wurden erst einmal Kirchen gebaut: je eine an der Stelle, wo die portugiesischen und ausländischen Heere gelagert hatten; die Moschee wurde durch eine romanische Kathedrale ersetzt.

Obwohl kein einziges Gebäude aus der Zeit der Mauren mehr steht, hinterließ die arabische Herrschaft dennoch deutliche Spuren. Die Straßenanlage des Stadtteils Alfama verrät noch heute ihr maurisches Gepräge. Auch an der Sprache gingen die vier maurischen Jahrhunderte nicht spurlos vorüber, und nicht zuletzt in den Ortsnamen finden sich viele Wörter arabischen Ursprungs, von *Alfama* über *Alvalade* bis *Alcântara*. Unübersehbar ist auch das genetische Erbe. Die maurische Bevölkerung wurde nämlich keineswegs des Landes verwiesen, sondern bebaute weiter ihre Öl- und Obstgärten auf dem Land. Die Stadtbewohner faßte Afonso Henriques allerdings vorsichtshalber vor den Stadttoren in einem speziellen Maurenviertel, der Mouraria, zusammen, das eine eigene Schule, eine Moschee, einen Friedhof, ein Gefängnis, Bäder und einen Markt besaß. 1170, neun Jahre bevor Lissabon das Stadtrecht erhielt, legte der König bereits schriftlich die Rechte und Pflichten der Muslime gegenüber den Christen fest. Erst im 14. Jh. wurde der Gebrauch des Portugiesischen auch für maurische Urkunden obligatorisch (leider haben sich die älteren Dokumente in arabischer Sprache nicht erhalten). Das Maurenviertel wuchs sogar noch, vor allem durch den Zuzug aus anderen wiedereroberten Gebieten.

Afonso III. (1245–79), ein Urenkel des ersten portugiesischen Königs, schloß die Reconquista mit der Vertreibung der letzten Araber aus dem südportugiesischen Algarve ab und erhob Lissabon 1256 zur Hauptstadt des jungen Reiches. 1290 erhielt Lissabon (und damit auch Portugal) seine erste Universität, die jedoch bereits 1307 in das kleinere und leichter kontrollierbare Coimbra umziehen mußte, da es wiederholt zwischen der Bevölkerung und den wegen ihrer Privilegien beneideten Studenten zu Zusammenstößen gekommen war. Gegründet wurde die Universität vom Sohn Afonsos III., Kö-

nig Dinis (1279–1325). Dieser Herrscher betrieb eine kluge Agrar-
politik, schrieb in seiner Freizeit Gedichte und war mit Isabel, einer
Großnichte der heiligen Elisabeth von Thüringen, verheiratet. In
der Familie seiner Gattin vererbten sich offensichtlich auch die
Wunder: Aus dem Brot, das Isabel an die Armen verteilte, wurden
Rosen, als Dinis ihren Korb kontrollierte – genau wie bei ihrer
Großtante. Isabel wurde später ebenfalls heiliggesprochen. Doch es
gab auch Familienprobleme. Ihr Sohn Afonso, der später als Afonso
IV. den Thron bestieg, empörte sich gegen die Bevorzugung seines
unehelichen Halbbruders durch den Vater und stellte ein Heer gegen
Dinis auf. 1323 standen sich die Truppen von Vater und Sohn in
Alvalade vor den Toren Lissabons gegenüber. Nur das Eingreifen
der Königin verhinderte ein Blutvergießen.
Schon zu Dinis' Zeiten wuchs die Stadt über ihre Mauern hinaus.
Der König förderte die Entwicklung der Uferzone, indem er dort
den königlichen Zoll und die Getreidekammer errichtete. Daneben
waren neue Kirchen und Klöster, die seit der Reconquista in fast
ununterbrochener Folge entstanden, sowie die Adelspaläste Kristal-
lisationspunkte für die Expansion der Stadt. Die Könige selbst lebten abwechselnd weiter im Alcáçova-Palast auf der Burg, den sie von
den Mauren übernommen hatten und den Dinis nun restaurieren
ließ, oder im nahegelegenen Limoeiro-Palast (an der Stelle des heute
leerstehenden Limoeiro-Gefängnisses).
Dinis' Enkel Pedro (1357–67) hatte viele Hobbies: Er aß gern und
gut, jagte, tanzte, und er sprach Recht ... So nannten es jedenfalls
seine Zeitgenossen – scheute er sich doch nicht, seinen königlichen
Rock abzulegen und verstockte Angeklagte eigenhändig auszupeit-
schen. Als er einen Schildknappen, der Ehebruch getrieben hatte,
gar kastrieren ließ, ging das sogar seinem Chronisten Fernão Lopes
zu weit, der trocken anmerkte, Pedro habe den Knappen wohl lieber
gehabt, als es ein Geschichtsschreiber offen sagen könne. Ausgerechnet die schillernde Persönlichkeit Pedros ist aber als Verkörpe-
rung des großen Liebenden schlechthin in die portugiesische Geschichte eingegangen. Jedes Schulkind in Portugal kennt die Geschichte von Pedro und seiner Geliebten, der Spanierin Inês de Castro, die ihm vier Kinder gebar und auf Befehl von Pedros Vater,
Afonso IV., ermordet wurde. Kaum war Pedro an der Macht, ließ er
Inês' Mörder umbringen; nur einer entkam. Danach wollte er nie

wieder heiraten, was ihn aber nicht hinderte, mit mehreren Hofdamen anzubändeln, die ihn wohl trotz seines Stotterns attraktiv gefunden haben müssen. Eine davon, Teresa Lourenço, gebar ihm einen unehelichen Sohn, João, der nach dem Aussterben der Dynastie Burgund die zweite portugiesische Herrscherfamilie Avis begründen sollte.

Zunächst bestieg jedoch Joãos legitimer Halbbruder Fernando (1367–83) den Thron. Diesem Fernando, genannt der Schöne, verdankte Lissabon bald darauf eine Straßenbeleuchtung mit Öllampen, eine neue Stadtmauer (von der kaum etwas erhalten blieb) und eine Revolution. Aber eins nach dem anderen: Geleitet von seinen Gelüsten auf den verwaisten Thron des Nachbarlandes ließ sich Fernando in Streitereien mit Kastilien ein; 1372 rückten daraufhin spanische Truppen an. Die Panik war groß: Lissabon war längst über die alten Stadtmauern hinausgewachsen, und nur noch 7 von insgesamt 16 Vierteln lagen innerhalb der Befestigung. Ein Teil der Lissabonner bereitete sich auf die Verteidigung vor, sogar die Franziskanermönche griffen zum Schwert. Der weitaus größere Teil aber war damit beschäftigt, Hab und Gut in aller Eile hinter den Stadttoren in Sicherheit zu bringen. Nachdem es dem Klerus gelungen war, zwischen den streitenden Parteien zu vermitteln, nutzte Fernando, nun gewarnt, den wiedergewonnen Frieden zum Bau einer neuen Stadtmauer. In einer Rekordzeit von zwei Jahren errichteten die Lissabonner zusammen mit den umliegenden Ortschaften eine 54 km lange Mauer mit 77 Türmen und 38 Toren, die ca. 65 000 Einwohner schützte. Innerhalb der Mauer lag nun zum ersten Mal auch eine größere ebene Fläche, die sich rasch zum reichsten Stadtteil entwickeln sollte: die heutige Baixa (Unterstadt).

Die oben erwähnte Revolution begann ganz harmlos mit einer Liebesgeschichte. Fernando, für den bereits die Heirat mit einer kastilischen Prinzessin ausgehandelt worden war, verliebte sich Hals über Kopf in die schöne und ehrgeizige Leonor Teles (deren Ehemann sich wohlweislich nach Kastilien absetzte, sobald er von den königlichen Absichten erfuhr). Leonor und Fernando waren bald das Stadtgespräch – und der Stadt gefiel nicht, was sie da hören mußte. So zogen 3000 Handwerksmeister, die den Schneider Fernão Vasques zu ihrem Sprecher gewählt hatten, bewaffnet zum Palast, um Fernando die Heirat mit der unbeliebten Leonor auszureden, deren er-

Rechts: Pflasterkunst: Lissabonner Stadtwappen an der Pombal-Rotunde
Innen links: Der Elevador do Carmo in der Baixa

ste Ehe inzwischen annulliert worden war. Fernando entgegnete, daß er die vorgebrachten Einwände gründlich überschlafen wolle, und bestellte seine Untertanen für den nächsten Tag zum Rossio-Platz. Am nächsten Tag wartete das Volk jedoch vergeblich auf den König: Der hatte sich nämlich nachts mit Leonor heimlich aus dem Staub gemacht. Die Heirat fand kurz darauf im Norden Portugals statt. Fernão Vasques und andere Wortführer des Bürgerprotests wurden alsbald geköpft.

Nach Fernandos Tod, 1383, erhob der kastilische König aufgrund seiner Ehe mit Beatriz, Fernandos Tochter, Ansprüche auf den portugiesischen Thron. Leonor Teles, die sich mit dem galicischen Grafen Andeiro über den Verlust ihres zweiten Ehemanns tröstete, unterstützte ihn darin. Doch der alte Kanzler Álvaro Pais, der gichtkrank zu Hause lag, heckte mit Fernandos unehelichem Halbbruder João Pläne für eine Revolte aus. Als João den Liebhaber der Königin am 26. Dezember 1383 im Limoeiro-Palast erstach, brach auf dieses Signal hin ein Volksaufstand aus. Der Chronist Fernão Lopes hat ihn samt der Vorgeschichte drastisch und überaus lebendig geschildert. Natürlich gaben die Spanier ihre Ansprüche auf den Thron nicht kampflos auf. Bereits 1384 mußten die neuen Stadtmauern ihre Bewährungsprobe bestehen. Die Lissabonner Mädchen sangen von den Wehrgängen herab Spottverse gegen die kastilische Belagerer. 1385 schlugen João und sein Feldherr Nuno Álvares Pereira die zahlenmäßig weit überlegenen Spanier in der Schlacht von Aljubarrota vernichtend zurück – kein Wunder, wenn ihre Soldaten aus demselben Holz geschnitzt waren wie die resolute Bäckerin Brites de Almeida, die sieben Kastilier mit der Schaufel erschlagen haben soll ...

Als dann auch noch der in Bologna ausgebildete Jurist João das Regras mit allerlei Spitzfindigkeiten bewies, warum ausgerechnet der illegitime João der einzig rechtmäßige Thronerbe sei, stand dem würdigen Regierungsantritt durch den neuen Herrscher und Begründer der Dynastie Avis nichts mehr entgegen. João, der bis 1433 regierte, schloß bald darauf ein Bündnis mit England. Dieses Ereignis mußte natürlich mit einer Heirat besiegelt werden: Philippa von Lancaster wurde portugiesische Königin. Portugal nennt sich daher noch heute den ältesten Verbündeten Englands, allerdings nicht ganz ohne Bitterkeit, da es sich vom größeren Verbündeten im Laufe der Geschichte mehr als einmal übervorteilt fühlte.

Links: Auf der Feira da Ladra
Innen rechts: Unter den Arkaden am Terreiro do Paço

Lissabon wuchs rasch, nachdem der Friede mit Spanien wiederhergestellt war. 1395 brachte der König Ordnung in das Straßengewirr; von nun ab durften sich Handwerker und Händler nur noch nach ihrer Zunftzugehörigkeit in bestimmten Straßen niederlassen. Zentrum war die Straße, die im Schutz der Stadtmauer parallel zum Fluß verlief. Die heutige Unterstadt war zu dieser Zeit allerdings immer noch nicht völlig verlandet.

Als 1415 eine Flotte unter dem Befehl von Joãos Sohn, dem Infanten Heinrich dem Seefahrer (1394–1460), die Stadt Ceuta an der marokkanischen Mittelmeerküste eroberte, begann ein neuer Abschnitt in der Geschichte Portugals und seiner Hauptstadt Lissabon: Damit war der Grundstein für die Expansion des Königreichs gelegt. Nach seiner Rückkehr aus Ceuta gründete Heinrich die Seefahrerschule von Sagres (Algarve), in der die theoretischen Vorarbeiten für die großen portugiesischen Entdeckungsfahrten geleistet wurden. Madeira (1418) und die Azoren (1431) machten den Anfang. 1434 umsegelte Gil Eanes das Kap Bojador (Westsahara) und machte dabei die erstaunliche Entdeckung, daß dort wider Erwarten die Welt nicht zu Ende war. Afonso V. (1438–81), ein Neffe des Infanten Heinrich, konzentrierte sich auf die Eroberung marokkanischer Festungen, was ihm den Beinamen »der Afrikaner« einbrachte. Er sprach die Einkünfte aus dem westafrikanischen Handel (Guineapfeffer, Elfenbein und Sklaven) seinem Sohn João zu, der als João II. von 1481 bis 1495 regierte und den Entdeckungsfahrten neue Impulse verlieh.

Jahr für Jahr segelten nun im Frühling Schiffe zur westafrikanischen Küste. Sie brachten nicht zuletzt nautische Erfahrungen nach Lissabon mit zurück, die es der nächsten Karavelle erlaubten, wieder ein Stückchen weiter nach Süden vorzudringen. 1486 kam der Seefahrer Diogo Cão von der angolanischen Küste zurück. Unter der Schiffsbesatzung war auch Martin Behaim aus der Nürnberger Kaufmannsfamilie Behaim, der mit Navigationsgeräten wie dem neuartigen Jakobsstab, dem Astrolabium und den Ephemeriden umgehen konnte. Die Bewertung seiner Leistung ist umstritten: Deutsche Autoren vermitteln nicht selten den Eindruck, als ob ohne Behaims nautische Kenntnisse die weiteren Entdeckungsfahrten gar nicht möglich gewesen seien – die Portugiesen dagegen behaupten, dies sei doch sehr übertrieben. Martin Behaim habe zwar einiges von der

Seefahrt verstanden, sei aber aus rein wirtschaftlichen Gründen mitgefahren.

Noch im gleichen Jahr stachen zwei 50-Tonnen-Schiffe unter Bartolomeu Dias in See und umschifften, ohne es zu merken, die Südspitze Afrikas. Erst als die Mannschaft den Kapitän zur Umkehr zwang, entdeckte er das Kap. Damit stand der Seeweg nach Indien offen – und João II. ersetzte den wenig ansprechenden Namen »Kap der Stürme«, den Bartolomeu Dias gewählt hatte, durch das optimistische »Kap der Guten Hoffnung«. Nur sechs Jahre später landete Kolumbus, der seine Dienste zunächst vergeblich am portugiesischen Hof angeboten hatte, in Amerika (1492). Bereits vor seiner Entdeckung schwelte zwischen Spanien und Portugal ein Streit darüber, wie die Welt unter ihnen aufzuteilen sei. 1494 wurde schließlich der Vertrag von Tordesillas unterschrieben, in dem die Demarkationslinie nach zähem Ringen auf 370 Seemeilen (statt der ursprünglich vorgesehenen 100) westlich der Kapverdischen Inseln festgelegt wurde. Die Gebiete östlich dieser Linie fielen Portugal zu.

Am 8. Juli 1497 liefen unter Vasco da Gama vier Schiffe nach Indien aus, die am 20. Mai 1498 zum ersten Mal Europäer auf dem Seeweg dorthin brachten. Am 9. September 1499 wurden da Gama und die anderen Überlebenden der strapaziösen Rückfahrt triumphal in Lissabon empfangen. Die mitgebrachten Waren wurden mit Gewinn verkauft. Damit war das venezianische Handelsmonopol mit dem Orient gebrochen. Lissabon wurde zur internationalen Handelsmetropole, zahlreiche ausländische Kaufleute strömten in die Stadt.

Bereits im Jahre 1500 stach die zweite Indienflotte mit 13 Schiffen unter dem Kommando von Pedro Álvares Cabral in See. Dieser machte allerdings zunächst einen kleinen Umweg und entdeckte erst einmal offiziell Brasilien (von dem die Portugiesen möglicherweise schon Kenntnis hatten, wofür ihr Verhalten bei den Verhandlungen zum Vertrag von Tordesillas spricht). Auf dem Rückweg über Indien erlitt Bartolomeu Dias auf einem von Cabrals Schiffen an »seinem« Kap Schiffbruch und ertrank.

Mit den Entdeckungsfahrten, die unter Manuel dem Glücklichen (1495–1521) ihren Höhepunkt erreichten, verlagerte sich das Stadtzentrum endgültig zum Tejo hin. Manuel zog aus der alten Burg aus und ließ sich am Flußufer einen neuen Palast bauen, woran noch heute der volkstümliche Name der Praça do Comércio erinnert: Terreiro do Paço = Palastplatz. Unter Manuel entstand auch der einzige eigenständige portugiesische Baustil, der Manuelismus, eine Spätform der Gotik. In der üppigen Ornamentik dieses Stils verarbeiteten die Portugiesen optisch ihre Erlebnisse in fremden Ländern und auf See. Schiffstaue, Muscheln und Algen gehören zu den beliebtesten Motiven, und nicht umsonst waren fast alle bedeutenden manuelinischen Architekten (die Arrudas und Castilhos) in Marokko beim Festungsbau tätig gewesen. Lissabon verdankt diesem Stil mindestens zwei touristische *musts*: das Hieronymus-Kloster und den Turm von Belém.

Das »Goldene Zeitalter«, dem Manuel seinen Beinamen »der Glückliche« verdankt, hatte jedoch auch Schattenseiten. 1501 z. B. lief Gaspar Corte Real mit einer Flotte nach Westen aus; 1502 machte sich sein Bruder Miguel mit zwei Schiffen auf die Suche nach ihm – von beiden hörte man nie wieder. Allein zwischen 1540 und 1560 gingen 12 von insgesamt 122 ausgelaufenen Schiffen verloren, eins brannte noch vor der Abfahrt im Lissabonner Hafen aus – das sind Verluste von gut 10 Prozent. Und die »História Trágico-Marítima«, in der Berichte über Schiffsunglücke von 1552 bis 1602 zusammengestellt sind, füllt damit zwei dicke Bände. Ab 1582 verschärften sich auch die Probleme mit Piraten und Freibeutern, wie Francis Drake, die mit heimlicher Billigung der englischen Krone einen privaten Kaperkrieg gegen die ersten Kolonialmächte führten. Dennoch schrieb der Italiener Sassetti noch 1582 aus der Stadt Cochin an der indischen Malabarküste (seit 1503 in protugiesischem Besitz), die Reise von Lissabon nach Indien sei sehr viel weniger gefährlich als die von Barcelona nach Genua.

Der Indienhandel war Monopol der Krone. Der König stattete die Flotte auf eigene Kosten aus, mußte aber bald bei Privatkaufleuten und ausländischen Geldgebern hohe Schulden machen. So war z. B. an der Flotte 1506/07 ein Konsortium der süddeutschen Welser, Fugger, Höchstetter, Hirschvogel etc. beteiligt. Andere klingende Namen im Geschäft verweisen auf reiche Florentiner und Genueser wie die Lomellini, Affaiati, Giraldi oder Marchioni. Ein Teil des neuen Reichtums – Pfeffer, Ingwer, Zimt, Muskat, Gewürznelken, aber auch Seide und Perlen – floß also gleich ins Ausland ab. Durch Schmuggel entgingen der Krone ebenfalls erhebliche Summen. Die restlichen Gewinne wurden vorwiegend in Bauvorhaben gesteckt, während die Landwirtschaft zusehends verfiel. Auch von Erdbeben und der Pest wurde Lissabon in seiner »goldenen« Zeit nicht verschont.

Als 1478 die Inquisition in Spanien eingeführt wurde, suchten zahllose spanische Juden Zuflucht in Portugal, wo sie zunächst unter dem Schutz des Königs standen. Doch mit dem Aufkommen eines portugiesischen Bürgertums und dem Aufschwung des Handels blieben auch hier die Probleme nicht aus. Als die Lissabonner Stadtväter den Juden die Schuld an einer Pestepidemie in die Schuhe schoben und sie der Stadt verweisen wollten, widerrief João II. diesen Befehl, der ohne sein Wissen erlassen worden war. Unter seinem Nachfolger auf dem Thron verschärften sich die Schwierigkeiten. Manuel der Glückliche war mit Isabella von Kastilien, einer Tochter der intoleranten katholischen Könige, verheiratet. Unter spanischem Druck erließ er am 5. Dezember 1496 ein Gesetz über die Ausweisung von Juden und Mauren, das hauptsächlich die jüdische Bevölkerung traf, da sich die Mauren im Lauf der Zeit mit den Christen vermischt hatten. In Lissabon kam es zu einem Pogrom, bei dem auch die Marranen (Konvertiten, die man der heimlichen Ausübung ihres alten Glaubens verdächtigte) nicht verschont wurden. Doch an einer Ausweisung der Juden war das Land aus wirtschaftlichen Gründen letztlich nicht interessiert. Der große Exodus setzte erst ein, als João III. (1521–57), der ebenfalls eine kastilische Prinzessin namens Katharina heiratete, die Inquisition und die Jesuiten ins Land rief. Seit 1540 brannten am Tejo und auf dem Rossio die Scheiterhaufen der Autodafés, und mehr als einmal wohnte der König mit seinem Hofstaat dem grausamen Schauspiel bei, in dem Juden, Marranen, Christen, Atheisten, Hexen, Sodomiten und sonstige mißliebige Personen verbrannt wurden. Bücher übrigens auch. Und gelegentlich wurden auch deren Autoren zu Opfern des Glaubenswahns, wie 1793 der Stückeschreiber António José da Silva, den man »den Juden« nannte. (Die Ironie der Geschichte wollte es, daß das Stück »O Judeu« des 1980 verstorbenen Dramatikers Bernardo Santareno fast 250 Jahre nach dem traurigen Ende Antónios im Theater Dona Maria II. gespielt wurde – genau an der Stelle, wo der Palast des Großinquisitors gestanden hatte.)

Wegen der hohen Unterhaltskosten mußten die marokkanischen Festungen mit wenigen Ausnahmen in der Mitte des 16. Jh.s aufgege-

ben werden. Obwohl damit jedem Versuch einer territorialen Land-
nahme in Afrika zunächst ein Ende gesetzt war, entwickelte sich
Portugal zur Handelsweltmacht, die an der Route nach Indien und
zu den Gewürzinseln Stützpunkte für ihre Flotten errichtete und
seit 1557 über Macao als einzige Europäer Zugang zum chinesischen
Markt hatte. Hauptumschlagplatz der Waren- und Geldbewegun-
gen war Lissabon.

Zwei Monate nach dem Tod des Thronfolgers João, der 1554 verun-
glückte, kam dessen Sohn Sebastião auf die Welt. Der kleine Erbe,
der bald den Beinamen »der Ersehnte« (*o Desejado*) erhielt, war
beim Tod seines königlichen Großvaters João III. gerade drei Jahre
alt. 1568 wurde er mit 14 Jahren für mündig erklärt und übernahm
die Herrschaft, besessen von der fixen Idee, Nordafrika zurücker-
obern zu müssen. Alle warnenden Stimmen in den Wind schlagend,
zog er 1578 in die Schlacht von Alcácer Quibir (das marokkanische
Ksar el-Kebir). Seitdem blieb er verschollen. Das Volk glaubte noch
lange an seine Rückkehr, was diverse falsche Sebastiane ausnutzten.
Der Sebastianismus – das Hoffen auf eine Rettergestalt, die mit einem Schlag alle Probleme löst – gilt seither als typisches Merkmal
portugiesischen Fatalismus.

Mit Sebastião war die Dynastie Avis ausgestorben. Sein Onkel, der
greise Kardinal Henrique, regierte noch zwei Jahre, ohne daß es ihm
gelang, das Thronfolgeproblem zu lösen. Er begünstigte seinen Nef-
fen, Philipp II. von Spanien, und die Menschen sangen vor seinem
Palast: »König Heinrich hat sich ein langes Leben in der Hölle
verdient; vermachte den Kastiliern Portugal im Testament.« Im gleichen Jahr wie der Kardinal-König starb in Lissabon arm und ver-
kannt der Dichter Luís de Camões (S. 129), der das Goldene Zeitalter in den »Lusiaden« besungen hatte – und damit war es dann auch
zu Ende.

António, Prior von Crato und unehelicher Sproß des Hauses Avis,
versuchte zwar noch, nach dem Vorbild seines Vorfahren João I. die
Krone an sich zu reißen, doch die Geschichte wiederholte sich nicht:
Spielend schlug der Herzog von Alba bei Alcântara die Portugiesen,
und Philipp II. übernahm die Herrschaft über Portugal in Personal-
union mit der spanischen Krone. Die Urteile portugiesischer Historiker über die spanischen Philippe sind hart; und in der Tat wurde
Portugal unter ihnen in die spanischen Kriege mit hineingezogen,

verlor Kolonien an Engländer und Holländer, die zudem die günstige Gelegenheit nutzten, um Portugal aus dem Fernhandel zu verdrängen. Die portugiesische Marine mußte mit Philipps »unüberwindlicher Armada« mitsegeln und sank im Ärmelkanal. Der teilweise bereichernde kulturelle Einfluß Spaniens läßt sich jedoch nicht leugnen, z. B. errichtete Filippo Terzi, der italienische Architekt im Dienst Philipps II., den Lissabonner Baumeistern mit der Igreja de São Vicente und einem neuen Flügel für den Königspalast lange gültige Modelle.

Nach 60 langen Jahren, die noch heute als demütigende Zeit der Fremdherrschaft empfunden werden, schüttelten die Portugiesen 1640 die spanische Oberhoheit ab. Der Zeitpunkt war günstig gewählt: Die spanischen Truppen waren im Dreißigjährigen Krieg vergeblich damit beschäftigt, eine habsburgische Hegemonie gegen das aufstrebende Frankreich zu verteidigen, und zudem hatten sie im eigenen Land mit dem aufständischen Katalonien alle Hände voll zu tun. Die 40 Verschwörer vom 1. Dezember (der heute noch Nationalfeiertag ist) warfen den verhaßten Minister Miguel de Vasconcelos aus dem Fenster und setzten den Herzog von Bragança als João IV. (1640–56) und Begründer der Bragança-Dynastie auf den Thron. 1641 erschien die erste Lissabonner Zeitung, die »Gazeta«, um über den Kriegsverlauf mit Spanien zu unterrichten, das 1668 schließlich die portugiesische Unabhängigkeit anerkannte.

Doch zunächst suchte Portugal nach 1640 Unterstützung bei Spaniens Feinden, allen voran England. Der Preis dafür bestand in der Aufgabe von Tanger und Bombay sowie der Gewährung der Handelsfreiheit in den Kolonien. Um der Wirtschaftskrise, hohen Importkosten und der passiven Zahlungsbilanz beizukommen, wurde unter Pedro II. (1667–1706) der Aufbau einer eigenen Industrie, vor allem von Textilfabriken, gefördert. Als sich der Spanische Erfolgekrieg am europäischen Horizont abzeichnete, stellte sich Portugal zunächst auf die Seite Frankreichs. Ein anderes Lager, gegen die Gefahr eines französischen Übergewichts in Europa, bildete die Große Allianz. Deren Mitglieder England und Holland konnten den portugiesischen Überseekolonien leicht bedrohlich werden. Den bald darauf eingeleiteten Frontwechsel zur Großen Allianz erkaufte sich Portugal mit dem Verzicht auf seine protektionistische Wirtschaftspolitik: Durch den englisch-portugiesischen Methuen-Vertrag

(1703) sicherte es zwar den Portweinabsatz in England, die Bestimmungen des Kontrakts erleichterten aber im Gegenzug den englischen Tuchimport und versetzten somit der jungen portugiesischen Industrie einen schweren Schlag. Wohl flossen inzwischen Zucker, Gold, Edelhölzer und Diamanten aus Brasilien ins Land, doch die Gelder wurden nicht in die Produktion investiert. Kirchen, Klöster und Paläste wurden ausgebaut, mit Azulejos (Wandkacheln) und vergoldeten Schnitzereien verschwenderisch ausgestattet. João V. (1706-50), bigotter Möchtegern-Sonnenkönig mit einer Rekordregierungszeit, ließ unzählige Baupläne ausarbeiten und dann wieder fallen – weniger wegen finanzieller Bedenken als wegen der langen Bauzeit. Mit dem Kloster in Mafra (ca. 40 km nördlich von Lissabon) setzte er sich ein Denkmal, mit dem er den spanischen Escorial Philipps II. übertrumpfen wollte. Eine ganze Kapelle ließ er aus Italien importieren und zahlte dem Papst für die Weihe das bescheidene Sümmchen von 10 Mill. Reis aus seinem Säckel. Der Aquädukt dagegen, der endlich das Problem der Wasserversorgung für die 200000 Lissabonner löste, wurde mit den Steuergeldern der Bevölkerung erbaut.

Joãos Sohn José I. (1750–77) überließ das Regieren dem energischen Minister Sebastião José de Carvalho e Melo, einem Aufsteiger aus dem niederen Provinzadel, der nach einer späten und mittelmäßigen Diplomatenlaufbahn mit 51 Jahren an die Schaltstelle der Macht trat und 1770 zum Marquês de Pombal erhoben wurde. Pombal, der in der Tradition des aufgeklärten Absolutismus stand, versuchte, mit Reformen der Wirtschaftskrise Herr zu werden. Er gründete Fabriken und rief ausländische Fachleute ins Land. Doch er machte sich viele Feinde durch die Härte, mit der er gegen die Gegner seiner Politik vorging. Symptomatisch dafür ist die Távora-Affäre: Nach einem mißglückten Attentat auf José I., 1759, wurden die tatverdächtigen Távoras, eine Familie aus dem portugiesischen Hochadel, in einem wenig korrekten Prozeß trotz mangelnder Beweise zum Tode verurteilt. Es ging dem Minister dabei nicht zuletzt darum, die Macht des Adels zu brechen.

Davor aber stand das Schicksalsjahr 1755. Noch am 2. April dieses Jahres schien die Welt in Ordnung: Feierlich wurde die im italienischen Stil erbaute Hofoper mit »Alessandre nell'Indie« eröffnet. Die Besetzung hatte der Komponist David Perez persönlich in London engagiert. Sogar 25 echte Pferde traten auf der Bühne auf ... (Den Geschmack an der Oper hatte übrigens Josés Mutter, die Habsburgerin Maria Anna, aus Wien mitgebracht). Und dann machte das *terramoto* mit allem Schluß. Am 1. November 1755, am Fest Allerheiligen, bebte um 9.40 Uhr die Erde – man schätzt die Erschütterungen auf Stärke 9 der heutigen Richter-Skala. Das Epizentrum lag westlich der Meerenge von Gibraltar, so daß auch das Algarve und Marokko in Mitleidenschaft gezogen wurden. In Lissabon brach nach dem Beben ein Flächenbrand aus, der in sechs Tagen zerstörte, was nach den Erdstößen noch heil geblieben war. Tausende kamen in der Panik um; danach gingen die Plünderer ans Werk. Die zeitgenössischen Angaben über das tatsächliche Ausmaß der Katastrophe fielen aufgrund der allgemeinen Verwirrung höchst unterschiedlich aus. Der Palast des Großinquisitors soll als erstes Gebäude eingestürzt sein; auch der Königspalast mit seinen Kunstschätzen und Bibliotheken ging in Flammen auf. Sämtliche Krankenhäuser wurden zerstört, und nur 12 der insgesamt 72 Klöster waren als Notaufnahmestationen funktionsfähig. Man schätzt, daß 10 % aller Häuser zerstört, zwei Drittel unbewohnbar wurden und kein einziges ohne Reparaturen auskam. Es dürfte etwa 10000–30000 Tote gegeben haben, allerdings nur »8 Personen von Rang«, darunter der spanische Botschafter. Die meisten Adelsfamilien waren dem Unglück entgangen, da sie – wie auch der König – Allerheiligen auf dem Land verbracht hatten.

Ganz Europa war erschüttert über den plötzlichen Zusammenbruch der Stadt. Voltaire und Kant schrieben darüber; es wurden Theaterstücke verfaßt, und der sechsjährige Goethe war von dem Ereignis so beeindruckt, daß er es später in »Dichtung und Wahrheit« erwähnte. Auf einem zeitgenössischen deutschen Stich hieß es: »Wer Lissabon nicht gesehen, hat niemalen nichts Schönes gesehen. Allein, eine Zeit von 9 Minuten hat jetzo auf einmal, leider! den Gebrauch dises Spruchworts vergeblich gemacht: denn dise Stadt, so die reicheste in ganz Europa war, welche alle Nationen mit Diamanten versahe, ist zu einem Steinhauffen geworden.« Und auf einem anderen Stich heißt es: »Hier fällt das prächtige, das reiche Lissabon / Die Erde kracht und bebt, so daß die Stadt davon / In Wust und Graus zerfällt. Selbst durch die Wuth der Flam̄en / Sinckt hier die Residenz, und stürzt mit einz zusam̄en. / Das Volk erschrickt und flieht, die Großen selbst erzittern: / Wie schrecklich zeigst Du Dich, o Gott! bey den Gewittern!« Mit solchen Stichen, wie sie in großer Zahl im Lissaboner Stadtmuseum (Museu da Cidade) zu sehen sind, war offensichtlich ein gutes Geschäft zu machen.

Nach der Katastrophe war Pombal der Mann der Stunde. »Die Toten begraben, für die Lebenden sorgen«, soll er dem König geraten haben. Am 29. November ordnete er eine Bestandsaufnahme der zerstörten Häuser an und machte sich an den Wiederaufbau. In seinem Auftrag arbeitete der fast 80jährige Militäringenieur Manuel da Maia fünf Alternativpläne für das am stärksten betroffene Gebiet aus. Maia selbst bevorzugte Plan Nr. 5, der vorsah, die Ruinen einfach sich selbst zu überlassen und eine neue, schönere Stadt im weniger erdbebengefährdeten westlichen Vorort Belém aufzubauen. Doch dann beanspruchte der König Belém für seinen künftigen Palast, und somit schied dieses Projekt aus. Pombal entschloß sich zum Wiederaufbau am gleichen Ort, aber nach einem völlig neuen Plan: Die Grundlage bildete ein streng geometrisches Schachbrettmuster, in dem alles, bis zum Detail der Dachfirste, vorgeschrieben war. Der König zog vorübergehend in eine Holzbaracke – und schuf damit prompt eine neue, kurzlebige Mode: Adlige, deren Stadtpaläste zerstört waren, importierten Baracken aus Holland und behängten die Bretterwände mit kostbaren Gobelins und Teppichen. Das Bürgertum gewann an Macht, viele der neuen Bauten wurden von ihm finanziert und geprägt. Der als überspannt geltende Jesuitenpater Malagrida aber, der mit seinen unpassenden Prophezeiungen die Strafe Gottes für alle am Wiederaufbau Mitwirkenden androhte, wurde 1761 von der Inquisition – sicher auf Pombals Geheiß – verurteilt und verbrannt.

Nach dem Tod Josés I. (1777) wurde der allgewaltige Minister gestürzt. Auf Befehl Marias I. (1777–1816) wurde Pombals Bildnis vom Denkmalsockel am Terreiro do Paço entfernt und wanderte in eine Abstellkammer, in der es bis 1833 blieb. Unter der Königin kam der Wiederaufbau zunächst aus Besorgnis um die Staatsfinanzen zu einem Stillstand und änderte dann, mit dem Wiederauftauchen der alten Widersacher Pombals, sein Gesicht: Der Adel baute wieder Paläste und füllte auch sonst seine Machtposition mit neuem Elan aus. In den Folgejahren stagnierte Lissabons Einwohnerzahl bei 200000, und erst gegen 1880 sollte wieder ein sprunghaftes Wachstum einsetzen. Der Polizei-Intendant Pina Manique sorgte 1780 für Straßenbeleuchtung und für Polizisten, die in den Cafés die Liberalen bespitzelten. (Er würde sich im Grabe umdrehen, wenn er wüßte, daß das nach ihm benannte Intendente-Viertel bei der gleichnamigen Metrostation heute synonym für Prostitution steht ...) Andererseits ließ er im Casa Pia-Waisenhaus zum ersten Mal Aktzeichnen unterrichten, was so gar nicht zu seinem gängigen Bild paßt.

Seit 1792 kämpften die europäischen Monarchien in wechselnden Koalitionen gegen das revolutionäre Frankreich. Portugal wurde 1806 endgültig in die Kriegswirren mit hineingezogen, als es sich der napoleonischen Kontinentalsperre gegen England – die auch das Ende des portugiesischen Handels bedeutet hätte – nicht anschloß. Französische Truppen fielen 1807 in Portugal ein. Am Vorabend ihres Einmarschs in Lissabon schifften sich die Königsfamilie mit der damals bereits geisteskranken Maria I. und zahlreiche Adlige nach Brasilien ein. Die Bevölkerung jedoch wehrte sich gegen die französischen Soldaten, unterstützt von englischen Truppen unter Wellington. Nachdem die Franzosen 1814 glücklich vertrieben waren, stellte sich das Problem, wie nun die Engländer wieder loszuwerden seien, die unter Marschall Beresford de facto die Herrschaft ausübten. Der neue König, João VI. (1816–26), amüsierte sich in der Zwischenzeit in Brasilien offensichtlich so gut, daß er gar nicht an Rückkehr dachte. 1820 kam es in Porto und Lissabon zu einer liberalen Rebellion. Als Beresford, der den König in Rio besucht hatte, nach Lissabon zurückkehren wollte, ließ man ihn einfach nicht mehr an Land. Statt dessen kam João VI. aus Brasilien zurück und unterzeichnete 1822 – notgedrungen – eine liberale Verfassung, was ihm eine dauernde Ehekrise mit seiner erzreaktionären Gattin Carlota Joaquina einbrachte.

Joãos ältester Sohn und rechtmäßiger Nachfolger Pedro war in Rio geblieben und hatte sich 1822 an die Spitze der brasilianischen Unabhängigkeitsbewegung gestellt. Da Pedro jedoch nicht gleichzeitig Kaiser von Brasilien und König von Portugal sein konnte, verzichtete er nach dem Tod des Vaters auf die portugiesische Krone zugunsten seiner siebenjährigen Tochter Maria da Glória. Sein Bruder Miguel aber, der ganz unter dem Einfluß der Mutter stand, ließ sich 1828 zum absolutistischen König ausrufen und leitete eine harte Verfolgung der Liberalen ein. Es kam zum Bürgerkrieg, in dem die Liberalen mit Pedro (der 1831 die brasilianische Krone seinem Sohn überlassen hatte) 1834 den Sieg davontrugen. Aufstände und Militärrevolten brachen jedoch bis 1846 immer wieder aus.

1834 bestieg Pedros Tochter als Maria II. den Thron. Noch im gleichen Jahr wurden Klöster und Ordensanstalten bis auf wenige Ausnahmen aufgelöst, ihr Grundbesitz öffentlich versteigert und ihre Gebäude anderen Zwecken zugeführt. Schulen, Kasernen, Gerichte, Krankenhäuser, ja sogar das Parlament in Lissabon zogen in ehemalige Klöster ein. Mit dieser Maßnahme wollte man die Macht der Kirche, die schätzungsweise ein Drittel allen Ackerlandes besaß, einschränken und Gelder flüssig machen. Die erhoffte Nebenwirkung einer Landreform blieb jedoch aus, es entstand vielmehr eine neue Schicht von Großgrundbesitzern.

Die europäische Kulturbewegung der Romantik brachte einen neuen Lebensstil mit sich, der das Gesicht Lissabons veränderte. Es war die Blütezeit der Cafés mit ihren literarischen und politischen Stammtischen. Neue Theater wuchsen wie Pilze aus dem Boden, und am Chiado bemühten sich die Geschäfte, Pariser Chic zu imitieren. Prinzgemahl Ferdinand von Sachsen-Coburg-Gotha lancierte das Promenieren auf dem »Passeio Público« nach dem Vorbild der Pariser Rue de la Paix. Auch sonst beschwingte der Fortschritt die Gemüter: Stolz berichtete die »Revista Universal Lisbonense« am 12. August 1840, daß zwei hochversicherte Dampfmaschinen an Bord der »Soleil d'Austerlitz« aus Paris eingetroffen seien. Nachdem sie im Oktober endlich in einer Textilfabrik installiert waren, machten die Lissabonner ihren Sonntagsspaziergang dorthin. (Ganz so, wie sie 1979 – allerdings mit dem Auto – an den Tejo fuhren, um das Wrack des gekenterten Containerschiffs »Tollan« zu besichtigen.) Jedes neue technische Projekt wurde mit Begeisterung und viel Fortschrittglauben bejubelt.

Lissabon war eine der wenigen Städte, die ernsthaft mit dem »Larmanjat« experimentierte, einer Dampfstraßenbahn mit einer Mittelschiene und rechts und links Rädern, die über Holzbohlen glitten – eine Erfindung des französischen Ingenieurs Jean Larmanjat, der bei der Eröffnung 1870 persönlich die Lokomotive lenkte. Zwar blieb der Zug bei der ersten Steigung stehen und mußte von Passagieren und Laufburschen geschoben werden, doch das anschließende Festessen mit seinen 20 Gängen wurde deshalb nicht abgesagt. Ein Erfolg war der Larmanjat jedoch nicht: Er entgleiste zu leicht, versagte beim kleinsten Hindernis und hatte daher ständig Verspätung. Immerhin fuhr er noch sieben Jahre lang mehr schlecht als recht durch die Stadt. Und das, obwohl sich die von der Konkurrenz bedrohten Droschkenkutscher eines Tages auf den Zug schwangen und den Maschinisten verprügelten... Erfolgversprechender war da die zweigleisige Pferdebahn, die die Lissabonner *o americano* nannten. Am 17. November 1873 eröffnete sie ihre erste Linie am Tejo entlang mit einem Zug von 32 flaggengeschmückten, aus New York importierten Waggons sowie zwei Militärkapellen und geladenen Gästen. Sogar die Frauen, die sonst nur bei religiösen Anlässen auf die Straße gingen, wollten dieses Ereignis nicht versäumen, berichtete der Reporter des »Diário Popular« am nächsten Tag. Aber er schrieb auch, die Stadt mit ihren schmutzigen, verlotterten Fassaden habe diese eleganten, sauberen und bequemen Waggons gar nicht verdient...

Überhaupt fand die Stadt trotz all dieser Fortschritte, trotz der neuen 1879 gebauten Prachtstraße Avenida da Liberdade keineswegs Gnade vor aller Augen. Für eine Handvoll kritischer Journalisten und Schriftsteller wie Fialho de Almeida, Mariano Pina und João Chagas war sie ein Paris aus zweiter Hand, lächerlich und aufgeputzt, trist, banal, verschlafen, eine Parvenue-Stadt, deren Neubauten eher sechsstöckigen Mehlfabriken oder Provinztheatern glichen. Andere bemühten sich auf ihre Weise, der Stadt zu mehr Ansehnlichkeit zu verhelfen: In den 60er und 70er Jahren rollte eine Denkmalswelle über Lissabon hinweg – noch ganz von der Romantik beeinflußt, wollte man die Stadt verschönern, indem man der großen Gestalten der Vergangenheit gedachte. Es war die Zeit des Eklektizismus. Da wurde neumanuelinisch gebaut, neugotisch, neuklassizistisch, neuarabisch – und manchmal auch alles zusammen. Noch 1939 war in einer Architekturzeitschrift folgendes zu lesen: »Wenn die portugiesischen Architekten, Ingenieure und Baumeister es nicht fertigbringen, einen portugiesischen Stil zu schaffen, dann sollen sie lieber den Manuelismus, Dom João V. oder den pombalinischen Stil getreu wiedergeben. Jetzt und in aller Zukunft sei unsere Devise: baut portugiesische Häuser in Portugal!« Die wenigsten Gebäude Lissabons wurden (und werden!) allerdings von

Architekten entworfen: Meistens orientierten sich die Bauherren an Vorbildern in französischen Zeitschriften oder überließen die Gestaltung ganz den *patos bravos* (Wildenten) – Bauunternehmern aus der Stadt Tomar, die es wie die Zugvögel in die Hauptstadt trieb, wo das große Geld lockte.

Das letzte Drittel des vorigen Jahrhunderts war auch die Zeit der utopischen Träumer und zu früh geborenen Planer: Bereits 1888 wurde von einer Metro gesprochen (die dann aber erst 1959 gebaut wurde), von einer Brücke über den Tejo (1966 verwirklicht) oder von einem Tunnel zum anderen Tejoufer. Besonders hochfliegende Träume galten einem 25 m breiten Viadukt, wo die feine Gesellschaft hoch über der Stadt flanieren und einkaufen sollte. Den Chiado wollte ein anderer mit Glas überdachen; aus der Burg sollte ein Luxushotel werden – und Fialho de Almeida schlug gar vor, die ganze Alfama dem Erdboden gleichzumachen und die Arbeiterfamilien auf das andere Tejoufer zu verpflanzen. Nur gut, daß ihm Macht und Mittel dazu fehlten! (Dennoch hatte er gar nicht so unrecht: Die größten Arbeiterviertel entstanden im 20. Jh. auf dem Südufer, in der Nähe der großen Fabriken und Werften.) Die Stadtverwaltung aber blieb auf dem Boden der Realität: Noch 1904 verweigerte sie dem Projekt des ersten »Wolkenkratzers« (mit 10 Stockwerken) ihre Genehmigung.

Große Pläne gab es auch im politischen Bereich: Seit 1836 hatte Portugal von einer Erweiterung seiner afrikanischen Kolonien geträumt, um den Verlust Brasiliens zu kompensieren. 1881 wurde erstmals die berühmte »rosa Landkarte« vorgelegt, die eine Landbrücke zwischen Angola und Moçambique vorsah und damit direkt mit Englands Interessen in Afrika kollidierte. Daraufhin schickte Großbritannien 1890 ein Kriegsschiff mit einem Ultimatum nach Lissabon. Portugal gab nach, fühlte sich aber ganz empfindlich in seinem Nationalstolz verletzt. Ohne große Worte verlieh der Keramiker und Karikaturist Rafael Bordalo Pinheiro (S. 136) in seiner John-Bull-Serie der allgemeinen Stimmung Ausdruck: Aus der Symbolfigur des typischen Engländers machte er einen Aschenbecher, einen Spucknapf, einen Nachttopf…

Obwohl auch Portugals neuer Herrscher künstlerischen Neigungen nachging, war seine Beliebtheit weitaus geringer. König Carlos (1889–1908) malte Aquarelle, musizierte und sammelte auf seiner

Jacht »Amélia« Exemplare der Meeresfauna und -flora für das neu-gegründete Aquarium im Lissabonner Vorort Dafundo. Als aber wachsende Unzufriedenheit die Monarchie bedrohte, erteilte er 1907 dem Ministerpräsidenten João Franco diktatorische Vollmachten. Am 1. Februar 1908 kam der König durch ein Attentat zusammen mit dem Thronfolger Luís Filipe ums Leben. Doch zwei weitere unruhige Jahre unter sieben verschiedenen Kabinetten konnten die Unzufriedenheit nicht bannen. Am 5. Oktober 1910 wurde schließlich die Republik ausgerufen, und Manuel II., der letzte Bragança-König, ging ins Londoner Exil.

Die junge Republik hatte es schwer. 20 Putsche und Aufstände in nur 16 Jahren, 44 Ministerwechsel, nur ein einziger Präsident vollendete seine ganze Amtszeit. Auch die Wirtschaftslage besserte sich nicht, und gegen den Willen des Militärs wurde Portugal in den Ersten Weltkrieg hineingezogen. Nach einem ersten diktatorischen Zwischenspiel unter Sidónio Pais (1917/18) machte am 28. Mai 1926 ein Militärputsch der 1. Republik endgültig den Garaus. General Gomes da Costa löste das Parlament auf und setzte die Verfassung außer Kraft. Als die Militärs mit dem Finanzchaos nicht zu Rande kamen, riefen sie 1928 den 39jährigen António de Oliveira Salazar, Professor der Nationalökonomie an der Universität Coimbra, der bereits 1926 ein kurzes Gastspiel als Finanzminister gegeben hatte. Und damit begann die lange Nacht der Diktatur.

1930 gründete Salazar die Einheitspartei »União Nacional«. 1932 legte er die Grundzüge seines korporativen »Neuen Staats« – Estado Novo – vor, die 1933 in einem Referendum erwartungsgemäß angenommen wurden. Analphabeten (noch 1960 38 % der Bevölkerung) waren im Estado Novo nicht wahlberechtigt, Frauen nur dann, wenn sie als Familienvorstand anerkannt waren oder eine Oberschule erfolgreich abgeschlossen hatten. Die Zensur wachte nicht nur über die politische Einstellung, sondern auch über die Moral der Portugiesen; Bücher wie »Madame Bovary«, »Lady Chatterley's Lover« oder »Professor Unrat« konnte man nur unter dem Ladentisch kaufen, von Marx und Engels ganz zu schweigen. Wer den Mund zu weit aufmachte, bekam es mit der Geheimpolizei PIDE zu tun, der berüchtigten Polícia Internacional e de Defesa do Estado. Trotz der PIDE-Spitzel hörte der Widerstand, in dem die KP eine bedeutende Rolle spielte, jedoch all die Jahre hindurch nicht auf.

Salazar sanierte die Staatsfinanzen – auf dem Rücken der Armen. Die Handelsbilanz blieb jedoch passiv, mit Ausnahme der Jahre 1940–43, als das neutrale Portugal mit großem Gewinn Wolfram an beide kriegführende Seiten verkaufte. Die Landwirtschaft stagnierte bald, da Salazar die bestehenden produktionsfeindlichen Besitzstrukturen nicht antastete. In den 60er Jahren suchten immer mehr Portugiesen Arbeit und bessere Löhne im Ausland. Ihre Überweisungen in die Heimat trugen zwar wesentlich zum Ausgleich der Handelsbilanz bei, doch bald kam es in Portugal zu einem Mangel an Arbeitskräften. Durch den 1967 erlassenen Auswanderungsstopp ließen sich die Portugiesen jedoch nicht davon abhalten, im Ausland ihr Geld zu verdienen. Tausende gingen illegal über die Grenzen.

1968 fiel Salazar aus seinem Liegestuhl, mußte operiert werden und erlitt nach ein paar Tagen einen Schlaganfall; er starb 1970. Sein Nachfolger, der seit 1968 amtierende Juraprofessor Marcelo Caetano, erweckte zunächst Hoffnungen auf eine Lockerung des Regimes – doch der Schein trog. Statt die PIDE aufzulösen, taufte er sie einfach in DGS um (Direcção Geral de Segurança). Die Methoden aber blieben gleich – und das war wohl symptomatisch für alle seine »Reformen«. Doch die Zeiten hatten sich geändert: Seit 1961 hatte sich das Land immer tiefer in Guerrillakriege in Angola, Moçambique und Guinea verstrickt, die es sich nicht leisten konnte. Seit 1970 dienten 50% des Staatshaushalts zur Deckung der Kriegskosten; der Militärdienst betrug seit 1967 vier Jahre. Diese Kolonialkriege waren eine so große Belastung, daß die an vielen Stellen bereits brüchige Struktur des Regimes schließlich nicht mehr standhielt.

Am 25. April 1974 stürzte die »Bewegung der Streitkräfte« (MFA – Movimento das Forças Armadas) das verhaßte Regime. Um 0.30 Uhr legte der Sprecher von Rádio Renascença das verbotene Lied »Grândola, Vila Morena« des Sängers José Afonso auf und gab damit das vereinbarte Startsignal für die sogenannte »Nelkenrevolution«. Am Spätnachmittag ergaben sich Marcelo Caetano und seine Minister, die jubelnde Bevölkerung ging auf die Straße und steckte den Soldaten rote Nelken in die Gewehrläufe. Die Gefängnistüren öffneten sich für die politischen Gefangenen, die Exilierten konnten endlich in ihre Heimat zurückkehren, die Kolonien erhielten ihre Unabhängigkeit. Am 1. April 1975 fanden die ersten freien Wahlen statt. Nach sechs »provisorischen« Regierungen trat 1976 die neue

Verfassung der 3. Republik in Kraft. Da keine Partei die absolute Mehrheit errang, bildete zunächst der PSP (Partido Socialista Português) unter Mário Soares eine Minderheitsregierung. Inzwischen trat im Jahr 1985 bereits die 10. Regierung ihr Amt an. Seit dem 1.1.1986 ist Portugal Mitglied der EG.

Leichter wurde das Leben allerdings in vielen Dingen nicht: Die Wirtschaftslage ist noch immer finster; die Millionen *retornados* aus den ehemaligen Kolonien stellten das arme Land vor schier unlösbare Probleme; Arbeitslosigkeit und Inflation plagen es. Und Lissabon, Wasserkopf eines kleinen Landes, wächst weiter: 1890 zählte es bereits 300000 Einwohner, 1930 fast doppelt so viel, und erst in den 60er Jahren begann das Wachstum im Stadtkreis bei einer Zahl um 800000 zu stagnieren. Dafür vermehren sich seitdem die Schlafstädte in einem Umkreis von 25 km fast explosionsartig, da das Leben in der Stadt für portugiesische Durchschnittsverdiener unerschwinglich geworden ist. Neue Probleme traten auf, die noch lange nicht gelöst sind: unzulängliche öffentliche Verkehrsmittel, Immobilienspekulation und wildes Wachstum von Siedlungen ohne jegliche rationale Planung der Infrastrukturen, Wohnungsnot und als Notbehelf dienende Barackensiedlungen, illegaler Wohnungsbau in großem Ausmaß, Verfall alter Bausubstanz, und was dergleichen mehr ist.

Belauscht man die Lissabonner im Café, auf dem Markt, im Bus, so ist ein nicht zu kleines Quentchen Resignation oft unüberhörbar. Und dennoch: Ernsthaft wollten sicher nur wenige mit einer anderen Stadt tauschen.

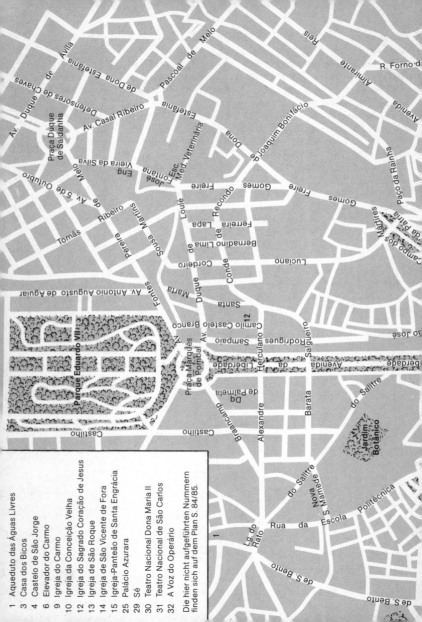

1 Aqueduto das Águas Livres
3 Casa dos Bicos
4 Castelo de São Jorge
6 Elevador do Carmo
9 Igreja do Carmo
10 Igreja da Conceição Velha
12 Igreja do Sagrado Coração de Jesus
13 Igreja de São Roque
14 Igreja de São Vicente de Fora
15 Igreja-Panteão de Santa Engrácia
25 Palácio Azurara
29 Sé
30 Teatro Nacional Dona Maria II
31 Teatro Nacional de São Carlos
32 A Voz do Operário

Die hier nicht aufgeführten Nummern
finden sich auf dem Plan S. 84/85.

Lissabon – Innenstadt

300 m

Dreizehn Spaziergänge kreuz und quer durch Lissabon

Sehenswürdigkeiten mit einer Ziffer in Klammern sind auf den Stadtplänen S. 34/35 und S. 84/85 eingezeichnet und zudem im Kapitel »Sehenswertes« ausführlicher beschrieben. Die Rundgänge erfassen in der Regel in sich geschlossene Viertel und sind daher unterschiedlich lang. Wer Zeit und Lust für alle Vorschläge mitbringt, wird bald mehr von Lissabon kennen als so mancher Einheimische. Für ein Kurzprogramm empfiehlt sich ein Besuch der Viertel Baixa, Castelo und Alfama, Chiado und Bairro Alto sowie des Vororts Belém.

Kleine Hilfe zum Stadtplanlesen

Alameda	Allee	Mercado	Markt
Alto	Anhöhe	Miradouro	Aussichtspunkt
Arco	Bogen	Mosteiro	Kloster
Avenida	Allee	Museu	Museum
Bairro	Stadtviertel	Paço	Palast
Beco	Gäßchen	Paragem	Haltestelle
Calçada	steile Straße	Pátio	(Innen-)Hof
Castelo	Burg	Piscina	Schwimmbad
Cemitério	Friedhof	Ponte	Brücke
Chafariz	Brunnen	Porto	Hafen
Claustro	Kreuzgang	Praça	Platz, Markt
Convento	Kloster	Praia	Strand
Correio	Post	Quinta	(Land-)Gut
Escadas	Treppe	Ribeira	Ufer, Aue
Escadinhas	Treppchen	Rio	Fluß
Estação	Bahnhof	Rua	Straße
Estrada	(Land-)Straße	Sé	Kathedrale
Igreja	Kirche	Terreiro	Platz
Jardim	Garten	Torre	Turm
Largo	(kleiner) Platz.	Travessa	Querstraße

Erster Spaziergang
Avenida da Liberdade – Ein Kind der Wachstumseuphorie
Praça Marquês de Pombal – (Avenida Duque de Loulé – Rua Camilo
Castelo Branco – Rua Alexandre Herculano –) Avenida da Liber-
dade – Praça dos Restauradores – Largo Dom João da Câmara – Rua
do Jardim do Regedor – Rua das Portas de Santo Antão – Rua dos
Condes – Praça dos Restauradores

In der 1276 m langen und 90 m breiten Avenida da Liberdade, die die
neuen Viertel des 19. und frühen 20. Jh.s rund um den Parque Eduardo VII mit der tiefer liegenden Unterstadt des 18. Jh.s verbindet,
sehen die Lissabonner gern eine etwas bescheidenere Ausgabe der
weltberühmten Pariser Champs Élysées. Doch die Prachtstraße, auf
die die Stadt so stolz war, der Prunkcorso, an dem Felix Krulls Ab-
steigequartier lag – palastartig, versteht sich –, ist auch nicht mehr
das, was sie einmal war. Sie spiegelt zwar noch immer die Gründer-
zeit-Mentalität der Entstehungsjahre wider und illustriert die bürgerliche Expansion Lissabons von etwa 1880 bis 1920, doch heute
wälzen sich auf der großzügigen Trasse in der Rush hour die Auto-
schlangen entlang, die Palmen scheinen grau und glanzlos in der ab-
gasgeschwängerten Luft; auf einer Bank schläft zwischen Plastiktü-
ten ein Stadtstreicher.
Ein Blick zurück: Nach dem Erdbeben von 1755 ließ der ehrgeizige
Minister Pombal im ehemaligen *valverde*, dem »Grünen Tal« mit
seinen Feldern und Gärten, einen Park anlegen. Doch richtig in
Mode kam der *passeio público* – die »Öffentliche Promenade« – erst
drei Generationen später, als er in der Zeit der Romantik mit Seen,
Kaskaden und Fontänen modernisiert wurde und der Schriftsteller
und Historiker Alexandre Herculano erfolglos gegen das Fällen alter
Bäume protestierte. Zum ersten Mal begannen sich damals auch
Frauen auf der Straße zu zeigen – früher, so hieß es, ging eine Portu-
giesin nur dreimal im Leben aus dem Haus: zur Taufe, zur Hochzeit
und zur Beerdigung. 1859 spielte man erstmals mit dem Gedanken,
die Promenade durch eine großzügige Allee nach Pariser Vorbild zu
ersetzen. 1874 beschäftigte sich sogar das Parlament vordringlich
mit dem Projekt. Der Journalist und Essayist Ramalho Ortigão wet-
terte gegen die Mode des »Boulevardismus«, und 2000 Lissabonner
unterschrieben einen Protest, der das Ende des Parks auch nicht auf-

halten konnte. 1879 gab der damalige Bürgermeister Rosa Araújo das Startsignal für die Arbeiten an der Avenida.

Unser Ausgangspunkt für einen Bummel entlang der Avenida da Liberdade ist die **Praça Marquês de Pombal**, eine Rotunde mit 200 m Durchmesser, die die Avenida da Liberdade nach Norden abschließt. Hier hoben am 4. Oktober 1910 republikanische Soldaten, von der Bevölkerung unterstützt, Gräben aus und errichteten Barrikaden gegen die regierungstreuen, monarchistischen Truppen. Man läßt den Eingang zum strengen, kühlen **Parque Eduardo VII** (S. 90), an dem die Busse für Stadtrundfahrten warten und Zigeunerinnen in langen Röcken den Touristen ihre Dienste im Handlesen anbieten, im Rücken liegen und gelangt durch die Unterführung, dem Wegweiser *estátua* folgend, zum **Pombal-Denkmal**. Obwohl man schon seit 1882, Pombals 100. Todestag, über Pläne für ein Denkmal des großen Staatsmanns sprach, wurde es erst 1934 verwirklicht – so recht mit dem Herzen war halt keiner dabei. Seither wachen Minister und Löwe über die Stadt. Einige Lissabonner deuten die Figur allerdings anders: Nach ihrer Version fragt Pombal über die Stadt hinweg den Christus am anderen Tejo-Ufer, ob er wisse, wo es langgehe – und Christus zuckt die Achseln, breitet ratlos die Arme aus, weiß es auch nicht. Vor dem Denkmal findet sich ein besonders schönes Beispiel des schwarz-weißen Pflasters aus Basalt und Kalkstein, dem man in Lissabon im buchstäblichen Sinne auf Schritt und Tritt begegnet: Es zeigt eine bis ins Detail ausgearbeitete Darstellung des Stadtwappens – ein Schiff mit zwei Raben auf Bug und Heck. Das Wappen, auf das man immer wieder stößt, auf Lampen, Brunnen und an Hausecken, geht auf den heiligen Vinzenz zurück, einen spanischen Märtyrer. Die Legende erzählt, daß das Schiff mit seinem Leichnam, von zwei Raben geleitet, am Algarve antrieb und 1176 nach Lissabon gebracht wurde.

Wer sich für moderne religiöse Architektur interessiert, mache von der Praça Marquês de Pombal aus einen Abstecher in die 1970 fertiggestellte Herz-Jesu-Kirche – **Igreja do Sagrado Coração de Jesus** (12) (links in die **Avenida Duque de Loulé** einbiegen, dann die zweite rechts in die **Rua Camilo Castelo Branco** zur Kirche. An der nächsten Ecke rechts führt die **Rua Alexandre Herculano** zurück zur Avenida da Liberdade.) Die moderne Architektur nach 1945, meint ein Kritiker bissig, habe zu der bereits umfangreichen Nationalgeschichte verpaßter Gelegenheiten dicke Folianten hinzugefügt, so daß man für interessante Ausnahmen, wie z. B. diese Kirche, mehr als dankbar ist.

Am Anfang der Avenida da Liberdade fällt der Blick links auf das bemerkenswerte **Redaktionsgebäude des Diário de Notícias** (Nr. 266), dessen Eingangshalle Fresken von Almada Negreiros schmücken. Da auf der nördlichen Seitenwand keine Fenster genehmigt wurden, unterbrach der Architekt Pardal Monteiro die monotone Fläche mit einem Wandbild. 1940 erhielt er für diese Arbeit den Valmor-Preis, der seit 1902 alljährlich dem »schönsten Lissabonner Neubau« verliehen wird. Ebenfalls mit diesem Preis ausgezeichnet wurden auch die Gebäude mit der bewegten Fassade in Nr. 216–218 (1915) und Nr. 178–180 (1927), beide von dem Architekten Norte Júnior entworfen. Insgesamt aber konnte die Avenida den einmal gesetzten Standard nicht aufrechterhalten, es blieb bei einem halben Dutzend *palacetes* und Prestigebauten. Die Polemik um architektonische Qualität ist noch heute so lebhaft wie eh und je. 1972 berief die Stadt eine Fachgruppe unter dem Architekten Pedro Vieira de Almeida, die einen Gesamtplan für die Avenida ausarbeiten sollte – und nach ein paar Jahren wegen der Wildwestmethoden im Baugeschäft entmutigt aufgab. Die Gruppe versuchte z. B. den Neubau Nr. 230 neben dem arabisch inspirierten Palacete des französischen Architekten Lusseau zu stoppen – der Bauherr errichtete ihn trotzdem, und nachdem der Fait accompli einmal geschaffen war, kam dann nachträglich wohl auch die offizielle Genehmigung.

Umstritten ist auch der aufwendige Neubau des **Banco Espírito Santo e Comercial de Lisboa** rechts an der Ecke der Rua Barata Salgueiro, dessen Fassadengestaltung von renommierten Architekten als »Zuckergußüberzug« heruntergemacht wird. (Es drängt sich jedoch der Verdacht auf, daß purer Neid die Polemik zumindest verschärft haben mag, wurde das Projekt doch in einem Londoner statt in einem Lissabonner Büro ausgearbeitet …) In der Seitenstraße **Rua Barata Salgueiro** liegt die **Sociedade Nacional das Belas Artes** (Nr. 36), ein Bau von Alvaro Machado im lange nicht totzukriegenden neuromanischen Stil, sowie die 1950 gegründete **Cinemateca** (Nr. 39).

Das klassizistische **Tivoli-Kino** (Nr. 188) etwas weiter unten auf der linken Straßenseite der Avenida da Liberdade wurde 1924 von Raul Lino entworfen. Wegen der großen Entfernung (!) zum Zentrum galt es als äußerst gewagtes Unternehmen. Der Kiosk, den der Verlag des »Diário de Notícias« 1925 vor dem Kino aufstellte, ist der einzige Überlebende seiner einst zahlreichen Avenida-Vettern. Die ersten dieser Kioske, die mit ihren Häubchen und Eisenschnörkeln die Blicke auf sich zogen, wurden 1869 errichtet und dienten dem Verkauf von Getränken an die Lissabonner, die sich einen Besuch im Café nicht leisten konnten. Der berühmteste von allen war der 1931 abgebrannte Kiosk A Bóia (die Boje) auf dem Rossio, ein Treffpunkt der Anarchisten.

Dem Tivoli-Kino schräg gegenüber, im Eckhaus rechts mit Eingang in der **Rua do Salitre** (Valmor-Preis 1902), sitzt heute das Spanische Konsulat. Das **Kriegerdenkmal** auf der gleichen Straßenseite wurde 1924 für die im Ersten Weltkrieg gefallenen portugiesischen Soldaten (Mortos da Grande Guerra) aufgestellt. Später sprenkelte der »Neue Staat« Salazars die ganze Avenida mit mehr oder weniger gelungenen Denkmälern, meist Standbildern von Schriftstellern.

Schräg hinter dem Denkmal lockt der **Parque Mayer**, ein 1922 eröffneter Vergnügungspark, der seinen Namen der früher hier ansässigen Familie Lima Mayer verdankt. Mit seinen vier Theatern – Maria Vitória (1922), Variedades (1926), Capitólio (1931) und ABC (1934) – entwickelte sich der Parque Mayer zur Hochburg der sogenannten *Revista*, einer bunten sozialkritischen Bühnen-Revue. Als Geburtsdatum dieses ureigenen portugiesischen Spektakels gilt das Jahr 1852, als zum ersten Mal die Ereignisse des Vorjahres im Theater satirisch aufs Korn genommen wurden. Eine typische Figur der Revista und eine Schule für die größten Talente war lange die Rolle des *Compère*, dem die schwierige Rolle des Alleinunterhalters zufiel. Er hatte die Aufgabe, die tote Zeit während des Szenenwechsels zu überbrücken. Auch unter Salazar schwieg die Revista nicht und versuchte, mit einem Code für Eingeweihte die Zensur zu überlisten. Heute allerdings klagen die Stars dieses Theaters über Desinteresse beim jugendlichen Publikum.

Etwas weiter unten stößt man auf die einzigen Überbleibsel des alten Passeio Público (vgl. S. 37): zwei Brunnenfiguren, die die Flüsse Tejo und Douro darstellen. Im Zuge der Arbeiten an der U-Bahn hatte die Stadtverwaltung gegen Ende der 50er Jahre bereits die Beseitigung der kleinen Kaskaden und Teiche, der Blumenrabatten und Bänke geplant, doch die öffentliche Meinung verhinderte dies.

Die Straßencafés mit ihren bunten Blechstühlen am unteren Ende der Avenida da Liberdade sind unscheinbare Erinnerungen an die Zeit, als diese Prachtstraße noch die Funktion der obligatorischen Promenade erfüllte, als hier Kutschen rollten, Rassepferde galoppierten und elegante Flaneurs und Damen die neueste Mode spazierentrugen. Die Zeit, als hier »der große Jahrmarkt stattfand, der Bazar, die Galerie aller vorkommenden Spezies, Hohlspiegel der Lissabonner Sitten und Kultur«, wie Alfredo Mesquita 1903 schrieb, diese Zeit ist leider fast ganz vorbei. Die Avenida entleert sich heute zunehmends, die kalte Bürowelt gewinnt an Boden.

Auf der **Praça dos Restauradores**, die die Avenida da Liberdade im Süden abschließt, erinnert ein 30 m hoher Obelisk aus dem Jahr 1886 an die Wiederherstellung der portugiesischen Unabhängigkeit 1640. Auf der rechten Seite des Platzes hat sich ein Einkaufszentrum im alten Gebäude des Cafés Palladium niedergelassen. Daneben klettert die Standseilbahn **Elevador da Glória** seit 1885 auf den Hügel des Stadtviertels Bairro Alto hinauf. Daran schließt sich der langgestreckte **Palácio Foz** an, vielleicht der schönste Stadtpalast in Lissabon, der unter anderem eines der Büros des Fremdenverkehrsamts beherbergt. Der italienische Architekt Francesco Saverio Fabri, der ihn 1777 für den Grafen Castelo Melhor baute, hielt sich nicht an das strenge pombalinische Schema seiner Zeit. 1889 machte der Marquês da Foz einen der prächtigsten Lissabonner Wohnsitze daraus, später zog Salazars Propagandaamt in seine Mauern ein.

Das benachbarte **Eden-Kino**, das dem Modell Pariser Kinopaläste der 30er Jahre nacheifert, ist inzwischen denkmalgeschützt. Das **Luxushotel Avenida Palace** am Ende des Platzes wurde 1892 für die Eisenbahngesellschaft errichtet. Trotz Denkmalschutz wurde an die neoklassizistische Südfassade ein kurioser, eiscremefarbiger Vorbau geklebt. Dem **Largo de Dom João da Câmara** wendet der neomanuelinische, 1890 errichtete **Estação do Rossio** die Schauseite zu. Hinter der aufgeputzten Fassade verbirgt sich – man höre und staune – ein funktionstüchtiger Bahnhof: In den unteren Stockwerken liegen Geschäfte, ein Kino, Restaurants, im dritten Stock stößt man auf die Bahnsteige. Von hier aus verlassen die Züge in Richtung Sintra durch einen 2610 m langen Tunnel die Stadt. Hier am Rossio-Bahnhof wurde am 14. Dezember 1918 das Attentat auf den Diktator Sidónio Pais verübt (S. 31). Das bald hundertjährige Lokal »O Leão de

Ouro« am Anfang der benachbarten **Rua 1° de Dezembro** hatte um die Jahrhundertwende natürlich auch seinen Künstlerstammtisch, »O Grupo do Leão«, zu dem die Brüder Bordalo Pinheiro (S. 136) gehörten.

Es geht auf der anderen Straßenseite zurück zur Praça dos Restauradores. In dem Kiosk, dessen Jugendstilornamente ganz von Plakaten verdeckt sind, werden Eintrittskarten für Kino, Theater, Stierkampf und Fußball verkauft. Davor führt die **Rua do Jardim do Regedor** nach rechts zur **Rua das Portas de Santo Antão** (links halten), einer kleinen, aber lebhaften Straße mit der höchsten Restaurantkonzentration pro Quadratmeter in Lissabon; zwei Luxusrestaurants, eins mit drei Sternen bzw. den hier üblichen Gabeln, und diverse andere für Normalverbraucher warten hier auf hungrige Mägen. (Kräftige Alentejo-Küche bietet die Casa do Alentejo mit einem maurisch inspirierten Innenhof hinter dem unscheinbaren Hauseingang Nr. 58.) Dazwischen lockt das **Coliseu dos Recreios**, das 1890 für Zirkusvorstellungen gebaut wurde. Heute füllen auch brasilianische Chansonniers den achteckigen Saal mit seinen 8000 Plätzen. Daneben residiert in Nr. 100 die 1875 gegründete, inzwischen etwas schläfrige **Sociedade de Geografia**. Zwischen Plüsch und Eisengeländern zeigt das angeschlossene **Museu Etnográfico** (S. 176) in altmodischen Vitrinen Sammlungen aus den ehemaligen portugiesischen Kolonien. Das **Politeama** auf der anderen Straßenseite, ursprünglich ein Theater, heute Kino, baute sich 1913 der in Brasilien reich gewordene Luís Pereira.

In der **Rua dos Condes**, die nach rechts auf die Praça dos Restauradores zurückführt, finden sich gleich drei Kinos. 1809, als hier noch ein kleines Theater existierte, wurde an dieser Stelle die Kutsche des als Gast in Lissabon weilenden englischen Dichters Byron eines Abends nach dem Theaterbesuch von vier Männern überfallen. Glaubt man den Lissabonnern, so bezog der adlige Schriftsteller Prügel von einem eifersüchtigen Ehemann, und sprach nur deshalb so schlecht von der Stadt und ihren Bewohnern. In Wirklichkeit war es wohl eher umgekehrt: die erbosten Lissabonner hängten Byron diese Geschichte an, da sie seine Kritik nicht vertrugen ... Byron hatte es übrigens eher zufällig nach Lissabon verschlagen: Er hatte das Boot nach Malta verpaßt und nahm daher mit einem Schiff vorlieb, das nur Lissabon anlief, von wo er über Land nach Gibraltar wollte.

Von der **Praça dos Restauradores** gelangt man mit der U-Bahn oder dem Bus zurück zum Ausgangspunkt des Rundganges, der Praça Marquês de Pombal. Man kann aber auch gleich noch einen zweiten Spaziergang anschließen und noch ein wenig durch die nahe Unterstadt, die Baixa, bummeln.

Zweiter Spaziergang
Baixa – Schachbrett des 18. Jahrhunderts
Rossio – Rua do Ouro – Terreiro do Paço – Rua do Arsenal – Praça do Município – Terreiro do Paço – Rua da Prata – Rua dos Fanqueiros – Praça da Figueira – Largo de São Domingos – Rossio

In der Baixa, der pombalinischen Unterstadt, schlägt das Herz Lissabons. Laut, geschäftig, unruhig, vom Straßenverkehr überflutet, bereits auf Touristen eingestellt – und nachts ausgestorben und tot. Architektonisch streng, kühl, fast monoton und sparsam wirkend, ist dieses Viertel ganz vom Geist der Aufklärung geprägt. Sein heutiges Gesicht geht im wesentlichen auf die Zeit des Wiederaufbaus nach dem Erdbeben von 1755 zurück. Die Baixa ist das Werk von drei Männern: der Militäringenieure Manuel da Maia (der beim Erdbeben bereits 78 Jahre alt war), Eugénio dos Santos (44) und Carlos Mardel (60). Nachdem Maias Plan einer neuen, modernen Baixa am alten Ort akzeptiert worden war, arbeiteten drei Teams Einzellösungen dafür aus. Santos Vorschlag gefiel am besten: Er ersetzte das mittelalterliche Straßengewirr durch ein rhythmisch gegliedertes Gitter von Rechtecken. Nach fünf Jahren harter Arbeit starb Santos, dessen Großvater noch ein einfacher Steinmetzgehilfe gewesen war, ausgelaugt und von Skrupeln geplagt, da er, den Anweisungen gemäß, die ehemaligen Kirchen in seinem Wiederaufbauplan nicht berücksichtigt hatte. Carlos Mardel setzte sein Werk fort. Der gebürtige Ungar hatte sich 1733 in Lissabon niedergelassen und dank einer klugen Politik Karriere gemacht (Pombals Frau, die österreichische Gräfin Daun, protegierte ihren Landsmann, der seinen Kindern einflußreiche Paten am Hof wählte). Maia hatte für die Neugestaltung der Baixa zweistöckige Häuser befürwortet, die bei Erdbeben weniger gefährdet waren. Dies hatte ihn in Konflikte mit den Interessen der Grundstückseigentümer gebracht. Dank eines neuen fachwerk-

43

artigen Holzrahmens, der die Elastizität und somit die Widerstands-
fähigkeit der Gebäude verbesserte, konnte Santos schließlich fünf
Stockwerke planen: Seine Entwürfe zeigen eine einheitliche Gestaltung der Häuser mit Läden im Erdgeschoß, Balkonen in der ersten
Etage, mehr oder weniger differenzierte Fensterlaibungen im 3. und
4. Stock (je nachdem, ob das Haus in einer Haupt- oder Neben-
straße stand) und als Abschluß Walmdächer mit Dachgauben. Mardel führte nun am Rossio Mansardendächer ein, die er in Mitteleuropa gesehen hatte, und einen abwechslungsreicheren Rhythmus
von Fenstern und Balkonen. Im Innern der Häuser, die damals bereits mit genormten Fertigteilen gebaut wurden, herrschte und
herrscht jedoch kleinbürgerliche Enge: schmale Treppen und kleine
Zimmer ohne Korridore und Toiletten. Die bemerkenswerte architektonische Einheit der Baixa wurde zu Beginn unseres Jahrhunderts, als man sich des städtebaulichen Wertes des Komplexes noch
nicht bewußt war, durch Neubauten empfindlich gestört.

Wir beginnen den Rundgang am **Rossio** (portugiesisch für »Platz«),
der offiziell Praça Dom Pedro IV heißt. Dieser Name bezieht sich
auf die 27 m hohe Säule mit dem Standbild des Königs, der sich für
die liberale Verfassung schlug (S. 28). Doch schon im Mittelalter war
der Rossio Mittelpunkt städtischen Lebens. Hier fanden Turniere
statt, Stierkämpfe, Autodafés, Faschingsbälle – und heute Demon-
strationen. Der Rossio ist immer belebt: Man sieht Schuhputzer und
ihre Kunden, Zeitungsverkäufer, Liebespaare, einkaufende Haus-
frauen, Passanten, die auf den Bus warten oder einfach nichts tun –
zumindest nichts, was sich erraten ließe. Die zahlreichen Cafés sind
immer voll. 1849 wurde der ganze Platz mit einem Wellenmuster aus
Basalt und Kalkstein gepflastert, das 1920 zerstört wurde und heute
nur noch rund um das Denkmal besteht. Inzwischen redet man davon, es wiederherzustellen.

Am Nordende des Rossio steht das neoklassizistische **Teatro Nacional Dona Maria II** (30). Auf der Westseite sollte man eine Kaffee-
pause im **Nicola** einlegen. Das 1929 gegründete Café erinnert an das
alte »Nicola«, das von 1787 bis 1837 fast an gleicher Stelle existierte.
Der Dichter Bocage (S. 128), dem das Café eine Statue errichtet hat,
war hier und im Nachbarcafé »Parras« Stammgast, als in den Cafés
die ersten liberalen Ideen gärten und die Französische Revolution
Diskussionsstoff lieferte. Neben dem »Nicola«, im Haus Nr. 26,

lebten im 4. Stock die Eltern des Romanciers Eça de Queirós
(S. 138). Die **Tabacaria Monaco** (Nr. 21) war um die Jahrhundertwende ein bekannter Schriftsteller-Treffpunkt. Groß kann ihre Zahl
aber nicht gewesen sein: In dem schmalen, langen Schlauch kommen
mit Mühe zwei Personen aneinander vorbei. Die 1894 gegründete
Tabacaria besitzt immer noch ihre schönen alten Holzschränke, ein
etwas verblichenes Deckengemälde und *Azulejos* des Keramik-
Künstlers Rafael Bordalo Pinheiro (S. 136), der an die alte, ursprünglich maurische, von den Portugiesen weiterentwickelte Technik der
bunten Wandkacheln anknüpfte (S. 108). An der Südseite des Platzes
läßt das Juweliergeschäft Ferreira Marques, Filhos mit seinem signier-
ten Jugendstilfenster von 1926 bereits die Eleganz des nahen Einkaufs-
viertels Chiado ahnen. Unter dem **Arco do Bandeira** hindurch schaut
man in die **Rua dos Sapateiros** (Schusterstraße) hinein. Auf der
rechten Seite, gleich am Anfang, liegt eines der ältesten Lissabonner
Kinos, der **Animatógrapho do Rossio**, der heute von Italo-Western,
Kung-fu- und Pornofilmen lebt. Die üppige Jugendstilfassade von
1907 befindet sich leider nicht mehr ganz in ihrem ursprünglichen
Zustand; der Unterleib der Azulejo-Damen wurde mit Kinobildern
verdeckt. Schräg gegenüber, Rua dos Sapateiros Nr. 220, befindet
sich eine Stehkneipe ohne Namen (Filiale Nr. 49 von Abel Pereira
Fonseca), der der Dichter Fernando Pessoa (S. 133) in seinen letzten
Lebensjahren regelmäßig seinen Besuch abstattete.
Zurück zum Rossio: Auch die kleine Imbißstube »A Tendinha« direkt neben dem Arco do Bandeira hat kulturgeschichtliche Tradi-
tion. Sie gehörte bald nach ihrer Eröffnung 1840 zu den bevorzugten
Treffpunkten der Lissabonner Bohème. Hier machte man Station,
bevor man mit der Kutsche ins Grüne oder zum Stierkampf fuhr.
Die feine »Pastelaria Suiça« (Schweizer Café) findet man auf der
Ostseite des Rossio beim Metroeingang.
Dann geht es die **Rua do Ouro** (offiziell Rua Aurea = Goldstraße)
entlang bis zur nächsten Ecke, an der das vielleicht kurioseste Bauwerk der Stadt steht: der **Elevador do Carmo** (6), auch Elevador
de Santa Justa genannt – wie ein filigranes Kunstwerk aus Eisen
steht hier ein Aufzug im Freien. Die Rua do Ouro mit ihren Boutiquen, Schuhgeschäften, Juwelieren, Buchhandlungen und Banken führt, wie die zum Verwechseln ähnlichen Parallelstraßen Rua
Augusta und Rua da Prata, zum **Terreiro do Paço** (Palastplatz),

der eigentlich Praça do Comércio heißt. Obwohl der Königspalast dort schon längst nicht mehr steht, benutzen die Lissabonner noch den alten Namen. Er ist sicher der schönste, harmonischste Platz der Stadt, doch angesichts von Hunderten dort parkender Autos fällt es schwer, diese verborgene Schönheit zu erkennen. Wie auf dem Rossio fanden auch hier in alter Zeit Stierkämpfe statt, brannten die Scheiterhaufen der Inquisition. Auf dem Terreiro do Paço wurden aber auch Könige feierlich empfangen oder verabschiedet – oder erschossen. Hier wurde am 1. Februar 1908 das Attentat auf König Carlos und den Thronfolger verübt, das den Anfang vom Ende der Monarchie einleitete. Der Terreiro do Paço, ein fast perfektes Quadrat mit 180 m Seitenlänge, ist eine zum Tejo offene Bühne. Nur an diesem Platz griff sein Erbauer Santos auf die traditionelle Arkadenbauweise zurück (sein Vorgesetzter, Manuel da Maia, hatte etwas gegen Arkaden und Torbögen, die doch nur Dieben und Räubern das Handwerk erleichterten). Der **Arco Triunfal** (Triumphbogen) an der Nordseite, der den Platz mit der Rua Augusta, der eigentlichen Längsachse der Baixa, verbindet, wurde erst 1873 fertiggestellt. In den Gebäuden rund um die offene Fläche sind Ministerien untergebracht, mit Ausnahme des Ostflügels, in dem die Börse residiert. Sie wurde nach 1755 mit Hilfe einer freiwilligen Abgabe der Handelskammer erbaut. Die Banken drängen sich in den Quadraten nördlich des Platzes, als ob sie die Nähe der politischen Entscheidungszentren suchten. Mittelpunkt des Terreiro do Paço und krönendes Symbol für den Abschluß des Wiederaufbaus der Stadt ist das **Reiterstandbild Josés I.**, auf dem natürlich sein einflußreicher Minister Pombal nicht fehlen darf. Das Denkmal wurde 1775 von Machado de Castro geschaffen, der über sein Werk allerdings nicht ganz glücklich war: Er mußte sich an den Entwurf von Eugénio dos Santos halten und setzte erst nach langem Drängen kleinere Abweichungen durch. Nur bei dem Relief auf der Rückseite, einer Allegorie auf den Wiederaufbau, ließ man dem Bildhauer freie Hand. Die 29 Tonnen schwere Bronze wurde im nahen Heeresarsenal gegossen; der Transport auf einem speziell dafür entworfenen Wagen dauerte dreieinhalb Tage. Bei der Montage wies ein unerbittlicher Soldat einen protestierenden Unbekannten vom Gerüst: Noch nicht einmal in diesem Stadium konnte der Schöpfer Machado de Castro seine künstlerischen Vorstellungen verwirklichen. Den größten

Terreiro do Paço mit dem Reiterstandbild Josés I.

Ruhm heimste der Gießer ein: Die Pension, die ihm der König gewährte, betrug fast das Siebenfache des Betrags, den der Bildhauer erhielt. Vom **Cais das Colunas** (Kai der Säulen) am Südende des Terreiro do Paço hat man einen schönen Blick zurück auf den Platz, die Burg im Hintergrund, das andere Ufer, die Tejo-Brücke und den Fährverkehr auf dem Fluß. Allerdings sollte man nicht zu genau in den hoffnungslos verschmutzten Tejo hineinschauen, in den alle 400 m ein Abwasserkanal mündet. Links legt der *cacilheiro* ab, die Fähre nach Cacilhas am südlichen Ufer. Die Fahrt lohnt sich – weniger wegen Cacilhas (auch wenn dort am Kai ein Ausflugslokal neben dem anderen ist) als vielmehr wegen der Gelegenheit, Lissabon vom Wasser aus zu bewundern. Östlich des Kais liegt der Bahnhof **Estação Sul e Sudeste**, 1931 von Cottinelli Telmo, dem späteren Hauptvertreter regimekonformer Architektur, erbaut. Wenn Sie mit dem Zug an das Algarve wollen, müssen Sie hier losfahren – mit dem Boot. Der Zug wartet am anderen Ufer.

An der Nordwest-Ecke des Terreiro do Paço beginnt die **Rua do Arsenal**, die Straße des alten Marinearsenals, das sich linker Hand an das Postgebäude anschließt. Schon Afonso V. ließ hier seine Kriegsschiffe bauen; daran erinnert auch die Parallelstraße Ribeira

47

das Naus (Schiffsufer). In den Werften König Manuels arbeiteten gut 400 Leute, was für den Beginn des 16. Jh.s eine beträchtliche Zahl darstellte. Im 19. Jh. war das Arsenal mit seinen 2000–2300 Beschäftigten ein respektabler Großbetrieb, in dem eine seltsame Mischung aus mittelalterlichem Zunftdenken und schüchternen Industrialisierungsansätzen herrschte. Übrigens forderten die Arbeiter noch 1821 rückständige Lohngelder für Überstunden, die sie 1807 zum Bau jenes Schiffes geleistet hatten, mit dem sich der König vor den napoleonischen Truppen nach Rio de Janeiro absetzte. Rechter Hand liegt die **Praça do Município** mit der merkwürdig zierlichen, spiralig gewundenen Säule des *pelourinho* (Schandpfahl) aus dem 18. Jh. Auf ähnliche Säulen stößt man in Portugal immer wieder: Sie dienten ursprünglich als Pranger und später als Symbol städtischer Gerichtsbarkeit. An der Ostseite des Platzes steht das Rathaus, **Paços do Concelho**. Der Bau von 1875 (das alte Rathaus war 1836 abgebrannt) ist ein typisches Beispiel für den Eklektizismus jener Zeit: Eine neoklassizistische Fassade verbirgt eine pompöse, überladene Innenausstattung. Am 5. Oktober 1910 wurde hier, vom Rathausbalkon aus, die Republik ausgerufen.

Nach Norden schließt sich der **Largo de São Julião** an, der allerdings gar nicht wie ein Platz aussieht, sondern wie eine ganz normale Straße. Die ehemalige Kirche **Igreja de São Julião** auf der rechten Seite dient der Portugiesischen Nationalbank als Garage. Die Bank hatte die Kirche erworben, um sie abzureißen und an ihrer Stelle einen Neubau zu errichten, doch man ist heute zum Glück nicht mehr ganz so skrupellos wie noch vor ein paar Jahren. Schräg gegenüber (Largo S. Julião, 8) sieht man die vorbildlich restaurierte Fassade der ehemaligen »Englischen Bäckerei und Konditorei«, ein Jugendstilkleinod, in dem, wie könnte es auch anders sein, heute eine Bank residiert.

Kehren wir zurück zur entgegengesetzten Ecke des Terreiro do Paço, wo die **Rua da Prata** (Silberstraße) beginnt. Der »Martinho da Arcada« (Eingang Rua da Prata, 2) ist das älteste Lissabonner Café. Schon 1782 löffelten die Lissabonner hier ihr Sorbet. Damals hieß das Café noch »Casa da Neve« (Haus des Schnees), den heutigen Namen trägt es nach einem späteren Besitzer. In diesem Café mit Restaurantbetrieb lebt die Atmosphäre der 30er Jahre fort, als der Dichter Fernando Pessoa (S. 133) hier Stammgast war.

Rechts: Blick von der Burg über die Dächer von Lissabon
Innen links: Blumenmarkt unterhalb der Ruine der Igreja do Carmo

An der nächsten Ecke biegt man rechts in die Rua do Comércio ein. An der folgenden Kreuzung existiert noch ein altes Straßenschild aus Pombals Zeit, als die **Rua dos Fanqueiros** noch »Rua Nova da Princesa« hieß. Der von Pombal gewählte Name bürgerte sich aber nie richtig ein, und die Lissabonner sprachen lieber von der »Straße der Tuchhändler«, die hier ihre Geschäfte hatten und haben. In der Rua dos Fanqueiros hat sich der alte Charakter einer Zunftstraße noch erhalten; ein kleiner altmodischer Laden mit Stoffballen und nicht sehr eleganter Kleidung liegt neben dem anderen. Hier bekommt man auch alentejanische *capotes* (eine Art Kutschermantel), die für strenge Alentejo-Winter sehr zu empfehlen sind, allerdings zu Lissabonner Preisen. Beim Weiterschlendern entlang der Rua dos Fanqueiros spaziert man übrigens über römische Thermen. Entdeckt wurde die umfangreiche Anlage 1770, als die Fundamente für das Haus Nr. 57–63 in der Rua da Prata ausgehoben wurden.

Die **Praça da Figueira** (Feigenbaumplatz – wie hat sie sich wohl diesen Namen verdient?) mit dem Reiterstandbild Joãos I. wirkt im Vergleich zum lebhaften Rossio wie ausgestorben. Vor dem Erdbeben lag hier das Krankenhaus Todos-os-Santos, das João II. 1492 gegründet hatte. Zum Hospital gehörte ein Findelhaus mit einer Drehlade: Das Baby wurde in eine Schale gelegt, die sich auf ein Klingelzeichen ins Hausinnere drehte. So konnten Kinder im Schutz der Anonymität ausgesetzt werden. 1759 wurde das Krankenhaus in das freigewordene Jesuitenkolleg Santo Antão-o-Novo verlegt, nachdem Pombal die Jesuiten aus dem Land vertrieben hatte. Dort arbeitet es noch heute unter dem Namen »Hospital São José«. An der Stelle des Krankenhauses legte man einen Platz an, auf dem 1775 der erste feste Obst- und Gemüsemarkt Lissabons stattfand. Man wollte damit die unzähligen ambulanten Verkäufer an einem Ort konzentrieren, was natürlich nie gelang. Die Markthallen wurden 1953 abgerissen.

An der Nordwest-Ecke der Praça da Figueira führt die **Rua de Dom Antão de Almada** vorbei an einer hübschen alten Samenhandlung und einem Stockfischladen zum **Largo de São Domingos**. Rechts steht der kümmerliche Rest der einmal bedeutenden **Igreja de São Domingos**. Die Klosterkirche der Dominikaner, die sich bereits 1249 hier niedergelassen hatten, wurde nach dem Erdbeben 1755 unter Verwendung des Tors der zerstörten Palastkapelle wieder

49

Links: Blick auf die Brücke des 25. April und die Christusstatue
Innen rechts: Die Kirche São Vicente de Fora

aufgebaut. Mit Ausnahme der Sakristei brannte die Kirche 1959 innen vollständig aus. An der Nordseite des Plätzchens liegt der **Palácio Almada** (17. Jh.), auch **Palácio da Independência**, »Unabhängigkeitspalast« genannt. In diesem vornehmen Wohnhaus des Dom Antão Vaz de Almada trafen sich die Verschwörer, die am 1. Dezember 1640 die Spanier aus Portugal vertrieben. Heute ist der Palast Sitz der Associação dos Deficientes das Forças Armadas, des Verbandes der Kriegsversehrten aus den Kolonialkriegen, die meist ignoriert und vergessen werden. Wenige Schritte weiter kommt man wieder auf den **Rossio** zurück.

Dritter Spaziergang
Castelo – Zurück zu den Anfängen
Terreiro do Paço – Rua da Alfândega – Rua dos Bacalhoeiros – Rua da Padaria – Largo de Santo António da Sé – Largo da Sé – Rua Augusto Rosa – Largo do Limoeiro – Travessa de Santa Luzia – Largo do Contador-Mor – Travessa do Chão da Feira – Rua do Chão da Feira – Castelo – Rua Santa Cruz do Castelo – Rua das Flores de Santa Cruz – Rua do Espírito Santo – Rua do Chão da Feira – Pátio de Dom Fradique – Rua dos Cegos – Calçada do Menino-Deus – Largo Rodrigues de Freitas – Rua do Salvador – Rua de São Tomé – Largo das Portas do Sol

Der Burghügel mit seinen gut 110 m Höhe ist der älteste Teil Lissabons. Auch das Bairro do Castelo, der Stadtteil im Schatten der Burg, wurde vom Erdbeben, 1755, nicht verschont; der anschließende Brand machte erst kurz vor der angrenzenden Alfama halt. Man erzählt, das Feuer habe bereits das Pulvermagazin der Burg bedroht und nur das Eingreifen eines mutigen Soldaten habe ein größeres Unglück in diesem dichtbesiedelten Viertel verhindert. Heute erinnern nur noch die Kathedrale und die Burg, neben dem einen oder anderen Palast, daran, daß dieser Hügel, den schon die Römer, Westgoten und Araber bevorzugt hatten, einmal das eigentliche Zentrum Lissabons war, bis die Baixa im frühen 16. Jh. zunehmend seine Rolle übernahm.
Von unserem Ausgangspunkt, dem **Terreiro do Paço**, geht es nach Osten in die **Rua da Alfândega** (Zollstraße), um das manuelinische

Portal der **Igreja da Conceição Velha** (10) zu bewundern. Kaum stößt man links auf die **Rua dos Bacalhoeiros** (Stockfischhändlerstraße), zieht die mit Spitzquadern besetzte Fassade der **Casa dos Bicos** (3) alle Blicke auf sich. Das Bauwerk aus dem 16. Jh. steht einträchtig neben einem des 18. Jh.s: Das Haus Nr. 6–8 rechts neben der Casa dos Bicos, das wegen seiner graziösen Balkone **Casa das Varandas** heißt, wird Carlos Mardel zugeschrieben. Die beiden letzten Stockwerke wurden erst im 19. Jh. hinzugefügt.

Es geht nun links die **Rua dos Bacalhoeiros** entlang, vorbei an finsteren Torbögen, obskuren Lädchen und an dem Esperanto sprechenden Friseur in Nr. 24 B. Rechts führt dann die **Rua da Padaria** (Bäckereistraße), zwar ohne Bäckereien, aber dafür gesäumt von diversen kleinen Druckereien und anderen Werkstätten, zum **Largo de Santo António da Sé** hinauf. Hier liegt die zierliche **Igreja de Santo António**, die Mateus Vicente, der Architekt der Estrela-Basilika und des Palastes von Queluz, nach dem Erdbeben wieder aufbaute, ohne dem geradlinigen und strengen pombalinischen Schema sonderlich Aufmerksamkeit zu schenken. Von der ursprünglichen manuelinischen Kirche blieb lediglich die Krypta erhalten: Nach der Überlieferung stand hier das Geburtshaus des Heiligen Antonius von Padua, der eigentlich Fernando de Bulhões hieß – ein wortgewaltiger Redner, dem sogar die Fische zuhörten, der aber auch zum blutigen Kreuzzug gegen die Albigenser aufrief. Der Heilige, der auch zu den 14 Nothelfern gezählt wird, ist Lissabons Schutzpatron, der am 13. Juni geehrt wird.

Weiter geradeaus, in dem kleinen Gärtchen auf dem **Largo da Sé,** hat man dem Schauspieler Augusto Rosa (1852–1918) ein Denkmal gesetzt, der in seiner Zeit Schule machte. Die **Kathedrale** (portugiesisch: **Sé**) (29) wirkt mit ihren wuchtigen Türmen von außen wie eine Wehrkirche.

Der Weg folgt den Straßenbahnschienen in die **Rua Augusto Rosa**. Auf der linken Seite erinnert eine Tafel mit einer kleinen Maske an den oben erwähnten Schauspieler, der in diesem Haus starb. Am **Largo do Limoeiro** liegt rechts massiv und abweisend die ehemalige Cadeia Central, das Limoeiro-Zentralgefängnis, in dem 1974 die letzten Häftlinge revoltierten und heute die künftigen Richter des Landes ausgebildet werden. Hier stand früher der königliche Palast, in dem der spätere João I. 1383 den Grafen

Andeiro, Günstling und Liebhaber der Königin, erstach. Auch als Gefängnis blickt der Limoeiro auf eine lange Geschichte zurück: Hier sperrte man am 9. April 1771 den Dichter und Redakteur der »Gazeta«, Pedro Correia Garção, aus heute noch unbekannten Gründen ein – hatte er denn nicht immer in höchsten Tönen das Lob des »klugen und weisen Ministers« Pombal gesungen? Garção starb am 10. Oktober 1772, wenige Stunden vor seiner Freilassung. Der Dichter Bocage schrieb in diesem Gefängnis Sonette. Der Schriftsteller Garrett, der gerade erst aus dem Pariser Exil zurückgekehrt war, verbrachte hier drei Monate wegen seiner journalistischen Tätigkeit als Herausgeber der Zeitschrift »Portugal«. Der verlockend pittoreske Innenhof gegenüber (Largo do Limoeiro, 8), trägt einen unheilvollen Namen: Pátio do Carrasco – Hof des Henkers.

Rechts öffnet sich die Aussichtsterrasse des **Miradouro de Santa Luzia,** die auf der alten Stadtmauer sitzt und Ihnen die Alfama, den Tejo, São Vicente und Santa Engrácia zu Füßen legt. Die kleine **Igreja de Santa Luzia,** die den Maltesern gehörte, ist heute geschlossen. Vor den Azulejos, die Lissabon vor dem Erdbeben zeigen, sitzen ständig strickende Frauen oder schwatzende alte Männer.

Nun beginnt der eigentliche Anstieg zur Burg über die **Travessa de Santa Luzia,** die die kleine **Igreja de Sant'Iago** links liegen läßt und auf den **Largo do Contador-Mor** mündet, den Platz des Oberzahlmeisters. Im »Meio Século« steht Dona Dores am Herd und kocht einen vorzüglichen Hasen nach Art des Hauses. Die **Travessa do Chão da Feira** führt zur Burgmauer an der **Rua do Chão da Feira.** Durch den **Arco do Contador-Mor** – in einer Nische im Torbogen steht der Schutzpatron der Burg, der heilige Georg – geht es eine steile Rampe zur Burg hinauf. Hier ist man auf touristischem Boden: Souvenirläden mit bunten Tellern, Taschen und Pseudo-Folklore warten auf Kunden. Zur Burg selbst geht es nochmals links ab. Endlich auf dem Burghof angekommen, bieten sich Steinbänke für eine wohlverdiente Rast im Blickfeld eines Standbilds von König Afonso Henriques an. Es wurde 1947, zum 800. Jahrestag des Sieges über das maurische Lissabon, aufgestellt. Der christliche Eroberer wacht nun im Kettenhemd über spielende Kinder und Besucherströme, die von der Burg aus einen der schönsten Blicke auf die Stadt genießen. Eine Orientierungstafel hilft beim Such- und Ratespiel. Man kann auch mit der Tücke der aufgestellten Ferngläser kämpfen (das eine funktioniert trotz Geldeinwurf nicht und das andere dafür ganz ohne; aber natürlich probiert man immer das falsche zuerst). Die 1938–40 restaurierte Burg, das **Castelo de São Jorge** (4) beeindruckt insgesamt mehr durch ihre süperbe Lage als durch die Mauern und Türme, zwischen denen Pfauen umherspazieren. Das mit Burgen reich gesegnete Portugal hat eigentlich sehr viel imposantere Exemplare aufzuweisen, doch die Aussicht läßt die Burg fast in Vergessenheit geraten. Mit blau-weißen Azulejos und großen Glasfenstern auf die Stadt lockt das 3-Sterne-Restaurant »Casa do Leão« Leute mit besser gefüllten Brieftaschen zum Einkehren.

Fast noch interessanter als das Castelo ist ein Bummel durch das kleine Viertel innerhalb des Mauerrings. Blumen in alten Konservenbüchsen schmücken Fenster und Türen, die sich auf verlockende Innenhöfe oder aber direkt ins Wohnzimmer öffnen. Die **Rua Santa Cruz do Castelo** endet am kleinen gleichnamigen Platz mit der Kirche **Santa Cruz do Castelo**, die anstelle einer Moschee errichtet worden sein soll. Das Restaurant »Michel« dicht daneben hat einen Stern im Michelin und zelebriert hier eine *nouvelle cuisine portugaise* – ein zu meidendes Paradoxon, sagen einige küchensachverständige Einheimische. Man verläßt den Platz links über die **Rua das Flores de Santa Cruz** und die **Rua do Espírito Santo** – und viel größer ist das Viertel auch nicht.

Zurück durch den Torbogen geht es links bis zum Ende der **Rua do Chão da Feira**. Das vornehme Portal am Anfang der **Travessa do Funil** (Nr. 12) ist ein öffentlicher Durchgang, genannt **Pátio de Dom Fradique**. Auf der linken Seite sieht man das Wappen des Hauses Belmonte, das seinen Palast im 17. Jh. zum Teil auf der Burgmauer baute. Auf der anderen Seite des Durchgangs gelangt man in einen Hinterhof – und so sieht es auch aus. Von hier geht es nach links in die **Rua dos Cegos**, die Straße der Blinden. Bei dem hübschen Hexenhäuschen mit dem Spitzgiebel, das auch schon einige Jahrhunderte auf dem Buckel hat, führt die **Calçada do Menino Deus** hinauf zum gleichnamigen **Largo** mit der manieristischen **Igreja do Menino Deus**, die João V. 1711 zum Dank für die Geburt des Thronerben errichten ließ. Obwohl sie nie fertiggestellt wurde (die Türme und die Statuen für die Nischen der Fassade fehlen), ist hier die Prunkliebe Joãos dank kleinerer Proportionen erträglicher als an anderen Beispielen, harmonischer und fast heiter.

Das kleine Haus mit der Außentreppe nebenan, die **Casa do Menino Deus**, soll aus dem 16. Jh. stammen. Den **Largo Rodrigues de Freitas** verläßt man über die pittoreske **Rua do Salvador**. Die Steinplatte am Haus Nr. 26 dürfte wohl das älteste Lissabonner Verkehrsschild sein: »Anno 1686 – Allen Kutschen, *seges* und Sänften, die vom Salvador-Portal kommen, befiehlt Seine Majestät, dorthin zurückzukehren.« (*Seges* waren damals das typische Lissabonner Verkehrsmittel: wacklige zweirädrige Zweispänner. In den engen, steilen Straßen gab es häufig Verkehrsprobleme, vor allem, als die Kutschen in Mode kamen; das Vorfahrtsrecht regelte sich nämlich nach dem sozialen Prestige der Passagiere. Übrigens: Schon 1683 drohte ein Gesetz allen, die sich wegen des Vorfahrtsrechts in Streit einließen, mit Gefängnisstrafen!)

Entlang der Straßenbahnschienen geht es nach rechts in die **Rua de São Tomé**, die auf den **Largo das Portas do Sol** mündet. Hier hat die Stadt 1970 dem heiligen Vinzenz, dem spanischen Märtyrer, auf den das Lissabonner Stadtwappen zurückgeht, ein Denkmal gesetzt. Dicht an die Stadtmauer gebaut ist der Palácio Azurara, in dem das **Museu-Escola de Artes Decorativas** (25) mit viel Liebe zum Detail eingerichtet wurde.

Wer müde ist, kann von hier aus mit der Straßenbahn in die Baixa zurückfahren; wer noch mehr sehen will, sollte von hier aus die Alfama (s. u.) erforschen oder zur Graça (S. 60) hinaufsteigen.

Vierter Spaziergang
Alfama – Lissabons pittoreskes Aushängeschild
Largo das Portas do Sol – Rua Norberto de Araújo – Rua da Adiça – Rua de São João da Praça – Travessa de São João da Praça – Terreiro do Trigo – Rua da Judiaria – Largo de São Rafael – Rua da Galé – Escadinhas de São Miguel – Rua de São Pedro – Largo do Chafariz de Dentro – Beco do Espírito Santo – Calçadinha de Santo Estêvão – Pátio das Flores – Largo de Santo Estêvão – Beco do Carneiro – Rua de São Miguel – Beco da Cardosa – Rua do Castelo Picão – Beco das Cruzes – Rua da Regueira – Largo do Salvador – Rua Guilherme Braga – Rua das Escolas Gerais – Calçada de São Vicente – Campo de Santa Clara – Calçada do Cascão – Calçada do Forte – Largo dos Caminhos de Ferro

Die Alfama – die ihren Namen nach einer nicht unumstrittenen Theorie aus der arabischen Bezeichnung für die früher dort existierenden, heute versiegten Thermalquellen ableitet – ist das einzige Stadtviertel, das von dem großen Erdbeben im Jahre 1755 einigermaßen verschont wurde. Auch die Touristeninvasion unseres Jahrhunderts hat sie bisher relativ unbeschadet überstanden, wenn man von den *restaurantes típicos* einmal absieht und sich lieber an die einfachen, namenlosen Lokale hält, die es dort auch noch gibt. Ihr unübersichtliches Straßenlabyrinth, das noch auf die Araber zurückgeht, läßt sich nur zu Fuß erforschen. Die volkstümliche, pittoreske und in sich geschlossene Welt der Alfama, die einer mittelalterlichen Kasbah ähnelt, ist ein Phänomen, das auch die Portugiesen immer wieder beschäftigt. Der Lissabon-Forscher Norberto de Araújo faßte seine Eindrücke 1939 folgendermaßen zusammen: »Tausend Tavernen, Katzenheere, Ausruferchöre; Getriebe und Resignation; ständiges Volksfest trocknender Wäsche; Menschen der See, des Handwerks, Straßenhändler – und man sage nicht, die Alfama sei eine neue literarische Erfindung der Romantiker des alten Lissabons.« Oder in den kritischeren Worten des Schriftstellers José Saramago (1981): »Fabeltier; Vorwand für Sentimentalität mancherlei Färbung; Sardine, die schon viele auf ihr Feuer zerren wollten; keinen Weg verwehrt sie dem Fremden, der gleichwohl spürt, daß ihn ironische Blicke begleiten. Alfama ist kosmopolitisches Leben gewohnt, spielt mit, wenn sich daraus Vorteil ziehen läßt – doch im Schutz ihrer vier Wände wird sicher viel gelacht über den, der die Alfama zu kennen glaubt, bloß weil er in der Antoniusnacht dort *arroz de cabidela* (Geflügelklein mit Reis) gegessen hat. – Fabeltier mit heiteren Stunden und mit solchen, in denen es in einer Ecke seine Wunden leckt, die jahrhundertelange Armut geschlagen hat und für die unsere Zeit kein Heilmittel findet.«

Vom **Largo das Portas do Sol** – dem Platz der Sonnenpforten – geht es über Treppenstufen hinab zur **Rua Norberto de Araújo**, deren Name an den oben erwähnten Autor der 1939 veröffentlichten, dreibändigen »Spaziergänge in Lissabon« erinnert. Die **Rua da Adiça** (Straße der Erzgrube) führt zur **Rua de São João da Praça**, der man nach rechts folgt, bis zur gleichnamigen **Travessa**, die nach links mehrmals abgewinkelt auf die **Rua do Cais de Santarém** mündet. Es geht wieder nach links zum **Chafariz d'El-Rei**, dem Königsbrun-

Rua da Judiaria im Stadtviertel Alfama

nen (wer vom Terreiro do Paço kommt, beginnt den Alfama-Rund-
gang hier). Der wohl älteste öffentliche Brunnen der Stadt lehnt sich
an die Stadtmauer an. Früher war eine der Brunnenröhren für weiße
Frauen und Mädchen reserviert, eine andere für Mulatten, Gefan-
gene und Inder, eine dritte für Mauren von den Galeeren, eine vierte
für Schwarze, Mulattinnen und Sklavinnen und eine fünfte für Seeleute. So kam Streit um Vortritt beim Wasserholen gar nicht erst auf.
Den **Largo do Terreiro do Trigo** verläßt man durch den seltsam
asymmetrischen Bogen des **Arco do Rosário** und steht in der **Rua
da Judiaria** vor einem Haus mit einem schönen Doppelfenster aus
dem 16. Jahrhundert. Hier lag eines der drei, zeitweise sogar vier
Lissabonner Judenviertel. Nach dem Ave-Maria-Läuten schlossen
sich die Tore des Gettos. Nach einer königlichen Verordnung aus
dem Jahr 1366 war Christinnen übrigens der Zutritt zu den Juden-
vierteln untersagt, Ausnahmen waren nur für notwendige Einkäufe
gestattet. Aber auch dann durften sie nur in Begleitung von zwei
Männern hinein, sofern sie verheiratet waren; für Ledige und Wit-
wen reichte ein Aufpasser ...
An der Nordseite des angrenzenden **Largo de São Rafael** hat ein
alter Stadtturm den Lauf der Zeiten überdauert. Weiter geradeaus
endet die **Rua da Galé** – Galeerenstraße – bei den **Escadinhas de São
Miguel**, über die man den **Largo de São Miguel** erreicht. Die **Igreja
de São Miguel** wurde nach 1755 unter Verwendung älterer Teile aus
dem 12. Jh. wieder aufgebaut und prangt innen mit reichen Holzschnitzereien.
Die nicht gerade breite **Rua de São Pedro** im Süden des Platzes ist
vergleichsweise eine Hauptstraße der Alfama, in der immer ein leb-
haftes Treiben herrscht. Kurz vor dem **Largo do Chafariz de Dentro** liegt links das kuriose denkmalgeschützte »Haus der Säulen« –
benannt nach robusten ionischen Säulen, die im 19. Jh. eingesetzt
wurden, um die vorspringende Fassade abzustützen. Der »Brunnen
drinnen« – **Chafariz de Dentro** (d. h. innerhalb der Stadtmauer) –
hieß vor langer Zeit »Pferdebrunnen«, da er Wasserspeier in Form
von bronzenen Pferdeköpfen besaß. 1373 ließen jedoch kastilische
Truppen die Pferdeköpfe als Souvenir mitgehen. Der Platz vor dem
Brunnen ist quasi das Foyer der Alfama.
Der **Beco do Espírito Santo** am Kopf des Brunnenplatzes läßt die
kleine Kapelle **Ermida dos Remedios** (Eingang in der Rua dos Re-

médios) rechts liegen, die 1551 von einer Bruderschaft der Fischer gebaut wurde und noch ihr manuelinisches Portal besitzt. Die mit Azulejos geschmückte Palastkapelle des 18. Jh.s im **Pátio da Dona Rosa** (Rua dos Remédios) beherbergt dagegen seit 1889 eine Kneipe. Von der **Calçadinha de Santo Estêvão**, geradeaus, führen Treppenstufen nach links zum **Pátio das Flores** und anschließend zum **Largo de Santo Estêvão**. Die mittelalterliche **Igreja de Santo Estêvão** mußte nach dem Erdbeben praktisch neu erbaut werden. Von der Terrasse vor der Kirche blickt man über das Gewirr der Fernsehantennen der Altstadthäuser auf den Tejo.

Der **Beco do Carneiro** (Hammelgäßchen) mit seinen schrägen Mauern verengt sich so sehr, daß die »Dachtraufen sich küssen« – so sah es jedenfalls der Schriftsteller Norberto de Araújo. Die **Rua do São Miguel** erscheint danach geradezu wie ein Boulevard. Der freundliche Wirt des »Bêco« in Nr. 87 – das zu den *restaurantes típicos* gehört – hat stolz einen deutschen Zeitungsausschnitt über sein Restaurant ins Fenster gehängt. Rechts geht es durch den malerischen **Beco da Cardosa** zur **Rua do Castelo Picão** hinauf, von der rechts der **Beco das Cruzes** abbiegt. Wirft man einen Blick geradeaus durch den Torbogen, sieht man ein eifrig benutztes *lavatório público*, in dem immer Wäsche der Nachbarschaft zum Trocknen hängt. Die etwas breitere, aber ebenso pittoreske **Rua da Regueira**, auf die der Beco das Cruzes mündet, führt links auf den **Largo do Salvador**. Auf der linken Platzseite steht der einzige größere Palast der Alfama mit dem Wappen der Condes dos Arcos über dem Portal (17. Jh.).

Man verläßt den Platz nach Süden über die **Rua Guilherme Braga**. Von dort geht es über Treppenstufen nach links zur **Rua das Escolas Gerais**, deren Name auf die erste portugiesische Universität verweist, das 1290 von König Dinis gegründete sogenannte »Studium generale«. Man folgt den Straßenbahnschienen nach rechts. In dieser Ecke der Alfama ist das Zeitalter der Verkehrsampeln noch nicht angebrochen: In einem Hauseingang sitzt ein Mann und stoppt den Gegenverkehr mit einer Kelle, die er aus der Tür streckt, sobald eine Straßenbahn heranrumpelt. In dem ganz mit Azulejos verkleideten Haus an der **Calçada de São Vicente** richtete der nahe gelegene Arbeiterverein A Voz do Operário (32) seine erste Schule ein. Dankbare ehemalige Schüler ließen eine Erinnerungstafel anbringen.

Ein paar Schritte weiter steht man plötzlich vor der imposanten Klosterkirche **Igreja de São Vicente de Fora** (14), die im 16. Jh. an der Stelle, wo 1147 die flämischen, deutschen und englischen Kreuzritter gelagert und ihre Toten begraben hatten, errichtet wurde. Hinter der Kirche, auf dem **Campo de Santa Clara**, findet dienstags und samstags ein Flohmarkt statt, der **Feira da Ladra** genannt wird. Er geht auf den allgemeinen Markt zurück, der bereits im Mittelalter an der Südmauer der Burg stattfand, woran noch heute der Straßenname Chão da Feira (Marktgelände) erinnert. Afonso III. wurde das wöchentliche Getriebe wohl zu laut, und damit begannen die Umzüge der Feira: zum Rossio (der nach dem pombalinischen Wiederaufbau zu fein für den Markt wurde), zur Praça da Alegria (wo sich der Marquês do Castelo Melhor in seinem Palast vom Marktgeschrei belästigt fühlte), zum Campo Santana und 1881 endgültig zum Campo de Santa Clara, wo er sich zum reinen Flohmarkt entwickelte, an den man allerdings nicht zu hohe Erwartungen stellen sollte. Obwohl die Feira da Ladra in Prospekten und Broschüren häufig überschwenglich gerühmt wird, entdeckt man wirklich interessante Stücke heute nur noch selten. Vormittags wird in der altmodischen Markthalle mit der Eisenstruktur Fisch und Fleisch, Obst und Gemüse verkauft.

Von hier geht es zur **Igreja Panteão de Santa Engrácia** (15), die über 500 Jahre auf ihre Fertigstellung warten mußte, bis man schließlich 1966 ein nationales Pantheon aus ihr machte. Man folgt der **Calçada do Cascão** und kreuzt die **Rua do Paraíso** (Paradiesstraße). Über die steil abfallende **Calçada do Forte** geht es dann zum **Largo dos Caminhos de Ferro** (Eisenbahnplatz). Auf der rechten Seite wird dieser Platz vom ehemaligen Heeresarsenal, einem klassizistischen Bau aus dem späten 18. Jh., begrenzt. Heute beherbergt es die Waffensammlungen des **Museu Militar** (S. 176) – Besuch für Soldaten und Kadetten in Uniform gratis. Gegenüber dem Museum steht der Bahnhof **Estação Santo Apolónia**. 1856 verließ der erste Zug mit König Pedro V. als vornehmstem Passagier den provisorisch in einem ehemaligen Kloster eingerichteten Bahnhof. Das jetzige Gebäude, Tempel des technischen Fortschritts, wurde 1886 fertiggestellt. 1981 wurde vor dem Bau auf Initiative der rechtsgerichteten Zeitschrift »Tempo« ein Denkmal für portugiesische Emigranten und Gastarbeiter errichtet. – Vom Bahnhofsvorplatz fahren Busse und Straßenbahnen in die Baixa zurück.

Fünfter Spaziergang
Graça – Arbeitersiedlungen und Aussichtsterrassen

Rua da Voz do Operário – Largo da Graça – Vila Sousa – Travessa do Monte – Rua de São Gens – Largo do Monte – Rua da Senhora do Monte – Bairro Estrela de Ouro – Rua Josefa Maria – Rua Virgínia – Rua da Graça – Rua do Sol à Graça – Vila Berta – Travessa da Pereira – Largo da Graça

Auf dem Hügel – die Bezeichnung »Berg« wäre für die 80 m hohe Erhebung übertrieben – im Nordosten des Castelo liegt das Graça-Viertel. Volkstümlich, lebhaft und unprätentiös bildet es ein Scharnier zwischen dem alten und dem neuen Lissabon. In seine bescheidenen Lokale ist, mit wenigen Ausnahmen, der Chic noch nicht eingezogen, und auch obligatorischer Sehenswürdigkeiten kann sich die Graça nicht rühmen. Sehenswert ist sie aber trotzdem – nicht zuletzt wegen ihrer *miradouros* (Aussichtspunkte), die selbst für verwöhnte Lissabonner Augen überwältigend zu nennen sind. Dem Mittelstand war die Graça dennoch als Wohnquartier nie gut genug, und so ist ein Spaziergang durch das Viertel auch eine Studie in Sachen Städtebau, bei dem man immer wieder auf *vilas* trifft, Wohnungen, die Industrielle und Bankiers um die Jahrhundertwende für ihre Arbeiter und Angestellten bauten. Dies geschah nicht zuletzt im eigenen Interesse. Die Wohnverhältnisse waren im ganzen Land so miserabel, daß man z. B. noch 1899 in der Stadt Porto auf Fälle von Beulenpest stieß, und viel besser sah es in Lissabon auch nicht aus: Bei einer 1902–05 durchgeführten öffentlichen Untersuchung erhielten 161 von insgesamt 221 Wohnkomplexen die Note »ungenügend«. 371 *vilas* führt das Lissabonner Straßenverzeichnis noch heute auf, davon liegen ein gutes Dutzend in der Graça, – und drei besonders interessante Beispiele an unserem Rundweg. In der Regel bestehen sie aus einem Innenhof, um den sich zweistöckige Wohnhäuser gruppieren. Bei der architektonischen Gestaltung überwiegen wirtschaftliche Kriterien, mit rein dekorativen Elementen wurde sparsam umgegangen, wenn sie nicht sogar ganz fehlen. 1930, als die Stadtverwaltung den sozialen Wohnungsbau selbst in die Hand nehmen wollte, wurde der Bau dieser Wohnstätten verboten. Der Rundgang beginnt in der **Rua da Voz do Operário**. Man läßt die weißen Kirchtürme von São Vicente de Fora (14) im Rücken liegen und steigt zum Largo da Graça hinauf, vorbei an der imposanten, bewegten Fassade des Arbeitervereins **A Voz do Operário** (32) auf der linken Seite. Weiter oben befindet sich im Gebäude Nr. 58 bis 64 auf der anderen Straßenseite die genossenschaftliche Arbeitersparkasse, Caixa Exonómica Operária Cooperativa de Crédito e Consumo, mit einem symbolischen Bienenkorb im Giebel. – Man kann das Straßenbild auch gemütlich im Sitzen an sich vorbeiziehen lassen, wenn man mit der Straßenbahn (Linie 10, 11 oder 28) von der Baixa aus (Haltestelle: Rua da Conceição) direkt zum Largo da Graça fährt. – Wie so viele alte portugiesische Plätze ist der **Largo da Graça** nicht planmäßig angelegt, sondern aus dem Zusammentreffen mehrerer Straßen entstanden, was seine unregelmäßige Form erklärt. Symmetrische Plätze – Rotunden, Quadrate, Polygone – sind in Portugal eine Neuerscheinung des 18. Jahrhunderts.

Vom Largo da Graça geht es links am mächtigen Viereck des Graça-Klosters entlang, in dem heute eine Kaserne untergebracht ist. Vom Vorplatz der Klosterkirche **Igreja da Nossa Senhora da Graça** bietet sich ein schöner Blick auf die Nordseite der Burg und auf die Stadt (aber heben Sie sich Fotos auf, es kommt noch besser ...). Die Kirche selbst wurde bereits 1291 gegründet; der jetzige Bau stammt aus dem 18. Jh. Das Innere wirkt trotz des Halbdunkels kühl, besitzt jedoch einige schöne Grabmäler, wie z. B. eine Marmorarbeit aus dem frühen 18. Jh. in der Sakristei. In einem manuelinischen Seitensaal links vom Haupteingang sieht man den Sarkophag des Gonçalo Lourenço Carnide, einem Urgroßvater des berühmten Seefahrers und portugiesischen Vizekönigs von Ostindien, Afonso de Albuquerque (15. Jh.). Doch die Lissabonner besuchen die Graça-Kirche aus einem anderen Grund: Sie kommen zum *Senhor dos Passos*, dem Schmerzensmann im violetten Rock, der alljährlich am zweiten Fastensonntag zur Passionsprozession feierlich durch die Straßen der Stadt getragen wird.

Zurück zum Largo da Graça: Gegenüber einer kleinen Grünanlage liegt im Hinterhof des Hauses Nr. 82 die **Vila Sousa**. Wo früher ein Palast gestanden hatte, wurden 1889 Arbeiterwohnungen eingerichtet. Daneben befindet sich ein sympathischer kleiner Kramladen und die Bar »Botequim«, in der die ehemalige PSD-Abgeordnete und Schriftstellerin Natália Correia Hof zu halten pflegt. Es geht auf dem Platz weiter in nördlicher Richtung, vorbei an den Wachtposten der Kaserne. Schräg gegenüber strebt das handtuchschmale Gebäude Nr. 30 mit seinen sechs Stockwerken und pompösen Giebelstatuen nach Höherem. Am Ende des Largo da Graça biegt man beim Zeitungskiosk links in die **Travessa do Monte** mit ihren kleinen Restaurants und Läden. Durch den Torbogen hindurch und nach einer Linkswendung an der nächsten Ecke geht es in die **Rua de São Gens**, die auf die **Rua da Senhora do Monte** stößt. Diese mündet links auf den **Largo do Monte**, einen der schönsten *miradouros* mit einem atemberaubenden, beinahe vollkommenen Rundblick auf das Kastell, die Baixa und den Tejo. Auf dem Platz steht auch eine kleine, bereits 1243 gegründete Kapelle mit dem langen Namen **Ermida de São Gens e de Nossa Senhora do Monte**.

Durch die **Rua da Senhora do Monte** geht es zurück bis zum **Bairro Estrela de Ouro** (Goldenstern-Viertel), einer zur Siedlung gewachsenen *vila*, die Agapito Serra Fernandes zwischen 1889 und 1908 errichten ließ. Der Erbauer, ein gebürtiger Galicier, war in Lissabons Lebensmittelindustrie reich geworden. Visitenkarte des Viertels ist das liebevoll gestaltete Azulejo-Bild am Haus Nr. 14, auf dem zwei keusch beschürzte Putten ein Band mit dem Namen des Bauherrn halten, an dem ein goldener Stern hängt. Das Sternmotiv taucht auch im Viertel selbst immer wieder auf. Vor dem Haus Nr. 14 biegt man links in die **Rua Josefa Maria**, die in die **Rua Virgínia** übergeht. Typisch für die kostensparende Bauweise der *vilas* sind die eisernen Außentreppen und Balkone, die mehrere Innentreppen ersetzen und deren funktionale Strenge unerwartet dekorativ wirkt. Besonders schön ist die **Rua Rosalina**, eine Sackgasse linker Hand. Die Rua Virgínia führt mit einem Rechtsknick weiter zur **Rua da Graça** hinunter, der man nach rechts folgt. Das »Royal Cine« auf der rechten Seite verdankt das Graça-Viertel ebenfalls dem galicischen Lebensmittelkönig. Den Auftrag für das seltsam pompös wirkende kleine Kino mit der eklektizistischen Fassade, das 1984 in einen Supermarkt umgewandelt wurde, erhielt 1928 der renommierte Architekt Norte Júnior, der bereits mehrere Valmor-Preise für seine auffällige Gestaltung von Häuserfronten eingeheimst hatte. 1930 wurde hier der erste Tonfilm in Portugal vorgeführt, was sich nicht einmal Staatspräsident General Carmona entgehen ließ.

Am Ende der Rua da Graça biegt man links in die **Rua do Sol à Graça**, die Sonnenstraße, ein. Rechter Hand liegt die **Vila Berta** der

Familie Tojal, eine der schönsten Arbeiterwohnanlagen in ganz Lissabon mit großen Eisenbalkonen und sorgsam gepflegten Azulejos. Durch die Vila hindurch kommt man zur **Travessa da Pereira**, die nach rechts wieder zum Ausgangspunkt, dem **Largo da Graça** und der **Rua da Voz do Operário,** zurückführt.

Sechster Spaziergang
Chiado – Der diskrete Charme der Bourgeoisie

Rossio – Rua do Carmo – Rua Garrett – Largo do Chiado – Rua da Misericórdia – Largo da Trindade – Rua da Trindade – Largo do Carmo – Travessa do Carmo – Rua Serpa Pinto – Largo de São Carlos – Travessa dos Teatros – Rua António Maria Cardoso – Rua do Alecrim – Largo do Barão de Quintela – Rua das Flores – Praça Luís de Camões

Das Chiado-Viertel zieht sich westlich der Baixa am Hang hinauf. Seinen Namen verdankt dieser Stadtteil dem 1591 gestorbenen Dichter António Ribeiro, genannt Chiado, der ursprünglich Franziskanermönch gewesen war, dann aber dem Orden davonlief, um sich in Lissabon herumzutreiben, wo er als Schauspieler, Verseschmied, Lästermaul und Bauchredner bald berühmt wurde. Ungeachtet dieses wenig feinen Namenspatrons sieht die offizielle Touristenpropaganda im Chiado noch heute Lissabons Faubourg St. Honoré, seine vornehme Bond Street, seine Via Veneto. Woher kommt nur diese Manier der schiefen Vergleiche? Der Chiado, Inbegriff der Eleganz? Das war einmal. Vorbei ist seine Glanzzeit, als man hier flanierte, um zu sehen und gesehen zu werden – diese Welt, die Eça de Queirós (S. 138) in seinen Romanen schildert, existiert nicht mehr. Wer heute *in* ist, kauft vielleicht auch einmal hier ein, aber öfters in den modernen Boutiquen der Rua Braancamp, der Avenida de Roma, der Avenida João XXI. Dennoch gilt der Chiado noch immer als eine bessere Adresse als z.B. die Baixa, und hinter den vernachlässigten Fassaden findet man noch immer einen Hauch des alten Glanzes. Wer genauer hinschaut, wird sich dem Charme des Chiado nur schwer entziehen können; mit seinen Säulchen an holzverkleideten Fassaden, den Ladenschildern, den altmodischen Cafés und Konditoreien verlockt das Viertel zum näheren Kennenlernen.

Vom **Rossio** ausgehend, führt die **Rua do Carmo** den Hügel hinauf, vorbei an dem winzigen Handschuhgeschäft »Ulisses« in Nr. 87 A, das kaum mehr als 5 m² messen dürfte, einem kleinen altmodischen Café in Nr. 88 und dem Delikatessengeschäft »Martins & Costa« in Nr. 41, das immer ein Schaufenster für *doces de ovos* reserviert hat, übersüßem Konfekt aus Eigelb und Zucker (manchmal sind auch Mandeln dabei), das es in unzähligen Varianten gibt. Links steht das mittlerweile etwas heruntergekommene Kaufhaus **Grandela**, das 1914 von einem französischen Architekten erbaut wurde, daneben die etwas ältere Konkurrenz, die 1905 gegründeten **Grandes Armazens do Chiado**. Der Haupteingang, bereits am Ende der Rua do Carmo gelegen, ist sehenswert: Eine üppig verschnörkelte Decke, Kriegerstatuen mit Lanzen, auf denen Lampen sitzen, wachen rechts und links der Tür. Wenn man nicht gleich rechts in die Rua Garett einbiegt, sondern ein Stückchen die **Rua Nova do Almada** hinuntergeht, gelangt man zur traditionsreichen, feinen »Pastelaria Ferrari«, wo man im Salão de Chá (Teesalon) oder im Restaurant das Leben genießen kann.

Zurück zur **Rua Garrett**: Hier müßte man eigentlich zunächst einmal die Augen schließen und sich das Bild des Namenspatrons Almeida Garrett (S. 132) in Erinnerung rufen, der hier sicher mehr als einmal entlangschlenderte mit weißem Hut, Cutaway, karierten Hosen, roter Krawatte, die Reitgerte in der Hand, Dandy und Salonlöwe, aber auch Dichter, engagierter Journalist und Parlamentsabgeordneter, ein Bewunderer des englischen Literaten Byron, der seinen liberalen Idealen nicht entsagte, als er arriviert war.

Auf eine zweihundertjährige Tradition blickt die Buchhandlung Bertrand auf der linken Straßenseite zurück, die u. a. amerikanische Paperbacks und ausländische Zeitschriften führt. Ihr Gründer, Jean Joseph Bertrand, war um 1732 nach Lissabon gekommen und gehörte zu einer Gruppe französischer Buchhändler, die eine große Rolle bei der Verbreitung verbotener Bücher in Lissabon spielte. Sein Kollege Joseph Dubié z. B. wurde 1791 von der Inquisition verhaftet, als er gerade einem Kunden – noch dazu einem Mönch – ein verbotenes Buch aushändigte, das ihm der Kaplan der Französischen Botschaft kurz zuvor zum Weiterverkauf überlassen hatte. Bei der anschließenden Hausdurchsuchung stieß man auf eine Kiste mit Werken von Voltaire, Rousseau und anderen Autoren, die auf dem

Index standen. Sie wurden alle beschlagnahmt, bis auf Voltaires »La Henriade«, die als einzige ihren Besteller, den französischen Botschafter, erreichte. Die Tatsache, daß sogar Diplomaten mithalfen, verbotene Bücher nach Portugal einzuschmuggeln, ist kennzeichnend für die geistige Enge jener Zeit. Die Druckwerke versah man dann sicherheitshalber mit einem harmlosen Einband. Interessierte Kunden gaben sogar anhand der Liste verbotener Bücher ihre Bestellungen auf. 150 Jahre später, unter Salazar, konnten die Portugiesen somit auf langjährige Erfahrungen zurückgreifen, wie man der Zensur ein Schnippchen schlägt.

An der pombalinischen **Igreja dos Mártires** vorbei gelangt man zum Modengeschäft »Paris em Lisboa«, dessen Name die Devise des ganzen Chiado zu verkörpern scheint. Schräg gegenüber liegt das Café »A Brasileira«, einziger Überrest einer stattlichen Kaffeehauskette. 1905 begann es als einfache Kaffeehandlung, die 1922 zum Café umgebaut wurde. Statt der üblichen Dekoration hängte der Besitzer in den Räumen moderne Gemälde auf und machte damit aus dem Café ein Museum moderner Kunst, das damals in Lissabon fehlte. (1970 wurden die Bilder ausgetauscht). Hier trafen sich Künstler und Intellektuelle, und trotz des nahegelegenen Büros der Geheimpolizei wurde heftig diskutiert. Das Kaffeehaus selbst hat jedoch viel von seinem ursprünglichen Charakter verloren, seit ein Tresen installiert wurde. Neben dem Café liegt die in der Aufmachung zurückhaltendere Tabakwarenhandlung »Casa Havanesa«, die schon lange vor der »Brasileira« ein Literatentreffpunkt war. In ihrem Gründungsjahr 1876 gab sie sogar eine eigene Zeitschrift, die »Gazeta do Chiado«, heraus. Der Untertitel der Zeitschrift, die es allerdings nicht über 10 Nummern brachte, lautete: »Redakteur: ich, du, er. Eigentümer: die Käufer. Mit Karikaturen.«

Am **Largo do Chiado** hockt der Dichter António Ribeiro, genannt Chiado, der dem Viertel den Namen gab, auf seinem Denkmalsschemelchen. Zwei Kirchen akzentuieren die Westseite des Platzes: rechts die strenge, manieristische **Igreja do Loreto**, die Filippo Terzi entwarf, lange Zeit die Kirche der besseren Gesellschaft; links die nach dem Erdbeben wieder aufgebaute **Igreja da Encarnação.**

Der Weg führt nach rechts die **Rua da Misericórdia** hinauf, die die Grenze zur Oberstadt, dem Bairro Alto, bildet. Links, in Nr. 37, lockt das 1784 gegründete Luxusrestaurant »Tavares Rico«, eine

Lissabonner Institution, mit internationaler Küche und entsprechenden Preisen. An der nächsten Kreuzung biegt man nach rechts in den **Largo da Trindade** ein, vorbei am 1867 eröffneten **Teatro da Trindade**, einem der wenigen Gebäude dieses Viertels, das gründlich renoviert wurde. Der Largo da Trindade stößt nach wenigen Metern auf die **Rua Nova da Trindade**. Ein Stück weiter oben liegt die 1836 eröffnete »Cervejaria Trindade«, Lissabons schönster Bierkeller mit reichen Azulejos, die die vier Jahreszeiten, die vier Elemente und anderes darstellen. Im Biertrinken liegt Portugal übrigens, im Gegensatz zu sonstigen Statistiken, weit vorne.

Der Weg führt rechts die Rua Nova da Trindade hinunter; an der nächsten Kreuzung wendet man sich gleich wieder nach links in die **Rua da Trindade**. (Geht man stattdessen geradeaus weiter, so stößt man auf das 1864 gegründete **Teatro Ginásio**, das 1925 nach einem Brand neu errichtet wurde. Das einstmals auf die komische Oper und Vaudeville spezialisierte Theater mit seinem arabischen Foyer ist inzwischen völlig »entkernt« worden und wird innen gänzlich neu gestaltet.) Die Rua da Trindade führt geradeaus weiter zum **Largo do Carmo**, doch zunächst kommt man rechter Hand an einem länglichen Platz vorbei, dem **Largo Rafael Bordalo Pinheiro**. Das Haus Nr. 28 an der Nordseite wurde 1865 mit einer prächtigen, vielfarbigen Azulejo-Fassade versehen. Ein Stückchen weiter, am östlichen Rand des Largo do Carmo, ist in den Überresten der ehemaligen Karmeliterkirche **Igreja do Carmo** (9) das **Archäologische Museum** untergebracht. Links von der gotischen Kirchenruine liegt im ehemaligen Klostergebäude die Kaserne der Guarda Nacional Republicana, in der sich der ehemalige Ministerpräsident Caetano und einige andere Politiker während der Nelkenrevolution im April 1974 verschanzt hatten. Die Soldaten der Bewegung der Streitkräfte belagerten die Kaserne, die Bevölkerung drängte sich auf dem kleinen Platz, kletterte auf Panzer und auf die Dächer der Bushaltestelle, um den Ereignissen zu folgen. Nach einigen Warnschüssen (die Einschußlöcher sind noch zu sehen) und anschließenden Verhandlungen öffneten sich schließlich die Kasernentore, und die Spitzen des alten Regimes wurden unter dem Jubel der Bevölkerung in einem Panzerwagen abtransportiert. Rechts neben der alten Karmeliterkirche befindet sich der Zugang zur oberen Plattform des **Elevador do Carmo** (6), die durch das Maschendrahtgitter hindurch einen guten Blick auf die Stadt und den Tejo erlaubt. Seit 1796 sprudelt auf dem Platz der Brunnen **Chafariz do Carmo**, der einen mittelalterlichen Vorgänger ersetzte. Brunnen spielten stets eine große Rolle im Leben der Stadt. Hier standen einst die Wasserträger Schlange, um ihre Fässer zu füllen, dann zogen sie durch die Straßen und priesen ihr Wasser zum Verkauf an. Die Wasserträger waren meist galicische Gastarbeiter, rauhe Burschen, die man an ihren Baskenmützen und weiten Cordhosen erkannte. Männer aus Galicien arbeiteten auch häufig als Lastträger, Laufburschen, Scherenschleifer, Schirmflicker und Katzenkastrierer.

Die **Travessa do Carmo** führt zum unteren Ende des Largo Rafael Bordalo Pinheiro zurück. Hier biegt man nach links in die **Rua Serpa Pinto** ein. Bei Nr. 12D steht normalerweise ein livrierter Portier herum, der zum Luxusrestaurant »Aviz« gehört. Die Rua Serpa Pinto überquert die Rua Garrett und führt zum **Largo de São Carlos**, einem kleinen, mit Autos vollgestopften Platz, an dem die Oper oder genauer: das **Teatro Nacional de São Carlos** (31), liegt. Im Haus gegenüber (Nr. 4) wurde 1888 im vierten Stock links der Dichter Fernando Pessoa geboren. Ein Stück weiter unten, in der Rua Serpa Pinto, 6, findet man das **Museu Nacional de Arte Contemporânea** (S. 176), das hauptsächlich portugiesische Malerei und Bildhauerei seit 1850 zeigt, nicht aber, wie nach dem Namen zu erwarten wäre, zeitgenössische Kunst unserer Tage.

Vom Largo de São Carlos führt eine Treppe zum höherliegenden **Largo do Picadeiro**, den die **Travessa dos Teatros** mit der **Rua António Maria Cardoso** verbindet. Linker Hand (Nr. 54) liegt das städtische **Teatro de São Luís**, eine treue Rekonstruktion des 1914 abgebrannten Theaters von 1894. Eleonora Duse und Sarah Bernhardt standen schon auf seinen Brettern, und nach dem Auftritt mögen sie im ehemaligen Wintergarten, der seinen Namen zwei Palmen verdankte, ihre Erfolge gefeiert haben. Heute wird das São Luís auch für Kinoretrospektiven und Vorträge genutzt. In der Rua António Maria Cardoso befand sich auch der Sitz der Geheimpolizei PIDE/DGS. Eine Wandmalerei erinnert an die Ereignisse vom 25. April 1974: Caetano und das Regime hatten bereits aufgegeben, die Lissabonner feierten den Sturz der Diktatur und zogen jubelnd durch die Straßen, als kurz nach 20 Uhr Männer der DGS eine Maschinengewehrsalve blind in die Menge feuerten. Bilanz: 45 Ver-

Praça Luís de Camões mit dem Denkmal des Dichters

letzte und drei Tote. Die DGS, letzte Bastion eines bereits gefallenen Regimes, ergab sich erst einen Tag später. Im Haus Nr. 38 hat sich eine Bankfiliale in dem ehemaligen Kino »Chiado-Terrasse« niedergelassen, das 1911 das erste eigens für diesen Zweck erbaute Lissabonner Lichtspielhaus war. In den 70er Jahren wurde es an das Kreditinstitut Foncesa & Burnay verkauft, das die Fassade renovieren ließ anstatt einen gläsernen Bankpalast zu errichten – eine löbliche Ausnahme unter den sonst üblichen Methoden.

Zurück am bereits bekannten Largo do Chiado wendet man sich nach links in die **Rua do Alecrim** mit ihren Antiquariaten und Antiquitätenläden. Die Straße führt zum **Largo do Barão de Quintela**, wo links der Stadtpalast der Familie Quintela aus dem späten 18. Jh. liegt. Die Quintelas gehörten zur unter Pombal besonders geförderten Schicht des Großbürgertums und wurden schließlich geadelt. Das große Geld der Familie kam aus dem Tabakmonopol – in der dritten Generation war das Vermögen jedoch bereits wieder verschleudert.

Ein Marmordenkmal auf dem Platz erinnert an den Dichter Eça de Queirós (S. 138), der die »nackte Wahrheit« im Arm hält. Das Monument wurde 1903, drei Jahre nach dem Tod des Schriftstellers, von Teixeira Lopes geschaffen und durch eine öffentliche Subskription finanziert. An der Südostecke (Eingang Rua do Alecrim, 91 – 97) befinden sich die Verkaufsräume der 1741 gegründeten »Fábrica de Faianças e Azulejos Sant' Anna«, wo man Azulejos aller Art kaufen oder nach eigenen Entwürfen anfertigen lassen kann.

Die **Rua das Flores** führt hinauf zur **Praça Luís de Camões**, wo man 1867 dem größten portugiesischen Dichter (S. 129) ein Denkmal setzte. Hier steht nun der Verfasser der als Nationalepos gerühmten »Lusíadas«, das Schwert in der rechten, ein Buch in der linken Hand, unten auf dem Sockel in gebührendem Abstand umringt von portugiesischen Chronisten, Dichtern und einem Mathematiker.

Über die Rua Garrett und die Rua do Carmo gelangt man zum Ausgangspunkt des Bummels zurück.

Siebter Spaziergang
Bairro Alto – Ein Viertel mit drei Gesichtern

Rua São Pedro de Alcântara – Rua Dom Pedro V – Rua da Rosa – Travessa dos Inglesinhos – Rua João Pereira Rosa – Rua do Século – Travessa André Valente – Largo do Calhariz – Rua do Loreto – Rua do Norte – Rua das Salgadeiras – Rua da Atalaia – Travessa da Queimada – Largo Trindade Coelho – Rua São Pedro de Alcântara

Das Bairro Alto, die Oberstadt mit ihren fast rechtwinkligen Straßen ist das erste Beispiel einer planmäßigen Urbanisierung in der Geschichte Lissabons. Ursprünglich gehörte das Gelände Guedelha Palançano, einem jüdischen Chirurgen und Astrologen, der im 15. Jh. im Dienst der Avis-Könige stand. Als unter König Manuel die Judenverfolgungen einsetzten, verkaufte die Witwe Guedelhas den außerhalb der Stadtmauern liegenden Besitz an zwei Edelleute, deren Erben 1513 mit seiner Erschließung und Parzellierung begannen. Als sich 1553 die Jesuiten in São Roque, am Rande des Viertels, niederließen, kam es bald in Mode. Adlige Familien und reiche Kaufleute bauten damals hier ihre Häuser. Später verlor das Bairro Alto teilweise empfindlich an Reputation. Prostitution, Drogen, verbotene Glücksspiele, Fadolokale für Touristen, Bars, bedenkenlose Ausbeutung von Untermietern – das ist heute die eine Seite dieses Viertels. Daneben steht eine andere, die scheinbar damit unvereinbar, jedoch genauso wirklich ist: die Welt der kleinen Handwerker, wie z. B. der Bilderrahmenhersteller, Möbeltischler, Kupferschmiede, Trödler, Kramläden und winzigen Gemüseläden. Zu dieser geschäftigen Seite gehören auch die Druckereien, die Zeitungsredaktionen (zwei Straßen tragen sogar den Namen von Zeitungen) und das Konservatorium. Der Zusammenhalt innerhalb dieser kleinen Welt ist sehr stark. Die Bewohner kennen sich, grüßen sich, bleiben für einen kurzen Schwatz stehen. Außenseiter fallen da auf – man spürt die musternden Blicke und kommt sich fast wie ein Eindringling vor. Es gibt jedoch bereits eine dritte Seite, denn das Bairro Alto befindet sich gerade in einer Übergangsphase: Das Viertel fängt an, als chic zu gelten. Doch solange die Antiquitätengeschäfte, die Boutiquen, die ausgefallenen Restaurants in der Minderzahl sind, kann man hier immer noch den verschiedenen Facetten einer Welt im Kleinen nachspüren.

Um zu unserem Ausgangspunkt, der **Rua São Pedro de Alcântara**, zu gelangen, steigt man am besten an der Praça dos Restauradores in den **Elevador da Glória** (S. 41) und läßt sich von der Standseilbahn mühelos, wenn auch gemächlich, auf die Anhöhe bringen. Der Endstation gegenüber steht die **Casa Ludovice** (Nr. 39–49), ein vornehmes, ausgewogen proportioniertes Wohnhaus, das sich der Architekt des Klosters Mafra, der in Rom ausgebildete Deutsche Johann Friedrich Ludwig (italienisch: Ludovice) 1747 baute. Im Erdgeschoß (Eingang Nr. 45) befindet sich das **Portweininstitut Solar do Vinho do Porto**, wo man in andächtiger (und für Portugal recht ungewöhnlicher) Stille unzählige Sorten Portwein genießen (und kaufen) kann. Anschließend lädt die nördlich der Seilbahn gelegene **Aussichtsterrasse** mit einem wunderbaren Blick auf die Stadt erneut zum Verweilen ein. Hier hat man 1904 Eduardo Coelho durch eine Bronzebüste geehrt, der 1863 die erste Lissabonner Tageszeitung gegründet hatte, die auch für kleine Leute erschwinglich war – den noch heute viel gelesenen »Diário de Notícias«.

Man folgt den Straßenbahngleisen nach Norden in die leicht nach links abknickende **Rua Dom Pedro V**, in der es eine ganze Reihe von Antiquitätengeschäften gibt. Bei der **Padaria Italiana** an der Ecke zur **Rua da Rosa** biegt man links in Richtung Zentrum des Bairro Alto ab. Diese Bäckerei mit sehenswerter Fin de siècle-Dekoration fungierte übrigens als Hauptquartier einer Revolte, die im Februar 1927 gegen die Militärdiktatur ausbrach, aber schnell scheiterte. Im gleichen Gebäude war schon 1846 eine Untergrundzeitung gegen das damalige Regime gedruckt worden. Die Rua da Rosa, die man nun in südlicher Richtung entlanggeht, ist quasi das Rückgrat des Bairro Alto, das das Viertel in zwei ungleiche Hälften teilt: Im Osten regieren Fadolokale, Restaurants und Kneipen, im Westen zeigt das Viertel ein stilleres, verschlossenes Gesicht. Die abweisende rosa Mauer auf der linken Straßenseite gehört zu einem 1680 gegründeten Kloster, in dem heute eine Schule untergebracht ist. Wenig später passiert man den **Cunhal das Bolas** (wörtlich: Kugelecke), ein Eckhaus mit einer seltsamen Dekoration aus steinernen Halbkugeln, das angeblich einem reichen jüdischen Händler gehört haben soll, der die Casa dos Bicos (3) imitieren wollte. Es geht die Sage, die Kugeln seien ursprünglich aus reinem Gold gewesen.

An der nächsten Kreuzung biegt man nach rechts in die **Travessa dos Inglesinhos** ein. Hier wird es plötzlich stiller, die Geschäfte werden seltener, die Bars fehlen. Man kreuzt die **Rua dos Caetanos**, an der das 1836 gegründete **Konservatorium** liegt, und folgt der **Rua João Pereira Rosa**, die zur **Rua do Século** hinunterführt. In der letzten Kehre liegt das »Brasuca«, ein brasilianisches Restaurant, nicht ganz billig, aber mit angenehmer Atmosphäre. Von hier aus sind bereits die Gebäude des »Século« zu sehen, einer renommierten, inzwischen eingegangenen Zeitschrift, die der Straße den Namen verlieh. Nach Norden schließt sich der **Familienpalast Pombal** an (Rua do Século, 65–93), ein nüchternes langgestrecktes Gebäude aus dem 17. Jh., in dem Pombal (S. 24) 1699 geboren wurde; nach dem Erdbeben, 1755, wurde es renoviert. (Lissabon war übrigens, von wenigen Ausnahmen abgesehen, nie für seine Paläste berühmt. Schon 1580 berichteten zwei venezianische Botschafter, das Baumaterial der hiesigen Paläste verdiene keinerlei Beachtung, und über die Architektur könne man allenfalls sagen, daß sie groß seien.) Der Brunnen auf dem kleinen Platz gegenüber wird Carlos Mardel, dem Architekten des Rossio, zugeschrieben. Man wendet sich wieder nach Süden und biegt an der ersten Kreuzung rechts in die **Travessa André Valente** ein. Im Haus Nr. 23–25, einem heruntergekommenen, bescheidenen Gebäude, starb 1805 der Dichter Bocage (S. 128), der kurz zuvor mit seiner Schwester Francisca hier eingezogen war und versucht hatte, mit Übersetzungen den gemeinsamen Lebensunterhalt zu bestreiten. Als er bereits schwer krank war, ließ der Wirt des Cafés, in dem Bocage Stammgast war, seine Gedichte drucken, um mit dem Verkaufserlös die Geschwister zu unterstützen. Nach einem Linksknick mündet die Travessa André Valente auf die **Calçada do Combro**, die nach links zum belebten **Largo do Calhariz** hinaufführt. Die Caixa Geral de Depósitos (Sparkasse) residiert gleich in zwei alten Palästen aus dem 18. Jh., die sie ziemlich rücksichtslos umbaute. Gegenüber befindet sich die »Bergstation« des **Elevador da Bica** (1892), der bereits zum Bica-Viertel (S. 74–78) gehört.

In der sich anschließenden **Rua do Loreto** kann man linker Hand einem Kupferschmied bei der Arbeit zuschauen. Das »Cine Camões« auf der rechten Seite ist das dienstälteste Lissabonner Kino. 1904 fuhren die Besitzer nach Paris, kauften einen Projektor und einen Koffer voll Filme, die sie in einer Baracke vorführten. Bald darauf bot der »Salão Ideal«, wie das Kino damals noch hieß, dem Publikum mit großem Erfolg den »gesprochenen Animatographen« an, der denkbar einfach funktionierte: Hinter der Leinwand improvisierten verschiedene Sprecher die Filmdialoge. Heute zeigt das Kino Pornos, indische Schnulzen und Karatefilme.

Die Rua do Loreto mündet auf die **Praça Luís de Camões** (S. 69). Dort biegt man links in die **Rua do Norte** ein und an der nächsten Ecke wieder links in die **Rua das Salgadeiras**. An deren Ende wendet man sich nach rechts in die malerische **Rua da Atalaia**. Man verläßt die Rua da Atalaia nach rechts über die **Travessa da Queimada**, die wiederum auf den **Largo Trindade Coelho** mündet. In der »Livraria Libris« (Nr. 4) auf der Südseite des Platzes bekommt man nicht nur Bücher, sondern auch traditionelle Keramik aus dem Alentejo. Gegenüber verbirgt die unbedingt sehenswerte **Igreja de São Roque** (13) hinter ihrer unscheinbaren Fassade ein verschwenderisches, prunkvolles Innere. Das **Museu de São Roque** neben der Kirche beherbergt den Kirchenschatz von São Roque und Gemälde aus dem Besitz der Wohlfahrtsstiftung Santa Casa da Misericórdia. Diese 1498 von Königin Leonor gegründete Institution mit Spital, Waisenhaus und Altenheim zog nach der Vertreibung der Jesuiten in die Gebäude von São Roque ein, wo sie noch heute residiert. Daher auch der Name Rua da Misericórdia für die Straße, die São Roque mit der Praça Luís de Camões verbindet. Die Losverkäufer, deren Singsang man überall in der Stadt hört, gehören übrigens auch zur Misericórdia. Seit 1783 organisiert sie eine Lotterie, deren Erlös in ihre Kassen fließt. Wenige Schritte nördlich von São Roque gelangt man über die **Rua São Pedro de Alcântara** zum Ausgangspunkt des Rundgangs zurück.

Achter Spaziergang
Bica – Stille Konkurrenz für die Alfama

Cais do Sodré – Avenida 24 de Julho – Ribeira Nova – Travessa de São Paulo – Praça de São Paulo – Travessa do Carvalho – Rua de São Paulo – Calçada da Bica Grande – Travessa do Cabral – Rua da Bica de Duarte Belo – Travessa da Portuguesa – Alto de Santa Catarina – Travessa de Santa Catarina – Rua do Sol à Santa Catarina – Travessa do Judeu – Rua do Poço dos Negros – Rua das Gaivotas – Largo do Conde Barão – Boqueirão do Duro – Rua do Cais do Tojo – Avenida Dom Carlos I

Alles, was in Lissabon alt und pittoresk ist, muß sich an der Alfama messen lassen – ob zu Recht, sei dahingestellt. Läßt man sich auf diesen Vergleich ein, so muß man zugestehen, daß die Bica, das Viertel am Hang südlich des Bairro Alto, keine malerischen Torbögen besitzt, winkelig ist sie auch nicht, und ihre Straßen – Sträßchen, um genau zu sein – verlaufen gradlinig, was bereits auf eine spätere Entstehungszeit deutet. Aber steil ist sie, Treppen klettern den Santa Catarina-Hügel hinauf und hinunter. Vögel zwitschern in ihren Käfigen, die tagsüber ins Freie gehängt werden, ein paar Hunde streunen herum, und Blumen – vor allem Kakteen – gibt es sicher mehr als in der Alfama. In Zweierreihen staffeln sich improvisierte Blumentöpfe vor den niedrigen Haustüren, auf den Balkons, verdecken fast die Fenster. Unbekümmert um die Blicke der Nachbarn fegt eine Frau im Morgenrock das Treppenstück vor ihrem Haus. Momentaufnahmen aus dem Leben der einfachen Lissabonner lassen sich in der Bica häufig gewinnen. Neben den bescheidenen Wohnhäusern, in denen früher überwiegend kleine Handwerker und Seeleute lebten, findet sich dort aber auch noch der eine oder andere Palast.

Zunächst statten wir dem **Cais do Sodré** einen Besuch ab. Dort baute 1928 der Architekt Pardal Monteiro einen Bahnhof für die Vorortzüge nach Cascais, eine Mischung aus Art Déco und Funktionalismus. Inmitten der Bushaltestellen des Vorplatzes hat die Stadt den Schiffern mit einem marmornen »Mann am Ruder« ein Denkmal gesetzt. Zwischen dem Flußufer und dem Bahnhof breiten sich Großmarkthallen und Lagerschuppen aus, die bereits zum Hafen gehören. Im 19. Jh. benötigte der Hafen, eine der Existenzgrundlagen der Stadt, dringend eine gründliche Sanierung: Die Schiffe

Alte Hafenansicht vom Cais do Sodré

konnten wegen der versandeten Kais nur bei Flut anlegen; die alten
Strände hatten sich in stinkende Schlammbänke verwandelt, die die
Ausbreitung von Gelbfieber- und Cholera-Epidemien begünstigten.
Nach 14 Einzelprojekten und Verbesserungsvorschlägen holte sich
die Stadt schließlich 1887 den französischen Ingenieur Hersent zur
Ausarbeitung eines Gesamtplans. Ursprünglich trennte lediglich
eine breite Allee den Hafen von der übrigen Stadt, doch bald kamen
die Straßenbahn, die Eisenbahn und eine weitere Straße hinzu und
schufen eine nicht nur optische Barriere. Die Stadt, die früher mit
und vom Tejo lebte, schnürte sich im 20. Jh. immer mehr vom Fluß
ab. Nur sonntags ergreifen vorübergehend ein paar optimistische
Angler und rare Spaziergänger wieder vom Hafen Besitz.
An der **Avenida 24 de Julho**, schräg gegenüber vom Bahnhof, hat der
Mercado da Ribeira, Lissabons größter Markt, sein Domizil. Die
kuppelgekrönte Halle aus den 80er Jahren des letzten Jahrhunderts
mit ihrem farbenprächtigen Angebot – einem wahren Fest für alle fünf
Sinne – verdient einen ausführlichen Besuch (geöffnet werktags 6–14
Uhr). Schon im 16. Jh. lockten an der gleichen Stelle Stände mit ge-
grillten Sardinen Matrosen und Hafenarbeiter zum Kauf.

Von der **Ribeira Nova** an der Rückseite der Markthalle führt die **Travessa de São Paulo** zur **Praça de São Paulo**. Hier fand früher der Brotmarkt statt, auf dem die Bauern aus der Gegend von Mafra ihr *pão saloio* (Bauernbrot) verkauften. Das feine Lissabon bevorzugte damals zwar das teure französische Brot, doch noch heute sind die Backwaren aus Mafra wegen ihres kräftigen Geschmacks beliebt, auch wenn es hier schon lange keinen Brotmarkt mehr gibt. 1849 ließ die Stadt einen Brunnen auf dem Platz errichten. Wie heute noch aus einer Verordnung vom 26. Februar 1850 zu entnehmen ist, hatten Seeleute an der westlichen Brunnenröhre Vortritt, solange auf dem Deckel ihrer Wasserfässer vorschriftsmäßig der Name ihres Schiffes stand. Rechter Hand des Platzes, in der **Rua Nova do Carvalho** und der **Rua de São Paulo**, liegt Lissabons Sankt Pauli mit bunten Neonlichtern, billigem Striptease und internationalem Publikum vom Hafen. Der Cais do Sodré, der auch dieser zwielichtigen Welt seinen Namen leiht, ist daher für Lissabonner ein einschlägiger Begriff.

Man verläßt den Platz in entgegengesetzter Richtung über die **Travessa do Carvalho**, die links neben der Kirche **São Paulo** (18. Jh.) beginnt. 1829 stieß man bei Bauarbeiten in der Nähe auf schwefelhaltiges Wasser, das zeitweise für eine Heilbadeanstalt – die **Banhos de São Paulo** – genutzt wurde. Der einfache Bau mit dem klassizistischen Portal stammt aus dem Jahr 1868. Nach der Überlieferung trafen sich hier die Revolutionäre, die 1910 die Monarchie stürzten – der Besitzer des Bades war ein überzeugter Republikaner. Rechts geht es vor zur **Rua de São Paulo** mit den Straßenbahngleisen, in die man links einbiegt. Haus Nr. 234 beherbergt die Talstation des **Elevador da Bica**. Mesnier de Ponsard, der auch die übrigen *elevadores* und den Carmo-Fahrstuhl (S. 109) baute, entwarf die Zahnradbahn, die am 28. 6. 1892 feierlich eingeweiht wurde. Ein paar Meter davor klettert die **Calçada da Bica Grande** treppauf ins eigentliche Herz des Bica-Viertels. Sie mündet auf die **Travessa do Cabral**, wo samstags und sonntags im Badehaus – Balneário do Cabral – die Duschen rauschen. Links stößt man auf die Hauptstraße des Viertels, die **Rua da Bica de Duarte Belo** mit der Zahnradbahn. In ihrem oberen Drittel treffen sich Zeitungsredakteure aus dem nahen Bairro Alto zum Mittagessen in dem familiären Lokal »A Bicaense« (Nr. 42 A) mit den winzigen Tischen und unbequemen Holzstühlen.

Wir biegen jedoch vorher links ab in die **Travessa Portuguesa**, die zum **Alto de Santa Catarina** hinaufsteigt. Hier liegen Ihnen der Tejo und ein Stück Hafen zu Füßen. Das Denkmal des Riesen Adamastor – als Symbol für die Gefahren am Kap der Guten Hoffnung erscheint er in den »Lusiaden« portugiesischen Seefahrern auf dem Weg nach Indien – wurde 1927 von dem Bildhauer Júlio Vaz Júnior geschaffen. Man verläßt das Plätzchen über die **Travessa de Santa Catarina.** Hier lohnt es sich, einen Blick in den noblen **Pátio do Lencastre**, einen palastartigen Innenhof, zu werfen. An der nächsten Ecke führt die **Rua do Sol à Santa Catarina** links den Hügel hinunter.

Man kreuzt die Travessa da Condessa do Rio, die rechts die Sicht auf die strenge Fassade der Kirche **São Paulo da Serra de Ossa** freigibt. Die Kirche wurde nach dem Erdbeben von 1755 wiederaufgebaut. Der einschiffige, weite Innenraum wirkt fast weltlich, wie ein Salon, und entspricht ganz dem pombalinischen Zeitgeist.

Der Rundweg folgt jedoch weiter der »Sonnenstraße« (Rua do Sol à Santa Catarina) und biegt erst an der übernächsten Kreuzung rechts in die **Travessa do Judeu** (Judengasse) ein, die auf die etwas größere und belebte **Rua do Poço dos Negros** (Negerbrunnenstraße) stößt. Man folgt ihr links entlang bis zur **Rua das Gaivotas** (Möwenstraße), die nach links hinabführt. Die Gegend hier ist ärmlich und weniger romantisch, als die Straßennamen vermuten lassen. Im Haus Nr. 20 C wird in der 1811 gegründeten »Fábrica das Gaivotas« noch immer Glas geblasen. Auf dem tiefer liegenden **Largo do Conde Barão** und in der sich östlich anschließenden **Rua da Boavista** kann man Fabrikgebäude aus der Zeit um die Jahrhundertwende studieren. Ein schönes Beispiel findet sich in der **Rua do Cais do Tojo** (Straße des Stechginsterkais), zu der man über die Gasse **Boqueirão do Duro** von der Südseite des Platzes aus gelangt. Dort prunkt eine 1859 gegründete Weißblechfabrik mit internationalen Medaillen von 1879 bis 1905.

Der Largo do Conde Barão stößt im Westen auf die breite **Avenida Dom Carlos I**, eine wichtige Nord-Süd-Achse im verkehrsüberlasteten Lissabon. Die schöne alte Kneipe »A Botica« in Nr. 90/2, in der man früher auf Holzschemeln vor weiß-blauen Art Déco-Azulejos saß, wechselte inzwischen außer dem Besitzer leider auch das Aussehen. Die Azulejos mit ihren Postkartenansichten portugiesischer Orte blieben zwar erhalten, doch die neue Decke und der lange Tresen mindern die Gesamtwirkung.

Mit der Straßenbahn oder dem Bus der Linie 13 gelangt man über die Rua da Boavista zurück zum Cais do Sodré.

Neunter Spaziergang
São Mamede und Mercês – Plätze und Paläste

Largo do Rato – Rua das Amoreiras – Praça das Amoreiras – Travessa da Fábrica dos Pentes – Travesso da Fábrica das Sedas – Travessa da Légua da Póvoa – Rua de São Filipe Néri – Rua de São Francisco de Sales – Calçada Bento da Rocha Cabral – Largo do Rato – Rua da Escola Politécnica – Praça do Príncipe Real – Rua do Jasmim – Rua da Palmeira – Praça das Flores – Travessa da Piedade – Rua de São Marçal – Rua da Cruz dos Poiais – Travessa da Arrochela – Largo de Jesus – Rua das Parreiras – Rua da Cruz dos Poias – Travessa da Peixeira – Largo de São Bento

Dieser Spaziergang erfaßt die Anhöhe, die sich westlich der Avenida da Liberdade entlangzieht, und beschränkt sich nicht auf ein klar abgrenzbares Viertel. In den Amoreiras im Norden findet sich Pombalinisches, in der Mitte ein Hauch Bairro Alto, im Süden ein bißchen Bica. Das Gebiet der beiden Kirchengemeinden São Mamede und Mercês wurde überwiegend im 18. Jh. bebaut; selbst ältere Teile, wie die rund um das alte Benediktinerkloster São Bento, erlebten nach dem Erdbeben von 1755 einen neuen Aufschwung.

Wir beginnen am **Largo do Rato**, einem länglichen, verkehrsüberlasteten Platz mit einer eher schäbigen Südseite und palastartigen Bauten im Norden. Bevor man die Schritte weiterlenkt, sollte man zunächst einen Blick in die **Rua Alexandre Herculano** (am Ostende, Richtung Pombal-Rotunde) werfen: Gleich am Anfang auf der linken Seite liegt eine Garage mit Jugendstil-Azulejos aus dem Jahr 1906/07, die der stolze Besitzer »Auto-Palace« taufte. Der Entwurf wurde lange fälschlich Alexandre Gustave Eiffel, dem weltberühmten Konstrukteur des Pariser Eiffelturms, zugeschrieben, vermutlich wegen der neuartigen Bauweise mit Glas und Eisen. In Wahrheit stammt das Projekt von dem französischen Architektengespann Vieillard & Touzet, die in Nordportugal für die Eisenbahn tätig waren und später Fabriken in Alcântara, Lissabons Industrie- und Arbeiterviertel des 19. Jh.s, entwarfen. Gegenüber (Nr. 61) hat sich die Kirchengemeinde São Mamede 1914 ein Häuschen im sentimentalen Nationalstil der *casa portuguesa* gebaut. Der Ruf nach einem »portugiesischen Haus« wurde um die Jahrhundertwende laut, als Reaktion auf die Begeisterung vieler Bauherren für Chalets und Cottages. 1893 machten sich ein paar Freunde an eine ethnographische Bestandsaufnahme traditioneller portugiesischer Häuser. Vor der überwältigenden Anzahl regional völlig verschiedener Modelle kamen sie jedoch rasch zu dem Ergebnis, daß es *das* portugiesische Haus nicht gibt. Davon unbeeindruckt, erfanden Architekten wie Raul Lino und Edmundo Tavares einfach eines, indem sie Details unterschiedlichster Herkunft mixten – phantasievolle Kamine, Dachtraufen, die sich wie bei einer chinesischen Pagode an den Ecken hochbiegen, mit Ziegeln gedeckte Vordächer, Erker und Balkone. Erst 1948 geriet die Häuschen-Mythologie, die unter Salazars Regime besonders gefördert wurde, aus den Reihen der Architekten unter Beschuß und kam allmählich aus der Mode.

Zurück zum Largo do Rato: Unmittelbar hinter dem rosa gestrichenen Palast auf der Nordseite, in dem die Parteizentrale des Partido Socialista residiert, geht es rechts in die **Rua das Amoreiras** (Maulbeerbaumstraße), die zunächst mit großformatigen politischen Wandmalereien aufwartet. Nach wenigen Metern gelangt man zu dem klassizistischen Triumphbogen **Arco das Amoreiras** von 1752, mit dem die Fertigstellung des **Aqueduto das Águas Livres** (1) gefeiert wurde. Der Aquädukt selbst knickt vor dem Bogen ab und endet in dem durch architektonische Strenge beeindruckenden Wasserreservoir **Mãe d'Água**, das leider hinter verschlossenen Türen liegt. Die kleine Kirche **Nossa Senhora de Monserrate** (18. Jh.) ist direkt in einen der gewaltigen Bögen der Wasserleitung hineingebaut. Der Innenraum ist mit Azulejos aus der »Fábrica do Rato« geschmückt, auf die man in und um Lissabon immer wieder stößt. Diese Porzellanmanufaktur wurde 1767 von Pombal gegründet. Die feine Gesellschaft war allerdings eher auf chinesisches Porzellan erpicht und kaufte nur hin und wieder bei Pombals Schützling ein, um den allgewaltigen Minister bei Laune zu halten. Trotzdem war die Lage der Manufaktur bereits 1775 so schlecht, daß 3000 Stücke versteigert werden mußten.

Bevor man die friedliche Praça das Amoreiras überquert, lockt ein Abstecher zum postmodernen Mammutkomplex des 1985 fertiggestellten **Amoreiras Shopping Center** (Nordende der Rua das Amoreiras), einem heftig umstrittenen Projekt des Jet-Set-Architekten Tomás Taveira. Die pastell- und bonbonfarbene Anlage mit Turmzinnen und Giebelchen rühmt sich, Europas drittgrößtes Einkaufszentrum zu beherbergen. Doch zurück zu den bescheideneren Dimensionen der **Praça das Amoreiras**, die im 18. Jh. wegen der nahen Fabriken Praça das Fábricas hieß. Links neben der aufgelassenen Fábrica dos Tecidos de Seda (Seidenstoffabrik) geht es in die **Travessa da Fábrica dos Pentes** (Kammfabrikgasse) und an der nächsten Ecke links in die **Travessa da Fábrica das Sedas** (Seidenfabrikgasse – daher auch die nahe »Maulbeerbaumstraße«), wo man einen einfachen Bau aus pombalinischer Zeit passiert.

An der nächsten Kreuzung beginnt rechts die **Travessa da Légua da Póvoa**. In Nr. 9 liegt der **Pátio do Bagatela**, eine typische zweistökkige Arbeiter-*Vila* (S. 60), die ein in Brasilien reich gewordener Unternehmer 1879 bauen ließ. Im Innenhof des Gebäudes Nr. 17 kommt bereits der nächste Arbeiterhof, der **Pátio do Monteiro**. Am Ende der Straße biegt man rechts in die **Rua de São Filipe Néri**, die unverhofft durch eine Architektur ganz anderer Art überrascht: Man befindet sich plötzlich in einer Mischung aus Art Déco und Funktionalismus der 30er Jahre. Nur der relativ reizlose, grüngestrichene Palácio Guiões fällt aus dem Rahmen. Guião de Abreu, ein Gerichtsrat, der sich seines mit Essig handelnden Vaters schämte und dem Adel nacheiferte, ließ ihn 1766/67 errichten. Hinter dem Palast führt die **Rua de São Francisco de Sales** nach rechts auf die Mãe d'Água zu – Hungrige mit dickem Geldbeutel können sich in dem luxuriösen Restaurant »Casa da Comida« in der letzten Querstraße rechts verwöhnen lassen (Travessa das Amoreiras, 1). Durch die **Calçada Bento da Rocha Cabral** geht es nach links zum bereits bekannten Largo do Rato hinunter. Man verläßt den Platz in südlicher Richtung über die mit Palästen gesäumte **Rua da Escola Politécnica**, rechts neben dem Brunnen von 1752.

Der gepflegte **Palácio Palmela** – der erste links – wurde 1792 erbaut und mehrmals renoviert, zuletzt 1980 nach einem Brand. Inzwischen zog die Staatsanwaltschaft dort ein. Vom Reichtum des Bürgertums unter Pombal zeugt der **Palácio Cruz-Alagoa** (Nr. 161–

VIVA A REFORMA A
MAP
RESSÃO
DESEMPREGO
ABAIXO A
REPRESSÃO
TA PRO BRAZIL

195) aus dem Jahr 1762. Ein paar der elf Lagerräume, die der geschäftstüchtige Erbauer an Kaufleute vermietet hatte, wurden in eine Kunstgalerie verwandelt. Die **Igreja de São Mamede** am kleinen **Largo de São Mamede** ist eine Rekonstruktion der 1921 vollständig abgebrannten pombalinischen Kirche. Nach jedem solchen Brand, in dem mehr als einmal unersetzliche Kunstschätze verlorengingen, werden die unzureichenden Sicherheitsmaßnahmen in vielen alten Gebäuden lautstark beklagt – erfolglos.

Ein Feuer war auch daran schuld, daß die Faculdade de Ciências (Naturwissenschaftliche Fakultät) 1978 aus dem klassizistischen Bau der 1837 gegründeten **Escola Politécnica** (Polytechnikum) vertrieben wurde. (Zur Anlage gehört ein üppiger Botanischer Garten, der **Jardim Botânico**. Eingang in der Calçada da Patriarcal, an Wochenenden geschlossen.) Übrigens war bereits der Vorgängerbau, das ehemalige Jesuitennoviziat, 1843 abgebrannt. Nach der Vertreibung der Jesuiten richtete Pombal 1761 das »Colégio dos Nobres« (Adelskolleg) darin ein, in dem die Söhne des alten Adels und des neuen Großbürgertums gemeinsam erzogen werden sollten. Ein Erfolg waren die Kurse für 7–13jährige jedoch nicht gerade: Statt der geplanten 100 Schüler hatte das Kolleg nie mehr als 45, 1772 wurde der naturwissenschaftliche Unterricht eingestellt, 1837 das Kolleg aufgelöst.

Einer Initiative Pombals verdankt auch die **Imprensa Nacional** (Landespresse) auf der anderen Straßenseite ihre Entstehung. Der jetzige Bau stammt aus dem Jahr 1913, doch das Verlagshaus, das ein ziemlich breitgestreutes Programm verfolgt, wurde bereits 1768 unter dem Namen »Imprensa Régia« (Königliche Presse) gegründet. Hier wurden die neuen Lehrbücher gedruckt, die Pombal bei der erträumten Umerziehung seiner Landsleute unterstützen sollten. Zu diesem Zweck verschmähte der Minister auch die Zensur nicht, die er im gleichen Jahr der Inquisition entzog und dem Staat übertrug.

Zur Zeit der Romantik wurde die **Praça do Príncipe Real** rechts der Straße mit ihren Wasserbecken, Rabatten, Kiosken und Denkmälern angelegt – damals eine feine Adresse, wie die stattlichen Häuser rundherum zeigen. Unter einer breiten, uralten Zeder suchen heute Kartenspieler ein bißchen Schatten. In der Ferne zeichnen sich die weiße Kuppel der Estrela-Basilika und die zarte Silhouette der Tejo-

Links: Politische Wandmalereien aus der Zeit der Nelkenrevolution
Innen rechts: In der Alfama

Brücke ab, und die Distanz reduziert sogar die Christus-Statue am anderen Ufer auf erträgliche Dimensionen.

Ein Kontrastprogramm bietet ein Abstecher in den **Alto do Longo**, der nach ein paar Schritten links von der **Rua do Século** im Südosten des Platzes abzweigt: Durchgangsstraße und Hinterhof in einem, mit schäbigen Blumentöpfen, unzähligen Waschtrögen und ab und zu einem Huhn, das ein Bindfaden am Davonhüpfen hindert.

Von der Praça do Príncipe Real führt die **Rua do Jasmim** nach Südwesten. Sie geht in die **Rua da Palmeira** (Palmenstraße) über, die auf die idyllische kleine **Praça das Flores** (Blumenplatz) stößt. Das stille Plätzchen ist in den letzten Jahren in Mode gekommen. Nicht umsonst konkurrieren gleich drei nicht ganz billige Restaurants miteinander, darunter das »Conventual«, das sich auf die ehrwürdige und üppige Tradition der Klosterküche beruft.

Die **Travessa da Piedade** klettert vom Platz aus links zur **Rua de São Marçal** hoch, der man nach rechts folgt. Unmerklich ändert sich die Stimmung, alles wirkt plötzlich lebhafter, malerischer, volkstümlicher, auch die Straße wechselt ihren Namen und heißt jetzt **Rua da Cruz dos Poiais**. Man biegt links in die **Travessa da Arrochela** und steht nach ein paar Schritten auf dem **Largo de Jesus**. Die pombalinische **Igreja de Jesus** mit der bewegten, heiteren Fassade anstelle des sonst üblichen einfachen Dreieckgiebels ist vom italienischen Barock beeinflußt. In dem benachbarten Kloster ließ sich 1834 die 1774 gegründete **Academia das Ciências** (Akademie der Wissenschaften) nieder. Über die **Rua das Parreiras** gelangt man auf die **Rua da Cruz dos Poiais** zurück. An der nächsten Ecke geht es nach rechts in die **Travessa da Peixeira** (Gasse der Fischfrau), die zum **Largo de São Bento** hinunterführt. Vorbei an einer ehemaligen Volksküche, ein paar Stufen hinauf – und vor Ihnen liegt imposant und majestätisch und viel zu groß für den kleinen Platz der **Palácio de São Bento** (26), früher Kloster, heute Sitz des Parlaments.

Die Buslinien 6 und 49 führen nach Norden zum Largo do Rato zurück und weiter an das nördliche Ende der Avenida da Liberdade.

Zehnter Spaziergang
Lapa – Eine gute Adresse, nicht nur für Lebende

Rua de São Jorge – Praça da Estrela – Rua João de Deus – Travessa da Oliveira da Estrela – Rua da Bela Vista à Lapa – Rua dos Navegantes – Travessa do Combro – Rua Santana à Lapa – Rua da Lapa – Rua de São Domingos à Lapa – Rua de Buenos Aires – Rua Santana à Lapa – Rua do Possolo – Rua do Borja – Rua Possidónio da Silva – Rua Coronel Ribeiro Viana – Parada dos Prazeres – Rua Saraiva de Carvalho – Rua Domingos de Sequeira

Die Lapa, auf der Anhöhe westlich von São Bento gelegen, entwickelte sich bereits nach dem Erdbeben von 1755 zum Modeviertel, das besonders von den in Lissabon lebenden Engländern bevorzugt wurde. Als feine Adresse gilt das Viertel noch heute, auch wenn man es ihm wirklich nicht immer ansieht. In seinen geräumigen alten Villen und kleinen Palästen haben sich heute Diplomaten und Botschaften niedergelassen, von der VR China bis Costa Rica, von Großbritannien bis zur Schweiz. Selbst die Fassaden einfacher Wohnhäuser sind in der Lapa oft ganz mit diskret geometrisch gemusterten Azulejos aus dem 19. Jh. verkleidet.

Am Anfang der **Rua de São Jorge** (erreichbar mit den Bussen 9, 20, 22, 27, 38, 55) wartet auf einer hübsch gepflasterten Rotunde das **Denkmal des Brasilien-Entdeckers Pedro Álvares Cabral** auf Bewunderer. Es ist die Kopie einer Statue in Rio de Janeiro, die die brasilianische Regierung Portugal 1940 schenkte. Hinter dem schweren Eisentor der Rua de São Jorge, 8, liegt der Englische Friedhof, **Cemitério Inglês**, auf dem 1725 die erste Beerdigung stattfand. Byron suchte hier 1809 vergeblich nach dem Grab von Henry Fielding, das schon damals nicht mehr aufzufinden war. Der Autor des »Tom Jones« war 1754 aus gesundheitlichen Gründen nach Lissabon gekommen, begleitet von Mary Daniel, der Zofe seiner ersten Frau Charlotte, die er nach deren Tod geheiratet hatte. Drei Monate nach seiner Ankunft starb er im Alter von 47 Jahren und hinterließ ein »Journal of a Voyage to Lisbon«, in dem die Schiffsreise und die ersten Eindrücke der Stadt geschildert werden.

Um 1850 wurde der **Jardim da Estrela** angelegt, in dem sonntags reger Betrieb herrscht. Vorbei an seinen schönen Bäumen, dem Musikpavillon und dem Teich, an Kartenspielern, Hundebesitzern und

Lissabon-Übersicht

800 m

N

BENFICA

Estrada de Benfica

Av. Norton de M-

Esta
de L

CALHARIZ

Estra

Parque Florestal
de Monsanto

Auto-

Estrada

Ponte Cen

ALCÂNTA

de

da

Tapada
Necessid

Estrada de Queluz

C. do
Mirante

18A

24

do Cruzeiro

Calçada da Tapada

AJUDA

Ilha da Madeira

de Alcolena

Avenida do Restelo

20

Hieronymus
Kloster

22

C. de S. Amaro 1º

Avenida de Maio

Avenida

Av. da Torre de Belém

BELÉM

16

Calçada da Ajuda

da

Junqueira

Avenida da India

Avenida de Brasília

da

India

Torre de Belém

Rio Tejo

7

27

Straßenhändlern, an einem Café und einem Kinderspielplatz kommt man zur strahlend weißen **Basílica da Estrela** (2) am gleichnamigen Platz. Der kuppelgekrönte Kalksteinbau hat sich zu einem der Wahrzeichen Lissabons entwickelt. Nach dem Besuch der Kirche wendet man sich nach rechts in die leicht ansteigende **Rua João de Deus**, die vor der Calçada da Estrela abzweigt. An der ersten Ecke geht es links in die **Travessa da Oliveira** (Ölbaumgasse), in der drei typische Lapa-Häuser stehen: Sie sind von oben bis unten mit Azulejos verkleidet. Am Ende der Straße biegt man rechts in die **Rua da Bela Vista à Lapa** ein – der schöne Blick, den ihr Name verspricht, ist allerdings schon lange verbaut. In Nr. 17 im 1. Stock lebte für kurze Zeit der Dichter Fernando Pessoa (S. 133) bei seiner Großmutter und zwei Großtanten. Es hielt ihn damals aber nirgends lange, zwischen 1905 und 1920 zog er insgesamt fünfzehnmal um!

Wenig später stößt man auf die **Rua dos Navegantes**, die Seefahrerstraße, die ihren Namen von einer Kapelle erhielt, die eine Bruderschaft der Seeleute 1757 errichtete. Das Haus Nr. 21, etwas weiter rechts oben gelegen, wurde 1921 von Miguel Nogueira entworfen und ist ein seltenes Beispiel für eine von dem schottischen Architekten Mackintosh beeinflußte flächenbetonte Bauweise, in der sich der Jugendstil nicht wie sonst in Lissabon lediglich auf zusätzliche, dekorative Elemente beschränkt.

Die **Travessa do Combro** führt nach links auf die **Rua de Santana à Lapa** (Santana leitet sich von Sant' Anna ab). Letztere fällt nach links in einem sanften Bogen zur **Rua da Lapa** ab, in die man rechts einbiegt. An der nächsten Ecke bietet sich ein überraschender, scharf abgegrenzter Blick auf die Dächer des Madragoa-Viertels, auf ein Stück Tejo und den Hafen. In der unterhalb der Lapa gelegenen Madragoa waren lange Zeit die *varinas* zu Hause, die heute fast ganz aus dem Stadtbild verschwunden sind: Sie zogen, meist barfuß, durch die Straßen Lissabons, balancierten einen flachen Korb mit frischem Fisch auf dem Kopf und priesen ihre Ware mit einem melodiösen Singsang an. Die Rua da Lapa mündet auf die **Rua de São Domingos à Lapa**, die man rechts hinaufsteigt, vorbei am kuriosen Haus des Conde de Monte Real, in dem sich auf engstem Raum die verschiedensten portugiesischen Baustile zusammendrängen. An der Kreuzung geht es rechts in die **Rua de Buenos Aires**, die einige stattliche Bauten aufzuweisen hat. In dieser Gegend lag auch die Pension eines gewissen Mr. Burnwell, bei dem sich der englische Dichter Byron seinerzeit einquartierte.

Die feinste Gegend innerhalb der Lapa findet man etwas weiter westlich (am anderen Ende der Rua de Buenos Aires und in der Rua do Sacramento à Lapa): vornehme Paläste hinter polizeibewachten Mauern und reservierte Parkplätze. Doch es fehlt an Leben; es gibt keine Cafés, keine Kramläden und kaum Menschen auf den Straßen. Man verläßt die Rua de Buenos Aires an der ersten Ecke links. In der **Rua de Santana à Lapa** Nr. 100 leistet eine bescheidene kleine Kneipe den Versuchungen einer Modernisierung tapfer Widerstand. Sonst ist die Straße eher reizlos, aber sie führt uns über die breite **Avenida do Infante Santo** mit ihren Häusern aus den 50er Jahren hinüber auf die gegenüberliegende Höhe. Der kleine, heute namenlose Platz, an dem fünf Straßen zusammentreffen und wo das niedrige Eckhaus mit den auffallenden Azulejos steht, wurde in alten Zeiten von Reisenden tunlichst gemieden, schließlich nannte man ihn nicht umsonst *encruzilhada da espera* – den Hinterhalt am Kreuzweg. Hier biegt man links in die **Rua do Possolo** ein. An der nächsten Straßengabelung folgt man rechts der **Rua do Borja**, wo die Häuser plötzlich arm und schäbig aussehen. Hinter den Mauern links versteckt sich die **Tapada das Necessidades**, ein riesiger Park mit einem Palast aus dem 18. Jh. am Südrand, in dem heute der Außenminister residiert. Man biegt kurz darauf rechts in eine namenlose Gasse ein (Sackgassen-Schild) mit einer Wasserzapfstelle, die über eine Treppe auf die **Rua Possidónio da Silva** mündet. Schräg rechts gegenüber führen ein paar Stufen neben einem wasserlosen Brunnenrohr mit dem Stadtwappen auf die **Rua Coronel Ribeiro Viana**, der man geradeaus folgt.

An der **Parada dos Prazeres** liegt rechts die moderne **Igreja da Nossa Senhora Auxiliadora**. Die in den 60er Jahren erbaute Pfarrkirche der Gemeinde Prazeres lag zunächst nicht einmal innerhalb der eigenen Gemeinde, deren Grenzen daraufhin abgeändert wurden. Auf der Fläche zur Linken, auf der 1598 und 1603 ein Pestlazarett eingerichtet wurde und bis 1873 Prozessionen zu einer Quelle stattfanden, in der nach der Überlieferung das Bild Marias erschienen war, wurde 1833 ein Friedhof angelegt – der **Cemitério dos Prazeres** (geöffnet 9–17 Uhr). Seine 11 Hektar beherbergen eine fremdartige, stille Stadt in Weiß: Kleine Häuser mit einer Eingangstür aus Eisen oder

Glas, liebevoll ausgeschmückt durch Vorhänge, Vasen auf Spitzendeckchen und Fotografien der Verstorbenen. Hier und da findet man den Namen des Architekten oder Bildhauers auf dem Sockel, hin und wieder fällt der Blick auf eine einzelne Nelke oder einen kleinen Blumenstrauß am Türgriff. Hier ruhen die Historiker Luz Soriano (1802–91) und Oliveira Martins (1845–94), der Chemiker und Politiker António Augusto de Aguiar (1838–87), der mit einer Vortragsreihe über den Wein Ruhm erworben hatte, und andere berühmte Portugiesen. Die Gebeine des 1935 gestorbenen Lyrikers Fernando Pessoa wurden 1985 in einer feierlichen Zeremonie nach Belém überführt. Geradeaus kommt man zum Grabfeld der Feuerwehr (Sapadores-Bombeiros) am Westrand des Friedhofs, von dem sich ein weiter Blick über den Tejo mit der Brücke, auf Alcântara und den Wald des Monsato-Hügels bietet.

Gegenüber dem Friedhofstor nimmt die **Rua Saraiva de Carvalho** ihren Ausgang, die in die Stadt zurückführt. Die **Igreja do Santo Condestável**, 1946–51 in einem pseudogotischen Stil von zweifelhaftem Geschmack errichtet, trägt den Namen des »heiligen Feldherrn« Nuno Álvares Pereira, der 1385 die Kastilier besiegte und zum Dank die Carmo-Kirche (9) bauen ließ. Die Wohnhäuser gegenüber sind ein Paradebeispiel der Architektur unter Salazar, die sich an pombalinische Vorbilder anlehnte. Massive Fensterlaibungen, grobe Portale und Dachreiter geben den Bauten jedoch einen Zug ins Monumentale. Freundlicher wirkt da schon die kuriose Markthalle an der Nordseite des Kirchenplatzes. Weiter entlang der Rua Saraiva de Carvalho informiert eine Gedenktafel am Haus Nr. 135 (auf der rechten Seite), daß hier am frühen Morgen des 4. Oktober 1910 die erste Granate aufständischer Republikaner einschlug, die der Monarchie ein Ende setzten. Im Eckhaus gegenüber lockt unter Jugendstil-Azulejos und Balkongittern das Café »A Tentadora« – die Verführerin.

Es geht nun schräg rechts die **Rua Domingos de Sequeira** hinunter. Auf der rechten Seite liegt die **Vila Maia**, die dem nach Süden gelegenen Hof den typischen Eisenbalkon und viele Blumen zukehrt. Vorbei an einem Kino linker Hand gelangt man zur **Praça da Estrela** zurück, von der es nur noch ein paar Schritte bis zum Ausgangspunkt des Rundgangs sind.

Elfter Spaziergang
Avenidas Novas – Fassaden zum Herzeigen und zum Verbergen

Parque Eduardo VII – Rua Engenheiro Canto Resende – Avenida António Augusto Aguiar – Praça de Espanha – Avenida de Berna – Praça do Campo Pequeno – Arco do Cego – Praça de Londres – Avenida Manuel da Maia – Instituto Superior Técnico – Avenida João Crisóstomo – Avenida da República – Praça do Duque de Saldanha – Avenida Fontes Pereira de Melo – Praça Marquês de Pombal

Die Avenidas Novas, die sich im Nordwesten des Stadtzentrums an die Avenida da Liberdade anschließen, wurden 1888 vom Stadtplaner Ressano Garcia angelegt, um die neue Prachtstraße mit dem Campo Grande (S. 94–97) zu verbinden. Er griff dabei auf pombalinische Vorbilder zurück und legte ein rechtwinkliges Gitternetz über die Karte, ohne Rücksicht auf alte Verkehrswege und traditionelle Schwerpunkte. Reizlos und langweilig finden selbst viele Lissabonner das daraus entstandene Viertel, abgestoßen von einer gewissen Monotonie der Häuserblocks. Allenfalls die zahlreichen Restaurants – Charrua, António, Funil, Góndola, Polícia und wie sie alle heißen – finden Gnade vor ihren Augen. Und doch läßt sich vielen Ecken ein stiller, kühler Charme nicht abstreiten: Hier ein Azulejo-Fries als einziger Schmuck einer strengen, glatten Fassade, dort schmiedeeiserne Schnörkel an einem wuchtigen Tor oder ein zierliches Art Déco-Balkongitter; und dazwischen plötzlich wild wuchernder Historismus mit übergroßen Frauenköpfen und mißgestalteten kleinen Elefanten. Man ist im Revier der janusgesichtigen Bürgerhäuser aus der Zeit um die Jahrhundertwende: Nach vorne kehren die Gebäude ihre feine, steinerne Schauseite heraus, während das praktische, aber noch nicht salonfähige neue Konstruktionsmaterial Eisen den Hinterhöfen vorbehalten blieb, wo es an verglasten Küchenbalkonen und Feuerleitern, wie aus New Yorker Filmen bekannt, reizvolle geometrische Figuren bildet. Später gesellte sich dazu die Bauweise des Funktionalismus, bei der schmückendes Beiwerk durch das flächenbetonende Spiel mit Beton abgelöst wird. Aber immer alles gutbürgerlich: In den Avenidas Novas waren immer die »besseren Kreise« zu Hause. Nicht umsonst häufen sich hier – wie in der Avenida da Liberdade – die fassadenbewußten Valmor-Preise (S. 39).

Ausgangspunkt dieses etwas größeren Rundwegs ist der **Parque Eduardo VII**. Die Avenida da Liberdade war längst fertig, als die Lissabonner sich noch immer nicht darüber einig waren, was aus dem ungepflegten 40 000 m²-Gelände nördlich der Praça Marquês de Pombal werden sollte. Eça de Queirós spottete über Lissabons »kurzatmige Avenida, die zwischen Schuttbergen steckenbleibt«. Eine Fraktion plädierte für eine Verlängerung der Avenida, die »für Fußgänger kurz und für Kutschen und Reiter geradezu lächerlich« sei, andere setzten sich für die Erhaltung der Freifläche ein. Nach allerlei Pläneschmieden und diversen Wettbewerben, deren Resultate wie so oft souverän ignoriert wurden, gewann schließlich die Parkfraktion mit einem Kompromiß: Breite, gepflasterte Gehwege inmitten einer Grünanlage sollten die Avenida zumindest optisch verlängern.

Angenehm kühl und grün ist es in der **Estufa Fria**, dem 1929 errichteten Gewächshaus an der Nordwestseite des Parks, in dem hin und wieder auch Theateraufführungen, Ausstellungen und Antiquitätenmessen stattfinden (geöffnet 10 – 18 Uhr). Seit 1975 ist eine Estufa Quente (Treibhaus) angeschlossen. Auf der kleinen Anhöhe im Osten wurde 1932 der historisierende Pavillon der Weltausstellung von 1922 in Rio de Janeiro aufgestellt und **Pavilhão dos Desportos** (Sportpalast) getauft. Er beherbergt alle möglichen Veranstaltungen, von Gewerkschaftskundgebungen bis zu Konzerten – nur keine sportlichen. Vom oberen Ende des Parks ist einer der vielen Fotografenblicke über die Stadt und den Tejo zu genießen.

Die modernen Gebäude oberhalb des Parks gehören zum **Palácio de Justiça** (Justizpalast). In den protzigen, mit portugiesischem Marmor ausgekleideten Bauten (1960/70) residieren Zivil-, Polizei- und Familiengericht, sinnigerweise direkt neben der alten **Penitenciária**, dem 1873 gebauten Gefängnis mit sternförmigem Grundriß. Es wurde bereits als Stadtmuseum vorgeschlagen (wobei man die verschnörkelten Eisengitter und Wendeltreppen im Innern hätte bewundern können) – aber das Museum zog dann doch lieber in einen ehemaligen Palast.

Man wendet sich nun nach Osten und erreicht über die **Rua Engenheiro Canto Resende** die etwas tiefer liegende **Avenida António Augusto Aguiar**, in die man links einbiegt. Sie steigt zunächst leicht an und fällt dann zur Praça de Espanha ab. An der Westseite des

Platzes steht der **Palácio de Palhavã**, in dem im 18. Jh. die drei unehelichen Söhne von João V. lebten – die »meninos de Palhavã«. Seit 1918 ist der Palast Sitz der spanischen Botschaft. Von der etwas höher liegenden **Avenida José Malhoa** schaut die 1985 fertiggestellte **Moschee** der über 10000 Mitglieder zählenden islamischen Gemeinde auf den Platz herab – die erste Lissabonner Moschee seit 700 Jahren. Im **Casarão cor-de-rosa**, »dem rosaroten Kasten«, an der Nordseite arbeitet die »Comuna«, eine der besten unabhängigen Theatergruppen der Stadt.

Es geht in östlicher Richtung weiter in die **Avenida de Berna**. Rechter Hand liegen die Gebäude der **Fundação Calouste Gulbenkian**, der reichen Stiftung des armenischen Ölmilliardärs, zu der auch das **Gulbenkian-Museum** (17) gehört – eines der schönsten Museen Lissabons. Auch der kleine, ein wenig japanisch inspirierte Park verdient einen Besuch.

Nach einigen Schritten gelangt man zu der 1934–38 erbauten **Igreja de Fátima** (11), die einen wichtigen Markstein in der modernen Architektur Lissabons darstellt. Auf der anderen Straßenseite hat sich die **Universidade Nova** (Neue Universität) in einer ehemaligen Militärkaserne niedergelassen. Die Avenida de Berna mündet auf die lebhafte **Avenida da República** und die angrenzende **Praça do Campo Pequeno**. Die arabisierende Stierkampfarena **Praça de Touros** (28) mit ihren roten Zwiebeltürmchen beherrscht den Platz, auf dem bereits im 18. Jh. Stierkämpfe stattfanden. Rechter Hand liegt der **Palácio Galveias**, ursprünglich ein Landhaus, das das Adelsgeschlecht der Távoras im frühen 18. Jh. errichten ließ. Nach dem Attentat auf König José I., das dieser Familie zugeschrieben wurde, beschlagnahmte Pombal den Palast, der dann langsam verkam. Nach der 1927 erfolgten Restaurierung zog die Stadtbibliothek in seine Mauern ein.

Hinter dem Palast biegt man rechts in die **Rua do Arco do Cego** ein. An die ehemalige Ziegelei »Lusitânia« erinnern nur noch ein roter Schornstein (der von dem Architekten Tomás Taveira als schmückendes Motiv für einen nahen Neubau in der Avenida João XXI wieder aufgenommen wurde) und eine mit Azulejos verkleidete Fassade, die in das künftige Verwaltungsgebäude der Caixa Geral de Depósitos (Sparkasse) integriert werden sollen. Wenige Schritte weiter erinnern eine unscheinbare kleine weiße Säule und eine Gedenktafel an den 1323 drohenden Krieg zwischen König Dinis und seinem Sohn, dem künftigen Afonso IV., der schließlich durch Königin Isabels Eingreifen vermieden wurde. An der nächsten Kreuzung geht es links in das **Arco do Cego-Viertel**, kurioses Kleinbürgeridyll inmitten einer hochhaussüchtigen Neubaugegend. Dieses erste Projekt im Rahmen des öffentlichen sozialen Wohnungsbaus (die älteren Arbeitersiedlungen gingen ausnahmslos auf Privatinitiativen zurück) geriet nach einem ersten Anlauf, 1919, bereits drei Jahre später ins Stocken und wurde erst in den 30er Jahren fertig – wobei sich herausstellte, daß keine Arbeiterfamilie die geforderten Mieten zahlen konnte. Die zweistöckigen Gebäude entsprachen damals ganz der faschistischen Häuschenideologie, die Wohnblöcken – diesen Brutstätten der Revolution – mißtraute (und sie doch bald selbst aufgrund objektiver Sachzwänge bauen mußte).

Auf der anderen Seite des Viertels, vorbei an der dem Mittelalter nachweinenden **Igreja de São João de Deus** von 1951, stößt man auf die **Praça de Londres**, an der die fashionable **Avenida de Roma** beginnt. Hier herrscht ein Hang zum Monumentalen vor, wie z. B. bei dem Hochhaus mit dem spitzen Zeltdach im Norden des Platzes, der die offizielle Architektur des »Neuen Staates« kennzeichnet. (Nicht von ungefähr organisierte Hitlers Baumeister Albert Speer 1941 eine Ausstellung »moderner deutscher Architektur« für Lissabon.) Man folgt nun der **Avenida Manuel da Maia** nach Süden, vorbei an der Rückseite des **Instituto Nacional de Estatística**, das der Architekt Pardal Monteiro 1932 entwarf. Die funktionalistische Strenge des Baus ist durch dekorative Elemente der Fassade etwas gemildert. Die nüchternen, strengen Bauten des benachbarten **Instituto Superior Técnico** (I.S.T.) gehen ebenfalls auf Pardal Monteiro zurück. Als 1925 mit dem Bau begonnen wurde, träumte Duarte Pacheco, der junge Rektor der 1911 gegründeten Technischen Hochschule (der später Salazars Städtebauminister werden sollte), von einer »neuen Akropolis«. Der Gesamtkomplex sollte auch die zunehmende Bedeutung der Techniker in einem Land widerspiegeln, in dem bis dahin nur Doktoren etwas galten. Von der imposanten, fast schmucklosen Schauseite des Instituts aus bietet sich ein schöner Blick auf die großzügige Anlage der **Alameda Afonso Henriques**, die ein gewaltiger Brunnen, die **Fonte Luminosa**, am Hang gegenüber abschließt. Man durchquert das Gelände des I.S.T. und er-

reicht über die Freitreppe an der Westseite die **Avenida João Crisóstomo**, der man geradeaus in westlicher Richtung folgt. Linker
Hand liegt ein Straßenbahndepot, rechter Hand die türkisfarbene
Casa da Moeda (1934), die Münze. Hinter dem nächsten Häuser-
block stößt man auf die verkehrsreiche **Avenida da República**, in
die man links einbiegt. Das Haus Nr. 38, Besitz der Viscondessa de
Valmor (Valmor-Preis 1906), stammt wie alle Villen und *Palacetes*
dieser Gegend noch aus den Anfangszeiten der Avenidas Novas. Es
dauerte jedoch nicht lange, bis profitbringende Mehrfamilienhäuser
dominierten. Heute hat sich die Avenida da República in eine ent-
seelte, baumlose Hauptverkehrsader verwandelt, in der moderne,
nicht immer gelungene Glasbauten die kleineren Vorgänger übertö-
nen. Fußgänger trifft man im Bannkreis der Cafés und der Kioske –
woanders nur, wenn die Metro streikt. Am Gebäude Nr. 37 auf der
rechten Straßenseite haben sich schöne verglaste Eisenerker auf die
Vorderfront verirrt. Auf der gleichen Seite liegt das »Café Versailles«
(Nr. 15 A): Ein Traum von einem verschnörkelten alten Kaffeehaus
mit Marmortischen und ausdauernden Kaffeetrinkern, die leider
langsam aussterben. Mit der **Avenida Duque de Ávila** überquert
man die alte Stadtgrenze von 1853 und erreicht nach wenigen Schritten die **Praça do Duque de Saldanha**. Rund um das 1909 errichtete
Denkmal des Marschalls Saldanha, einem Enkel Pombals, der in den
Bürgerkriegen des letzten Jahrhunderts die Liberalen unterstützte,
scharen sich einträchtig so ziemlich alle Stile aus den diversen Bau-
phasen des Viertels. Es geht nun die **Avenida Fontes Pereira de
Melo** hinunter. Schräg gegenüber vom Café »Monte Carlo« (Nr.
49 C) liegt der **Mercado das Picoas**, der sich mit dem Markt an der
Avenida 24 de Julho (S. 75) durchaus in der Qualität, wenn auch
nicht in der Größe messen kann. Abgezogene Hasen baumeln am
Eingang beim Fleischer; sein Nachbar hat heute einen Schweinskopf
und morgen eine Rinderzunge im Fenster; in der nächsten Gasse
schnattern Hühner und Enten in ihren Gitterkäfigen; bei der Oli-
ven-Frau probiert ein Kunde genüßlich tiefschwarze, grüne, bräun-
liche, große und kleine Oliven, bevor er sich ein Viertelpfund in ein
Tütchen schöpfen läßt; Ketten von getrocknetem roten Guineapfeffer hängen über grünen Bohnen und Kohlköpfen. Vergessen Sie den
Besuch in der Fischhalle nicht – eine silbrigweiß, schwarz und rosa
glänzende Ausstellung unbekannter Spezies, die dicke Fischfrauen

unter lautstarkem Palaver virtuos schuppen. In der »Cantina« am südlichen Markttor kann man auch gleich vom allerfrischesten Fisch probieren – sofern man einen Platz erobert.

Unterhalb des Markts liegt ein neues Postgebäude in sandfarbenem Beton; auf der anderen Straßenseite hat das gesichtslose **Sheraton** das traditionsreiche Hotel Aviz ersetzt, das Calouste Gulbenkian (S. 115) sich zum Lissabonner Asyl wählte. Am Anfang der **Avenida 5 de Outubro** (Nr. 8), schräg gegenüber vom Hoteleingang, stößt man auf eine Villa mit entfernten Art Déco-Einflüssen, Azulejo-Girlanden und einem Atelierfenster: Norte Júnior baute sie 1905 für den Maler José Malhoa. Heute ist sie ein kleines Museum, das den Namen des späteren Besitzers und Museumsgründers trägt: **Casa Museu de José Anastácio Gonçalves**. Zurück zur **Avenida Fontes Pereira de Melo**: Dort errichtete Norte Júnior das Gebäude Nr. 38 mit einer geradezu erdrückenden Fülle dekorativer Elemente (Valmor-Preis 1914), in dem heute Büros der Lissabonner U-Bahn residieren. Schräg gegenüber liegt das bescheidene kleine Café »Doçaria Portugal« (Nr. 21 A), das hinter einer unscheinbaren Fassade mit hübschen Azulejos und alten Holzschränken überrascht. Vorbei an Banken und Versicherungen erreicht man dann bald die Praça Marquês de Pombal am Südende des **Parque Eduardo VII**, Ausgangs- und Endpunkt dieses Rundgangs.

Zwölfter Spaziergang
Campo Grande – Bedrohte Oase zwischen Universität und Museen
Entrecampos – Campo Grande – Avenida da Igreja – Praça de Alvalade

Scharenweise ziehen Lissabonner Familien an Sonntagnachmittagen in die Grünanlagen des Campo Grande, des »großen Feldes«, das sich im Norden an die Avenidas Novas anschließt. Hier können die Kinder Rollschuh laufen, Tretauto fahren, mit ihren Eltern über den kleinen See rudern und sich zum Abschluß bunte Luftballons oder Süßigkeiten kaufen lassen. Allerdings ist der schmale, langgestreckte Park, dessen Anfänge in das späte 18. Jh. zurückreichen, rechts und links von vielbefahrenen Hauptverkehrsstraßen eingerahmt, was die

Idylle etwas beeinträchtigt. Glaubt man einem portugiesischen Reiseführer aus dem Jahr 1924, so erfüllte das heutige Picknick-Zentrum damals noch die Funktion eines Bois de Boulogne im kleinen, der hauptsächlich von der besten Lissabonner Gesellschaft frequentiert wurde.

Ein Spaziergang durch den Campo Grande sollte nicht nur durch den eigentlichen Park, sondern auch in seine unmittelbare Nachbarschaft führen. An unserem Ausgangspunkt, der **Metrostation Entrecampos**, erinnert ein heroisches Denkmal aus dem Jahr 1933 an den Widerstand gegen Napoleons Truppen. Die **Feira Popular** – ein bescheidener kleiner Prater – lockt nicht weit davon, am Ende der **Avenida da República**. Stilgerecht ißt man hier Hähnchen oder Sardinen vom Grill; Souvenirverkäufer und Buden mit Kunsthandwerk hoffen auf Kundschaft, und natürlich gibt es auch ein (kleines) Riesenrad. Das Eintrittsgeld der nur im Sommer geöffneten Feira kommt einer Ferienkolonie zugute (geöffnet 19–1 Uhr, am Wochenende ab 15 Uhr).

Alltagsgemäßer geht es am Anfang des **Campo Grande** an der Endstation der staatlichen Busgesellschaft Rodoviária Nacional für die nördlichen Vororte zu. Dort kann man an einem beliebigen Werktag in der Hauptverkehrszeit (ca. 18–20 Uhr) nicht enden wollende, geduldig sich windende Schlangen wartender Busbenutzer beobachten. In dem schwerfälligen, wenig attraktiven Gebäudekomplex (1969) linker Hand sind die **Biblioteca Nacional** – die 1798 gegründete Nationalbibliothek – und vorübergehend, als eher unwillig geduldeter Gast, das Musikinstrumenten-Museum, **Museu Instrumental do Conservatório Nacional** (19), untergebracht.

Es geht weiter durch die Grünanlagen des Campo Grande nach Norden. Ein paar Buchhandlungen auf der linken Straßenseite kündigen bereits die nahe **Universität** an, die etwas zurückgesetzt an der **Alameda da Universidade** liegt. Die flachen, mit Pfeilern gegliederten Gebäude – Juristische und Philosophische Fakultät und in der Mitte das Rektorat – wurden 1957–61 von Pardal Monteiro in einem bereits erstarrten Funktionalismus gestaltet. Die drei stilisierten Herren an der Fassade der Philosophischen Fakultät stellen die literarischen Alter ego des Schriftstellers Fernando Pessoa (S. 133) dar, so wie sie der Maler Almada Negreiros sah. Bereits 1962 erlebten die gerade erst fertiggestellten Neubauten ein stürmisches

Jahr: Verbot des »Tages der Studenten«, Polizei im Campus, zwei Monate lang »akademische Trauer« (studentischer Vorlesungsboykott), 86 Studenten im Hungerstreik, Rücktritt des Rektors Marcelo Caetano (der später Salazars Nachfolger wurde), 30monatiger Schulausschluß von 21 Lissabonner Studenten. Es war die schwerste, aber nicht die letzte akademische Krise unter Salazars Regime.

Am Ende des Campo Grande liegt linker Hand der ausgewogene **Palácio Pimenta** (frühes 18. Jh.) mit dem der Stadtgeschichte gewidmeten **Museu da Cidade** (18). In der Villa gegenüber, einem Beispiel für den *casa portuguesa*-Stil (S. 79), wurde 1914 ein **Museum** mit den Arbeiten des Keramikers und Karikaturisten **Rafael Bordalo Pinheiro** (S. 136) eingerichtet. Auf der Ostseite des Campo Grande geht es nach Süden zurück. Hier hat ein typisches Ausflugslokal des 19. Jh.s überlebt: das »Retiro do Quebra-Bilhas« (Nr. 312), das früher zwischen Gärten und Feldern lag. Eine Fahrt ins Grüne, die sprichwörtlichen *passeios às hortas*, endete meist in einem solchen *retiro* – bei deftigem Essen, Wein und Tanz. Samstags schaute man vorher hinter schützenden Mauern, die damals noch den Weg einfaßten, zu, wie die Stiere für den sonntäglichen Kampf zur Arena getrieben wurden – ein beliebteres (und billigeres) Schauspiel als die Stierkämpfe selbst. 1895, nachdem die neue Arena im Campo Pequeno (S. 123) fertig war, wurde die *espera dos touros* (Warten auf die Stiere) verboten.

Man kreuzt die **Avenida do Brasil** und kommt zur kühlen, klassizistischen **Igreja dos Santos Reis Magos** (Dreikönigskirche, 1778). Kurz vor der nächsten Ecke haben Farbige aus den ehemaligen Kolonien ein leerstehendes Haus besetzt. Auf einer Türschwelle verkauft eine alte Frau Eier; daneben spielt ein nicht allzu sauberes Kind, und das Ganze macht einen eher traurigen Slum-Eindruck. Es heißt, den Portugiesen sei Rassismus fremd, doch die Wirklichkeit dürfte etwas vielschichtiger sein. Heutzutage werden in Portugal zum Beispiel völlig unbekümmert rassistische Witze erzählt – von Weißen natürlich –, was wohl kaum für ein Fehlen jeglicher Vorurteile spricht. Die Integrationsfähigkeit des Landes wurde jedenfalls auf eine harte Probe gestellt, als nach der Unabhängigkeit der Kolonien Hunderttausende, Weiße und Farbige, nach Lissabon strömten und dort ein Zuhause und Arbeit suchten, was die bereits bestehenden wirtschaftlichen Probleme erheblich verschärfte.

Die **Avenida da Igreja** führt links in das Alvalade-Viertel, sozialer Wohnungsbau von 1945/47. Auf der **Praça de Alvalade,** die die Avenida da Igreja unterteilt, hat man dem Schutzpatron der Stadt, dem Heiligen Antonius, 1972 das vielleicht häßlichste Denkmal in ganz Lissabon gesetzt. Links liegt unterirdisch das »Centro Comercial de Alvalade«, eines der Einkaufszentren mit Boutiquen, Kino, Snackbars, die in den letzten Jahren wie die Pilze aus dem Boden zu schießen scheinen. Ein Schaufensterbummel am Spätnachmittag in einem dieser Zentren, die auch sonntags geöffnet sind, gehört bereits zu den typischen Wochenendbeschäftigungen.

Mit der Metro ist man von hier aus in wenigen Minuten zurück in der Innenstadt.

Dreizehnter Spaziergang
Belém – Steinerne Zeugen des »Goldenen Zeitalters«
Praça Afonso de Albuquerque – Rua Vieira Portuense – Travessa da Praça – Rua de Belém – Largo dos Jerónimos – (Calçada do Galvão – Largo da Memória – Calçada do Galvão –) Praça do Império – Doca de Belém – Avenida de Brasília – Doca do Bom Sucesso – Torre de Belém

Am westlichen Stadtrand, dem Tejo zugewandt, liegt das geschichtsträchtige ehemals selbständige Belém (portugiesisch für Bethlehem), ein Viertel, das erst seit 1885 formal zur Landeshauptstadt gehört. Belém – das ist die Heimat der bekanntesten Postkartenmotive Lissabons, ein Lieblingskind der Touristen und der frisch getrauten Brautpaare, die sich im Kreuzgang des berühmten Hieronymus-Klosters die (imaginäre) Tür in die Hand geben, der Vorzeige-Stadtteil mit den meisten Sehenswürdigkeiten aus Portugals »Goldenem Zeitalter« der großen Könige und kühnen Seefahrer, ein Ort der historischen Vergewisserung in einer durch die Erdbebenkatastrophe des 18. Jh.s vieler altehrwürdiger Denkmäler beraubten Stadt. Belém – das sind aber auch fußballspielende Kinder, die sich um den millionenfach fotografierten manuelinischen Turm vor ihrer Nase keinen Deut kümmern, Sonntagsspaziergänger, die dem Lissabonner Straßenlärm entfliehen und sich mehr für die örtliche Zuckerbäckerei als für den Sarkophag des Nationaldichters Camões (S. 129) interessieren. Und der kräftige Wind tut ein übriges, musealen Staub fortzublasen.

Viele Wege führen nach Belém. Am Bahnhof Cais do Sodré nimmt man den Vorortzug nach Cascais und steigt an der Haltestelle Belém aus (Vorsicht: Schnellzüge halten nicht!), im Schatten des imposanten, 1905 errichteten Ziegelbaus des alten Wärmekraftwerks, für das sich heute die industrielle Archäologie als den idealen Rahmen des geplanten »Museu da Electricidade« interessiert. Man kann auch mit einer Straßenbahn der Linie 15, 16 oder 17 gemächlich hinauszukkeln (Abfahrt: Terreiro do Paço). Schneller geht es mit dem Bus (Linien 12, 14, 27, 28, 43, 49) oder Taxi.

Unser Rundgang beginnt an der **Praça Afonso de Albuquerque**, auf die sein Double in Bronze von einer pseudo-manuelinischen Säule (1902) herabschaut. Albuquerque, 1453 geboren, 1509 zum Vizekönig von Indien ernannt, 1515 in Ungnade gefallen und gestorben, spielte eine entscheidende Rolle beim Aufbau des portugiesischen Handelsreiches, für das er wichtige Stützpunkte wie Hormus im Persischen Golf, das malaiische Malakka und Goa (Indien) eroberte. Den Rücken dreht Albuquerque dem **Palácio de Belém** zu. In der ehemaligen Reithalle des Palastes, den João V. 1726 in Auftrag gab, ist das berühmte Kutschenmuseum – **Museu Nacional dos Coches** (22) untergebracht, dessen Schätze sich ein Lissabon-Besucher nicht entgehen lassen sollte. Im Palast selbst, der im 19. Jh. ziemlich radikal umgebaut wurde, wohnt heute der Präsident der Republik – daher die Wachen am Tor (Wachablösung jeden 3. Sonntag im Monat um 11 Uhr). Den Palast des Staatspräsidenten kann man zwar nicht besuchen, wohl aber den Saal im nahen **Palácio da Ajuda** (24), in dem er bisweilen Bankette gibt. (Man erreicht ihn über die von der Westseite des Platzes steil ansteigende **Calçada da Ajuda**.)

Wir verlassen den Platz über die **Rua Vieira Portuense**, die parallel zur Hauptstraße mit den Straßenbahngleisen verläuft. Hier haben ein paar Wohnhäuser aus dem 16. / 17. Jh. überlebt, schmalbrüstig, bescheiden und tapfer. Am Ende der Straße führt die **Travessa da Praça** nach rechts auf die **Rua de Belém**. Man steht direkt vor der altmodischen, labyrinthischen, lebhaften »Confeitaria dos Pastéis de Belém«, die seit 1837 nach einem Geheimrezept kleine cremegefüllte Törtchen backt – eben die *pastéis de Belém* –, die ordentlich mit Zimt und Puderzucker bestreut werden wollen. Nach einer Fa-

Das Westportal des Hieronymus-Klosters in Belém

milienüberlieferung soll der Firmengründer einen Klosterkoch – die Klosterküchen waren für Süßspeisen und Backwerk berühmt – angeworben haben, der 1834 mit der Säkularisierung arbeitslos geworden war.

An der Rua de Belém, Nr. 118, zweigt eine kleine Sackgasse ab: der **Chão Salgado** (Salzerde). Hier standen früher die Häuser der Grafen von Aveiro, die wie die Távoras (S. 24) in das Attentat auf König José I. verwickelt waren. Pombal ließ die Gebäude abreißen und den Boden salzen, d. h. unfruchtbar machen. Nie wieder sollte auf dieser fluchbeladenen Erde gebaut werden – was die Lissabonner allerdings schon hundert Jahre später wieder vergessen hatten. Nur eine Steinsäule erinnert noch an die Geschichte, die heute fast niemand mehr kennt. Das mißglückte Attentat selbst fand 1758 ganz in der Nähe statt, am Largo da Memória. Als Vorwand diente eine Affäre, die der König mit einer Távora hatte – oder gern gehabt hätte –, was wiederum ihrer Familie nicht paßte. Minister Pombal mag sich nach dem Vorfall im stillen die Hände gerieben haben, hatte er nun doch eine Handhabe gegen den Adel. Der allgewaltige Staatsmann liegt übrigens in der nahen, 1760 auf königlichen Wunsch erbauten Gedächtniskirche – **Igreja da Memória** – begraben (rechts der Calçada do Galvão).

Geradeaus kommt man über den **Largo dos Jerónimos** zum **Mosteiro dos Jerónimos**, dem Hieronymus-Kloster, ein Beispiel manuelinischer Baukunst par excellence und ein Muß für jeden Lissabon-Besucher. Ursprünglich lag das Kloster direkt am Wasser, doch allmählich verschob sich die Uferlinie. Im 19. Jh. wurde die stumme Zwiesprache der strengen langgestreckten Südfront mit dem Tejo durch den Hafenausbau endgültig unterbrochen. Schon Heinrich der Seefahrer hatte hier einst am Strand eine Kapelle gestiftet, in der ein halbes Jahrhundert später Vasco da Gama um günstige Winde betete, bevor er auf der Suche nach dem Seeweg nach Indien zur Expedition in noch unbekannte Ozeane aufbrach. Nach geglückter Fahrt, sechs Jahre später, beauftragte König Manuel seine besten Baumeister, an der gleichen Stelle ein mächtiges Kloster zu errichten, um diese Entdeckung zu feiern. Boytac, vermutlich ein gebürtiger Franzose, leitete die Arbeiten von 1502 bis 1516. Der von ihm entworfene Grundriß folgt den Modellen der europäischen Spätgotik, doch seine Formensprache ist im Detail ganz manuelinisch: Da finden sich Taue und Knoten, Wappen, symmetrische Arabesken und die Armillarsphäre (ein astronomisches Gerät, das König Manuel zu seinem Emblem wählte). Als 1516 der Spanier João de Castilho die Bauleitung übernimmt, lassen sich in zunehmendem Maße platereske Schmuckmotive und Renaissance-Einflüsse beobachten. Das von ihm entworfene Südportal hebt sich vor der schweren Baumasse wie feine Filigranarbeit ab. Den Mittelpfeiler dieses Eingangs schmückt eine Statue Heinrich des Seefahrers, während das von Boytac konzipierte Westportal von Nicolas Chanterène mit Skulpturen im feinsten Renaissance-Stil seiner französischen Heimat bevölkert wurde, darunter dem knieenden König Manuel links und der Königin Maria rechts des Tores. Im Innern überzog Castilho die achteckigen Pfeiler der dreischiffigen Hallenkirche, die sich wie Palmen zum kühnen Netzgewölbe öffnen, von oben bis unten mit feiner Ornamentik wie mit einer Spitze. Hier stehen die Sarkophage Vasco da Gamas und des Kinderkönigs Sebastião (S. 22) sowie das (leere) Grab des Dichters Camões; hier ruht seit 1985 auch der Dichter Fernando Pessoa (S. 133). Nur der streng manieristische Chor, im späten 16. Jh. von Diego de Torralva entworfen, stört mit seiner kalt wirkenden, mehrfarbigen Marmordecke etwas den sonst geschlossenen Gesamteindruck. Der berühmte, üppig verzierte und doch leicht wirkende Kreuzgang, der sich an die Kirche anschließt, ist ebenfalls nicht aus einem Guß entstanden: Boytac schuf das Erdgeschoß mit dem Kreuzrippengewölbe, João de Castilho setzte ein weiteres Stockwerk darauf. Die beiden Bauabschnitte verbinden sich dennoch zu vollendeter Harmonie, deren Wirkung man sich nur schwer entziehen kann.

Im Südflügel des Klosters ist heute das **Museu Nacional de Arqueologia e Etnologia** mit seinen ethnographischen und archäologischen Schätzen untergebracht, im Nord- und Westflügel das **Museu da Marinha** (20). Daran schließt sich das **Gulbenkian-Planetarium** an. Oberhalb des Klosters liegt an der Avenida Ilha da Madeira das 1985 eröffnete **Museu de Etnologia** (18 A).

Obwohl schon im 16. Jh. Bauten in unmittelbarer Klosternähe untersagt waren, wurde dieses Verbot im Laufe der Jahrhunderte immer wieder übertreten. Zuletzt 1980/81 vom Lissabonner Bürgermeister Abecassis höchstpersönlich, der von einem Vergnügungspark vor den Klostertoren träumte. Dank lautstarker Proteste kam dieses Projekt jedoch nicht über ein paar Baracken hinaus. 1940 hatte man schon einmal mit dem Abbruch störender (und illegaler) Nachbarhäuser begonnen – allerdings nicht aus Gründen des Denkmalschutzes, sondern um Platz zu schaffen für eine eher muffige »Portugiesische Weltausstellung«, mit der das Salazar-Regime den 300. Jahrestag der Vertreibung der Spanier 1640 feierte. Die offizielle Propaganda schwelgte in heroischer Vergangenheit, unter dem Motto »Den Toten ein Denkmal, den Lebenden eine Lektion«. Die angeblich überaus seetüchtige Karavelle, die damals in Erinnerung an das goldene Zeitalter der Entdeckungsfahrten gebaut wurde, war allerdings kein Ruhmesblatt in der Geschichte eines Volks von Seefahrern: Sie kenterte bereits beim Stapellauf ...

Die Brunnenanlage der **Praça do Império** gegenüber dem Kloster ist gleich doppelt mit Wappen portugiesischer Städte geschmückt: in grauem Stein und grünem Buchsbaum. Durch eine ziemlich verwahrloste und unbehagliche Unterführung kommt man von hier aus zur **Doca de Belém**, wo das monumentale »Denkmal der Entdeckungen« – **Padrão dos Descobrimentos** – pathetisch aufs Meer hinausweist. Das in der üblichen Gigantomanie des Regimes ausgeführte Monument wurde 1960 anläßlich der Feier des 500. Todestages Heinrichs des Seefahrers enthüllt. Auf einem symbolisierten Schiffsbug haben sich in Überlebensgröße Figuren aus dem Entdeckungszeitalter versammelt, allen voran der seefahrende Infant. Vor dem Denkmal ist eine Marmor-Windrose mit 50 m Durchmesser in den Boden eingelassen – ein Geschenk der Republik Südafrika.

Hinter dem Wasserbecken liegt das **Museu de Arte Popular** (16) in einem von der Weltausstellung übriggebliebenen Bau, das einen Einblick in das andere, das bäuerliche Portugal erlaubt. Daneben die **Galeria Nacional de Arte Moderna**, die im Sommer 1981 ausbrannte, als dort über tausend Grafiken für eine internationale Ausstellung lagerten. An der Rückseite des Museumsgebäudes treffen sich am Tejo Angler und Spaziergänger. Da werden Sardinen gegrillt, ein VW-Bus mit bunten Postkarten und bedruckten T-Shirts wartet auf Touristen, und ein paar Lissabonner frönen ihrem Sonntagsvergnügen: an den Tejo zu fahren, aber beileibe nicht auszusteigen. Der Mann liest Zeitung, die Frau häkelt oder strickt, und wenn nicht gerade Hochsommer ist, bleiben alle Fenster zu.

Wegen des Flottenkommandos, das hier über die Verteidigung des

Lissabonner Hafens wacht, muß man zur **Avenida de Brasília** zurück, um die **Doca do Bom Sucesso** zu erreichen. Dort dümpeln im kleinen Jachthafen die Boote. Ein abstrahierendes Flügelpaar (1931) erinnert an die Überquerung des Südatlantiks im Jahr 1922 durch die Flieger Gago Coutinho und Sacadura Cabral. Und schließlich, last but not least, wartet hier das zweite manuelinische Kleinod am Ort auf Bewunderer: die **Torre de Belém**, inoffizielles Wahrzeichen und meistfotografierter Bau Lissabons. Der innen schlichte und außen reichverzierte vierstöckige Turm und das dem Tejo zugewandte sechseckige Bollwerk wurden 1515 vom Festungsbaumeister Francisco de Arruda für König Manuel auf einer kleinen, damals noch dem Ufer vorgelagerten Insel errichtet. Verschiedenartigste Einflüsse vermischen sich, ohne sich aneinander zu reiben: gotische Spitzbögen an den Portalen, venezianisch inspirierte Balkone im zweiten Turmgeschoß, byzantinische Kuppeln und in Marokko gesehene runde Wachttürmchen an den Ecken der Turmterrasse und des Bollwerks, und das alles mit steinernen Tauen umwunden, mit der Sphärenkugel, dem Christusritterwappen, mit Seesternen und Korallen geschmückt. Auf der zum Fluß hin vorspringenden Schauseite hat Arruda auf der Kante unter dem vorderen rechten Türmchen ein Rhinozeros in Stein gehauen. Sein Modell – das erste Rhinozeros, das man in Europa gesehen hatte – war König Manuel von einem indischen Fürsten geschenkt worden. Der König wollte es Papst Leo X. vermachen, und so trat es auf einem mit Silber und Gewürzen beladenen Schiff die Fahrt nach Italien an. Doch im Golf von Genua kam ein Sturm auf, das Schiff sank, und das kostbare Rhinozeros wurde tot an Land getrieben. Der Papst bekam sein Geschenk aber doch noch: ausgestopft ...

Nach einem letzten Blick auf die wohl jedem Betrachter unvergeßliche Szenerie schlendert man die Avenida de Brasília zum Ausgangspunkt des Belém-Rundgangs zurück. Man kann auch mit dem Bus (Nr. 43) oder der Straßenbahn (Nr. 15 und 16) direkt zur Lissabonner Stadtmitte zurückfahren. Die Haltestelle liegt in der nahen Rua Bartolomeu Dias, einer Parallelstraße oberhalb der Schnellstraße, die man über den Bahnübergang und die Avenida da Torre de Belém erreicht.

Sehenswertes

Die Ziffer hinter einem Stichwort ist identisch mit der Nummer in den Stadtplänen S. 34/35 bzw. S. 84/85

Aqueduto das Águas Livres (1)

18 km weit, bis nach Caneças im Nordwesten der Stadt, mußten die Techniker des 18. Jahrhunderts gehen, um die Wasserversorgung Lissabons sicherzustellen. Ein aufwendiges Leitungssystem wurde notwendig, um das Wasser in die Stadt zu leiten. Während König João V. brasilianisches Gold in Kirchen und Klöster steckte, wurde der Aquädukt mit dem *Real d'água* (Wassertaler) finanziert, einer Sondersteuer auf Fleisch, Wein und Olivenöl. 1732 begannen 20 Steinmetze mit der Arbeit, unter der Leitung eines italienischen Architekten, den bald darauf ein portugiesisches Team unter Manuel da Maia ablöste. Der eigentliche, knapp 1 km lange Aquädukt überspannt mit 35 bis zu 65 m hohen Bögen das Alcântara-Tal zwischen dem Alto da Serafina und Campolide. Er endet an der Praça das Amoreiras mit dem Triumphbogen von 1752 und der Mãe d'Água (Wasserreservoir) nach Plänen von Mardel. Von der Fertigstellung 1748 bis zum Jahr 1880 deckte Lissabon fast seinen gesamten Wasserbedarf über den Aquädukt, der das Erdbeben 1755 dank seiner soliden Bauweise und des festen Untergrundes unbeschädigt überstand. Im 19. Jh. war er noch begehbar, wenn auch nicht immer sicher: Hier lauerte der berüchtigte Straßenräuber Diogo Alves Passanten auf, die diesen bequemen Abkürzungsweg benutzten – bis man ihn 1841 hängte.

Das Bairro da Liberdade (Viertel der Freiheit) an der Westseite des Aquäduktes ist eine illegal entstandene Siedlung, die trotz der 1978 eingerichteten Polizeiwache als *off limits* gilt. Fotografieren sollte man dort auf keinen Fall – wer womöglich polizeilich gesucht wird,

Der Aqueduto das Águas Livres

hat das nicht so gern. Sogar das portugiesische Fernsehen, das eine Reportage über das Viertel drehen wollte, bekam bei den Aufnahmen Schwierigkeiten.

Straßenbahnlinien (Richtung Amoreiras): 24, 25, 26, 29, 30; Buslinien 15 (Richtung Amoreiras) und 13, 20 (nach Campolide / Bairro da Serafina)

Basílica da Estrela (2)
Praça da Estrela

Die unglückliche Königin Maria I., die später geistig umnachtet in Rio de Janeiro starb, stiftete die Basílica do Coração de Jesus (Herz-Jesu-Basilika) – so der offizielle Name – zum Dank für die Geburt eines Sohnes. 1776 wurde der Grundstein gelegt. Nach dem Tod des Architekten Mateus Vicente, 1786, änderte der Nachfolger Reinaldo Manuel die ursprünglichen Pläne ab und unterstrich die klassizistischen Tendenzen. Dennoch bewahrt die kuppelgekrönte, erstaunlich leicht wirkende Kirche eine überraschende Einheit – nicht umsonst kamen die verantwortlichen Künstler alle aus der Schule von Mafra (S. 164). Der Stil mit seinen Barockreminiszenzen läßt sich bereits als eine höfische Reaktion auf die Nüchternheit und Strenge des bürgerlichen Pombalismus interpretieren. Der Sarkophag mit den Gebeinen der königlichen Stifterin, die später in die Kirche überführt wurden, steht im rechten Querschiff; in der Sakristei ruht ihr Beichtvater.

Im Nebenraum hinter der Königin (fragen Sie den Kirchendiener nach dem *presépio*) ist eine Krippe mit gut 500 Figuren zu bewundern. Sie wird dem Bildhauer Machado de Castro zugeschrieben, der mit seinen Schülern auch die meisten Statuen in der Basilika schuf. Hier läßt er rund um die Heilige Familie Tänzer und Musikanten, einen Narren und eine Wäscherin, Engel und Soldaten auftreten. Die Weisen aus dem Morgenland und eine ganze Schenke vervollständigen den plastischen Bilderbogen.

Geöffnet: 8–13 und 15.30–20 Uhr. Straßenbahnlinien: 25, 26, 28, 29, 30; Buslinien: 9, 20, 22, 38, 55

Casa dos Bicos (3)
Rua dos Bacalhoeiros

Brás de Albuquerque – unehelicher Sohn des bedeutenden Vizekönigs von Indien, Afonso de Albuquerque – wollte Anfang des 16. Jahrhunderts ein Wohnhaus nach neuesten Renaissance-Modellen besitzen. Daraus entstand die Casa dos Bicos, das »Haus der Spitzen«, dessen Fassade mit Quadersteinen besetzt ist, die die Form von spitz zugeschliffenen Diamanten aufweisen. Eindrucksvoll und auch ein wenig abweisend, wirkt der Stadtpalast dadurch wie mit Stacheln bewehrt. Das Erdbeben von 1755 zerstörte dann die beiden oberen Stockwerke, während die beiden unteren unversehrt blieben. Sie wurden bald darauf von den benachbarten Stockfischhändlern als Lagerraum genutzt. Um 1970 erwarb die Stadt das Gebäude für ein geplantes, bis heute jedoch nicht verwirklichtes Indienmuseum. Nachdem das Denkmalschutzamt eine Rekonstruktion der beiden fehlenden Stockwerke dreimal untersagt hatte, erteilte das Kultusministerium 1982 dem heftig umstrittenen Projekt überraschend die Genehmigung: Nach einer alten Azulejo-Vorlage wurde die Fassade rekonstruiert, wobei für die Fensterrahmen allerdings Metall statt Stein verwendet wurde. Der Innenraum wurde »entkernt« und neu gestaltet, und aus der Rückwand machte man ein Riesenschaufenster. Vor Baubeginn hatte man den Archäologen knappe sechs Monate für Ausgrabungsarbeiten eingeräumt, in denen sie u. a. auf eine Sammlung voller Flaschen stießen – den vergessenen Weinkeller der Albuquerques?

Castelo de São Jorge (4)
Rua do Chão da Feira

Auf dem Burghügel über dem Tejo siedelten bereits Römer, Westgoten und Araber, bevor hier die mittelalterliche, dem Hl. Georg geweihte Festung mit ihren 10 quadratischen Türmen errichtet wurde, in der jahrhundertelang die christlichen Könige des Landes residierten. Auf der Burg schlug aber auch die Geburtsstunde des portugiesischen Theaters, als Gil Vicente 1502 vor Manuel I. sein erstes Versdrama, den »Monolog des Kuhhirten«, rezitierte; hier wurde Vasco da Gama 1503 nach seiner triumphalen Rückkehr aus Indien vom König empfangen. Nachdem König Manuel wenige Jahre später in den neuen Palast am Tejo gezogen war, stand die Burg leer – nur Sebastião, der in seinem romantischen Wahn befangene letzte Avis-König, benutzte sie noch einmal als Residenz. Nach 1640 diente sie als Militärgarnison und Zuchthaus. Nach dem Erdbeben, 1755, blieben von den stolzen Mauern nur wenige Reste stehen. Erst 1938–40 ließ Salazar, der die nationale Vergangenheit verherrlichte (und verfälschte), Restaurationsarbeiten an der Burg vornehmen, die seitdem in neuem, wenn auch nicht immer originalgetreuem Glanz erstrahlt.
Buslinie: 37

Convento da Madre de Deus (5)
Rua da Madre de Deus – Xabregas

Ein Kleinod in Blau-Weiß-Gold am Rande des Lissabonner Industriegürtels ist das alte Clarissinnen-Kloster Madre de Deus, 1509 von König Manuels Schwester Leonor gegründet. Seit diesen Tagen hat es allerdings erhebliche architektonische Veränderungen erfahren. Nach dem Erdbeben von 1755 wurden weitreichende Umbauten durchgeführt, der Innenraum mit Azulejos verkleidet, die Gemälde aus dem 16. und 18. Jh. mit vergoldeter Holzschnitzerei umrahmt, die fast jedes freie Fleckchen ausfüllt. Das manuelinisch wirkende Kirchenportal wurde 1872 nach der Vorlage eines alten Altarbildes geschaffen. Wirklich manuelinisch ist dagegen ein kleiner, intimer Kreuzgang von 1540. In den Nebenräumen wurde das Museu do Azulejo eingerichtet – ein erster Versuch, die Entwicklung der glasierten bunten Wandfliesen durch die Jahrhunderte zu dokumentieren. Diese maurische Technik der Kachelherstellung gelangte im 15. Jh. über Spanien nach Portugal, wo sie bald Fuß faßte und die heimische Produktion die Importe aus Sevilla, aus italienischen Majolika-Manufakturen und aus Holland gegen Ende des 16. Jahrhunderts allmählich verdrängte. Bei der Dekoration von Innenräumen übernahmen im 17. Jh. naturalistische oder geometrisch stilisierte Azulejos in Blau-Weiß-Gelb oder Blau-Weiß-Grün zunehmend die dekorative Rolle der unerschwinglich gewordenen flandrischen Tapisserien. Bald schwelgte man zusätzlich in den Farben Violett, Braun und Rosa. Unter dem Einfluß des damals bekannt werdenden chinesischen Porzellans und der Delfter Fayencen wurde die Palette um 1690 auf Kobaltblau und Weiß reduziert. Die eigentliche Blütezeit der portugiesischen Azulejos war aber das 18. Jh., als man mit den bunten Fliesen große Wandbilder komponierte, aber auch Korridore, Treppenhäuser, Küchen mit breiten Friesen schmückte. Aus dieser Zeit stammt die 21 m breite Gesamtansicht Lissabons, die sich im Besitz des Museums befindet. Erst um 1755 kehrten die Azulejo-Maler zur Mehrfarbigkeit zurück. Die entzückenden sieben Tafeln mit Szenen aus dem Leben des Hutmachers António Joaquim Carneiro, die ebenfalls im Museum zu bewundern sind, sind ein Werk des frühen 19. Jahrhunderts. Aus Brasilien kam um 1860 ein neuer Azulejotyp, der die Verkleidung ganzer Fassaden ermöglichte; Rafael Bordalo Pinheiro führte um 1890 Jugendstilmotive ein. Nach der Art Déco-Phase verloren die Azulejos um 1930 zunehmend an Bedeutung. Erst in den 50er Jahren kam es zu einer Rückbesinnung auf die jahrhundertealte Tradition.

Geöffnet: Dienstags bis sonntags 10–17 Uhr. Eintritt frei. Straßenbahnlinien: 3, 16, 27; Buslinien: 13, 18, 42

Elevador do Carmo (6)
Rua do Ouro – Largo do Carmo

Der kuriose Fahrstuhl, der Baixa und Chiado verbindet, wurde am 31. August 1901 eröffnet, am gleichen Tag, an dem auch die erste elektrische Straßenbahn vom Terreiro do Paço nach Belém fuhr. Der Elevador wird oft fälschlich dem berühmten französischen Ingenieur Alexandre Gustave Eiffel zugeschrieben, ein Gerücht, das die Lissabonner wohl selbst in die Welt gesetzt haben – aus Neid auf die ewige Rivalin Porto mit ihrer von Eiffel erbauten Brücke? Der Lift jedenfalls ist ein Produkt des französischen Ingenieurs Raoul Mesnier de Ponsard. Er überwindet einen Höhenunterschied von 31,92 m und transportiert in seinen zwei holzgetäfelten Kabinen je 25 Passagiere (Fahrgeld möglichst abgezählt bereithalten!). Eine Galerie, von der man einen schönen Blick auf die Stadt hat, führt von der Hochstation zum Largo do Carmo.

Gare Marítima de Alcântara (7)
Gare Marítima da Rocha do Conde de Óbidos (8)
Die beiden Seebahnhöfe im Westen des Stadtzentrums – Visitenkarten des Landes aus einer Zeit, als noch lebhafter Schiffsverkehr mit den damaligen Kolonien bzw. Überseeprovinzen bestand – wurden um 1940 von Pardal Monteiro in einem gemäßigt modernistischen Stil entworfen. Die Gare Marítima de Alcântara ist heute praktisch stillgelegt (mit Ausnahme des Restaurants mit Hafenblick); der Passagierverkehr zu Wasser wird fast ausschließlich über die Gare Marítima da Rocha abgewickelt.
Der Maler Almada Negreiros (1893–1970), *enfant terrible* der 20er Jahre, der inzwischen ein paar Prestige-Aufträge erfolgreich absolviert hatte (u. a. Igreja de Fátima), durfte den ersten Stock der Gare de Alcântara mit acht Fresken ausmalen: So entstanden die Heimatallegorie mit einer ländlichen Szene, das vom Tejo aus gesehene Lissabon-Triptychon, eine Darstellung von Dom Fuas Roupinho, den die Jungfrau Maria auf einer Hirschjagd bei dem Fischerstädtchen Nazaré vor dem Absturz von einer Felsklippe bewahrt haben soll, und ein Triptychon zum Volkslied »Lá vem a nau Catrineta que tem muito que contar« (Da kommt das Schiff Catrineta, das viel zu er-

zählen hat), das Erfahrungen aus den Entdeckungsfahrten verarbeitete. Die Fresken von 1945 – halb naturalistisch, halb stilisiert, in einem fast etwas süßlichen Ton –, waren ein voller Erfolg, und so überließ man Almada Negreiros auch die Ausmalung der Gare da Rocha. Doch dort enttäuschte er sein Publikum: In einem völlig neuen, kubistisch inspirierten Stil gestaltete er zwei bunte und dennoch nicht fröhliche, streng durchkonstruierte Triptychen, aus denen die Einsamkeit und Isolierung des einzelnen in der Menge spricht. Das eine Fresko zeigt einen nicht gerade vergnüglichen Lissabonner Sonntag; das andere ein Auswandererschiff. Die Behörden hätten die Fresken am liebsten wegen »exzessiver Modernität« beseitigt. Heute sprechen die Kritiker von einem Meisterwerk portugiesischer Malerei des 20. Jahrhunderts, das auf seine Weise an den Begründer der portugiesischen Malerschule, Nuno Gonçalves (15. Jh.), anknüpft, den Almada bewunderte und ausführlich studiert hatte.

Eintrittsgebühr (frei nur für Passagiere). Buslinien: 14, 28, 32, 43 (bis zur Avenida da India bzw. Avenida 24 de Julho)

Igreja do Carmo (9)
Largo do Carmo

Die Igreja do Carmo, einst das größte Gotteshaus Lissabons, geht auf den unruhigen Ausgang des 13. Jahrhunderts zurück, als sich Spanien zur Machtübernahme in Portugal rüstete. Wie König João I., so hatte auch sein Waffengefährte Nuno Álvares Pereira vor der entscheidenden Schlacht in Aljubarrota ein Gelübde geleistet und bei günstigem Ausgang des Gefechts den Bau einer Kirche gelobt. Die Spanier wurden besiegt: João I. baute seine Kirche in Batalha (ca. 100 km nördlich der Hauptstadt), Nuno Álvares Pereira stiftete das Karmeliterkloster in Lissabon, in das er sich 1415 zurückzog und wo er 1431 starb.

Das Erdbeben von 1755 richtete schwere Schäden an dem Kloster an, und obwohl man mehrmals daran gedacht hatte, die einzige rein gotische Kirche Lissabons zu restaurieren, wurde nie etwas daraus. Die eindrucksvolle Ruine diente mal als Friedhof, mal als Müllgrube, mal als Reitstall der Guarda Municipal, bis 1857 ein kleines

archäologisches Museum darin eingerichtet wurde. Zu sehen gibt es römische, arabische, hebräische und mittelalterliche Grabsteine, Wappen und Inschriften. Das schönste Stück ist das Fragment eines westgotischen Marmorpfeilers mit stilisierten Pflanzenmotiven und Greifen.
Geöffnet: Dienstags bis sonntags 10–13 und 14–17 Uhr. Eintrittsgebühr

Igreja da Conceição Velha (10)
Rua da Alfândega

Anstelle der heutigen Kirche der Unbefleckten Empfängnis erhob sich früher hier, in einem der drei Lissabonner Judenviertel, eine Synagoge. Auf Bitten seiner Schwester Leonor ließ König Manuel Anfang des 16. Jahrhunderts eine Kirche errichten, deren Baumeister aus der Schule des Hieronymus-Klosters in Belém kamen. 1755 wurde das gesamte Gotteshaus vom Erdbeben zerstört, mit Ausnahme des reichdekorierten Seitenportals, das man beim Wiederaufbau der Kirche für den Haupteingang verwendete. Das Tympanon zeigt unter anderen Figuren die königlichen Geschwister.

Igreja de Fátima (11)
Av. Marquês de Tomar

Eine Fabrikhalle mit Kirchturm, meinten die Kritiker verächtlich, als sie zum erstenmal mit diesem ungewöhnlichen Beispiel religiöser Architektur konfrontiert wurden – bis schließlich der Patriarch von Lissabon zum Gegenangriff überging. Der meinte nämlich, wenn nicht alle die neue Kirche zu würdigen wüßten, so sei wohl die Frage erlaubt, ob das am Werk selbst oder etwa an der Verständnislosigkeit der Kritiker liege. Immerhin brachte der 1934–38 errichtete Bau seinem Architekten Pardal Monteiro, der damit einen Schlußpunkt unter den Modernismus setzt, den dritten Valmor-Preis ein. Almada Negreiros, der die Lissabonner einige Jahre zuvor mit seinen futuristischen Ideen schockiert hatte, entwarf die durchaus gemäßigten Glasfenster.
Buslinie: 56; Metro: Campo Pequeno oder Palhavã

Igreja do Sagrado Coração de Jesus (12)
Rua Camilo Castelo Branco, 4

In der 1962 geplanten, 1970 fertiggestellten Kirche verwendeten die
Architekten Nuno Teotónio Pereira und Nuno Portas den nackten
Stahlbeton als Gestaltungsmittel und nicht mehr als bloßes Konstruktionsmaterial, das verborgen werden muß. Damit bekannte
sich zum erstenmal seit der Igreja de Fátima (1938) wieder ein Kirchenbau bewußt zu seiner Zeit und gehorchte nicht mehr dem rück-
wärtsgewandten Ideenkatalog des »Neuen Staates« mit den zum
Scheitern verurteilten Wiederbelebungsversuchen der Romantik,
Gotik usw. Die Kirche gehört heute immer noch zu den wenigen
anspruchsvollen Beispielen moderner Architektur in Lissabon.
Metro: Rotunda

Igreja de São Roque (13)
Largo Trindade Coelho

Die manieristische Hallenkirche der Jesuiten wurde Ende des 16.
Jahrhunderts nach Plänen des Italieners Filippo Terzi erbaut. Die
erneuerte Fassade – die ursprüngliche wurde 1755 durch das Erdbeben zerstört – ist nüchtern und gradlinig. Nicht so das Innere, das
mit Gemälden, Marmor, Azulejos und barocken, *talha dourada* ge-
nannten, vergoldeten Holzschnitzereien überreich ausgestattet ist.
Glanzvoller Höhepunkt der Innengestaltung aber ist die letzte Seitenkapelle links, São João Batista (bitten Sie den Wärter, das Licht
einzuschalten!). João V. gab sie 1742 bei Luigi Vanvitelli in Italien in
Auftrag (die Entwürfe kann man im Museum San Martino in Neapel
sehen); 1747 kamen die Teile in Lissabon an, 1749 war das Puzzle
zusammengesetzt, 1750 wurde die Kapelle geweiht. Bezahlen ließ
sich ihre Pracht nur mit Hilfe brasilianischen Goldes. Die Johannes
dem Täufer geweihte Kapelle ist ein einzigartiges kleines Museum
der italienischen Kunst der damaligen Zeit, für deren Ausschmük-
kung nur bestes Material verwendet wurde: Carrara-Marmor für die
Engel, Lapislazuli für die Säulen, Achat und Amethyst, Edelhölzer,
Elfenbein, und Jaspis für die in Bronze eingefaßten Kassetten der
Decke. Der Leuchter ist ein Meisterwerk italienischer Goldschmie-

dekunst; die Mosaikbilder und der Mosaikfußboden wurden ebenfalls von italienischen Künstlern ausgeführt. Das angeschlossene Museum de São Roque präsentiert sakrale Kunst und Teile des wertvollen Kirchenschatzes.

Geöffnet: 10–17 Uhr. Montags geschlossen. Buslinie: 15; Straßenbahnlinien: 20, 24, 29, 30; Elevador da Gloria

Igreja de São Vicente de Fora (14)
Largo de São Vicente

Vor den Stadttoren, dort, wo die ausländischen Kreuzritter gelegen hatten, ließ Afonso Henriques nach der Rückgewinnung Lissabons von den Arabern eine der ersten Kirchen bauen. Dem Spanier Philipp II. war sie bald nicht mehr gut genug: Er ließ sie 1582 abreißen und erteilte Filippo Terzi den Auftrag für den manieristischen Neubau, den sich Lissabonner Kirchenbauer dann über ein Jahrhundert lang zum Vorbild nahmen. Der gebürtige Bologneser Terzi hatte seine Ausbildung in Pesaro erhalten, in Rom über Brücken und Straßen gewacht, war 1577 nach Portugal gekommen und hatte ein Jahr später an der Schlacht von Ksar el-Kebir teilgenommen, in der er prompt in Gefangenschaft geriet. Nach seiner Rückkehr führte er verschiedene Arbeiten für Philipp II. aus.

Trotz seiner monumentalen Maße ist der Bau der Vinzenz-Kirche gut gegliedert und ausgewogen. Der mit Marmor verkleidete Innenraum wirkt kühl, obwohl es der prunksüchtige João V. natürlich nicht lassen konnte, 150 Jahre nach der Einweihung einen seiner geliebten überladenen Barockaltäre darin aufstellen zu lassen. Von der ersten mittelalterlichen Kirche zeugen nur noch zwei Steintafeln in der Antoniuskapelle im Querschiff rechts: Die eine erinnert an Teresa Taveira, die Mutter des Heiligen, die andere an einen deutschen Kreuzritter namens Heinrich (Henrique Alemão).

Für die Besichtigung des angeschlossenen ehemaligen Augustinus-Klosters sollte man sich wegen der schönen Azulejos aus dem frühen 18. Jahrhundert ein wenig Zeit nehmen: In der Halle ist die Einnahme von Santarém und Lissabon sowie die Klostergründung mit liebenswerter Unbekümmertheit um die mindeste historische Treue festgehalten; im Kreuzgang konnten sich die Augustinermönche gar an

Illustrationen zu den Fabeln La Fontaines erfreuen. Über den Kreuzgang gelangt man zum Pantheon der Bragança-Könige, wo in schlichten steinernen Sarkophagen alle Mitglieder dieser Dynastie ruhen. Nur Maria I. liegt in ihrer eigenen Kirche, der Basílica da Estrela.

Geöffnet: Dienstags bis sonntags 9–13 und 15–19 Uhr. Montags geschlossen. Eintritt frei (außer Pantheon). Straßenbahnlinien: 10, 11, 28

Igreja-Panteão de Santa Engrácia (15)
Campo de Santa Clara

Santa Engrácia – im täglichen Sprachgebrauch ist dieser Name ein Synonym für eine Arbeit, die sich ewig hinzieht. Und das nicht ohne Grund: Am 15. Januar 1630 wurde die Sakristei der manuelinischen Santa Engrácia-Kirche aufgebrochen und es wurden die Hostien gestohlen. Der Verdacht fiel auf den jungen Juden Simão Pires Solis, der einer Nonne(!) des benachbarten Santa Clara-Klosters den Hof machte und deshalb kein stichhaltiges Alibi beibringen konnte. Während man die geschändete Kirche abriß, machte man Simão den Prozeß. Ein Jahr später wurde er zum Tode verurteilt. Als der junge Mann zur Strafvollstreckung geführt wurde, soll er gesagt haben, so wahr er unschuldig sei, solle die neue Kirche nie vollendet werden. Der Fluch erfüllte sich: Der alsbald in Angriff genommene Neubau der Kirche stürzte kurz vor der Fertigstellung ein; der zweite Versuch, 1682 begonnen, schleppte sich dahin und wurde erst in unserem Jahrhundert abgeschlossen. Läßt man die Auswirkungen des Fluchs einmal beiseite, so lag der Grund für das langsame Fortschreiten der Arbeiten wohl im Entwurf des Architekten João Antunes, der unter dem Einfluß des italienischen Barocks einen weiten, großzügigen Bau mit oktogonalem Grundriß geplant hatte. Die Baumeister wagten sich jedoch nicht an die große Kuppel, da sie befürchteten, daß die Mauern dieser Last nicht standhalten würden. Schließlich begann das Heeresarsenal, ausrangiertes Material in dem halbfertigen Gebäude zu lagern. Erst zum 40. Jahrestag des *Estado Novo*, 1962, wurde der Boden mit Marmor gefliest und endlich eine Kuppel aufgesetzt. Schließlich holte man ein paar Sarkophage von Dichtern und Präsidenten der Republik aus dem Hieronymus-Klo-

ster und erhob das ungeliebte Bauwerk 1966 zum »nationalen Pantheon«. Für den letzten Sarg in der Dichterecke fand sich bisher noch kein würdiger Toter – leer und namenlos steht er neben den anderen.
Geöffnet: 10–17 Uhr. Montags und an Feiertagen geschlossen. Eintritt frei.
Buslinie: 12

Museu de Arte Popular (16)
Avenida Brasília – Belém

Das Volkskunstmuseum, das jahrelang wegen Umbau geschlossen war, zeigt seit seiner Wiedereröffnung nach Provinzen geordnet die Kultur des ländlichen Portugal: Gerätschaften für Hausarbeit und Landwirtschaft, Stoffe und Spitzen, bemalte Tonteller und Tonfigürchen. Wer sich in Lissabons Souvenirläden auf die Suche nach guten Stücken inmitten touristischer Massenware machen will, kann hier seinen Geschmack schulen. Der tönerne »Hahn von Barcelos«, der einen inzwischen überall verfolgt, ob als silberner Anhänger, ob als Korkuntersetzer oder Flaschenstöpsel, darf dabei natürlich nicht fehlen. Er geht auf eine Legende zurück: In Barcelos, einem Städtchen in Nordportugal, wurde ein Unschuldiger zum Tode verurteilt. Auf sein inständiges Bitten hin führte man ihn noch einmal dem Richter vor, als dieser gerade gemütlich beim Mittagessen saß. Dem sagte der Verurteilte in seiner Verzweiflung, zum Beweis seiner Unschuld werde sich der gebratene Hahn vom Teller des Richters erheben und krähen – was dann wundersamerweise auch geschah und zu einem Happy-End des Prozesses führte.
Geöffnet: Täglich außer montags 10–12.30 und 14–17 Uhr. Eintrittsgebühr. Sonntags und an Feiertagen Eintritt frei. Straßenbahnlinien: 15, 16, 17; Buslinien: 12, 29, 43

Museu Calouste Gulbenkian (17)
Avenida de Berna

1942 stieg im Hotel Aviz ein millionenschwerer Gast ab: Calouste Gulbenkian, passionierter Kunstsammler, auch »Mr. 5 %« genannt, wobei die Prozente für seine Beteiligungen an Ölgesellschaften standen. Der Armenier mit dem britischen Paß und Pariser Wohnsitz hatte sich vor den deutschen Truppen nach Lissabon zurückgezogen, wo er dann bis zu seinem Tode, 1955, blieb.

1969 wurde das Museum für seine Sammlung fertig, eines der schönsten der Stadt. Allein schon die Gemäldeabteilung erscheint wie ein kleiner Katalog europäischer Kunstgeschichte, in dem große Namen mit wenigen, aber ausgesuchten Stücken beispielhaft vertreten sind – angefangen bei Stefan Lochner und Rogier van der Weyden über Ghirlandaio, Rubens und Rembrandt, Frans Hals, Guardi, Gainsborough und Turner bis zu Corot, Monet und seine impressionistischen Kollegen; nicht zu vergessen ein Extrasaal mit Jugendstilvasen und Jugendstilschmuck von René Lalique (zum Teil Auftragsarbeiten für Gulbenkian). Auch Jean-Antoine Houdons Diana-Statue, die einmal Katharina von Rußland gehörte, ist hier zu bewundern, und schaut man zwischendurch aus dem Fenster, meint man auf ein impressionistisches Gemälde zu blicken; am Grashügel vor dem fernöstlich inspirierten Bachlauf sitzen Studenten in der Sonne, schwatzen, lesen, träumen. Dazu paßt die außereuropäische Abteilung mit chinesischem Porzellan, japanischen Farbholzschnitten, persischen Teppichen, türkischen Kacheln, altägyptischen Skulpturen, griechischen Münzen und vielem mehr. Regelmäßig werden Sonderausstellungen veranstaltet. 1983 wurde ein Zentrum für moderne Kunst eröffnet (Centro de Arte Moderna; Eingang in der Rua Dr. Nicolau de Bettencourt an der Westseite des Parks. Einen Besuch verdient übrigens auch die ganz hervorragende Cafeteria des CAM.)

Die testamentarisch errichtete Gulbenkian-Stiftung besteht aber nicht nur aus dem Museum und seinen Ausstellungen: Mit ihrem beträchtlichen Vermögen ist sie ein kleiner mächtiger Staat im Staate, der oft an Stellen einspringt, wo man es eigentlich von der öffentlichen Hand erwartet. Aus dem kulturellen Leben der Stadt ist die Stiftung nicht mehr wegzudenken: Sie vergibt Stipendien, veranstaltet Konzerte, Filmretrospektiven, Kurse, wissenschaftliche Tagungen und finanziert karitative Hilfeleistungen.

Öffnungszeiten: Dienstags bis sonntags 10–17 Uhr. Montags und an Feiertagen geschlossen. Vom 1. Juli bis 31. Okt. mittwochs und samstags bis 19.30 Uhr geöffnet, an Wochenenden Eintritt frei. Metro: Palhavã

Museu da Cidade (18)
Palácio do Pimenta – Campo Grande

João V. baute um 1740 für seine Geliebte Madre Paula – eine Nonne aus dem Kloster im nördlichen Vorort Odivelas, die ihm auch einen Sohn gebar – einen der schönsten Lissabonner Landsitze, der im Innern mit Azulejos ausgeschmückt ist. Seinen heutigen Namen verdankt der Palast Joaquim Pimenta, einem späteren Besitzer. 1962 wurde das Gebäude von der Stadt erworben, die darin das Stadtmuseum einrichtete. Stadtpläne, alte Stiche, Gemälde und fliegende Blätter dokumentieren das sich wandelnde Gesicht Lissabons und halten besondere Ereignisse in seiner langen Geschichte fest, wobei das Erdbeben von 1755 und die Reaktion darauf in ganz Europa einen breiten Raum einnimmt.
Öffnungszeiten: Dienstags bis sonntags 14–18 Uhr. Montags und an Feiertagen geschlossen. Eintritt frei. Buslinien: 1, 7, 33, 36, 50

Museu de Etnologia (18 A)
Avenida Ilha da Madeira – Restelo

In den 50er Jahren begann eine Freundesgruppe um Jorge Dias, der in Deutschland Völkerkunde studiert hatte, mit einer systematischen Bestandsaufnahme portugiesischer Ethnographie, die den Grundstock für das 1965 gegründete Museum bildete. 1975 wurde für die reiche Sammlung ein moderner Flachbau oberhalb des Hieronymus-Klosters (hinter dem Restelo-Fußballstadion) erbaut, der jedoch wegen Personalmangel erst 1985 eröffnet werden konnte. Neben Portugal bildet Schwarzafrika den Schwerpunkt der thematisch orientierten Wechselausstellungen; doch auch das Amazonasgebiet, Timor, Indonesien und Macao sind gut vertreten.
Geöffnet: Dienstags bis sonntags 10–12.30 und 14–17 Uhr. Montags und feiertags geschlossen. Eintritt frei. Buslinien: 28, 32 und 49

Museu Instrumental do Conservatório Nacional (19)
Biblioteca Nacional – Campo Grande

Nach diversen Umzügen stellt das Museum des Konservatoriums
einen Teil seiner etwa 500 Musikinstrumente umfassenden Sammlung z. Zt. in einem viel zu kleinen Saal im ersten Stock der Nationalbibliothek mehr schlecht als recht aus – ein Umzug ist jedoch seit
langem geplant. Den Hauptbestand bilden europäische Instrumente
seit dem 16. Jh., angefangen von der verwirrenden Welt alter Saiten-
instrumente wie Psalterium und Drehleier, Chitarrone und Viola
d'amore bis zu einer seltenen Oboe des Leipziger Instrumentenbau-
ers Johann Heinrich Eichentopf (18. Jh.) und dem Flügel, den Franz
Liszt für ein Konzert mitbrachte. Ein paar Volksmusikinstrumente
sind auch vertreten, vom Adufe, einer Art quadratischem Tambo-
rin, bis zum Cavaquinho, einer etwa 50 cm langen Gitarre.
Geöffnet: Montags bis freitags 10–13 und 14–17.30 Uhr. An Wochenenden
und feiertags geschlossen. Eintritt frei. Metro: Entrecampos

Museu da Marinha (20)
Praça do Império – Belém

Als das Museum 1863 gegründet wurde, sollte es vor allem dazu
dienen, den künftigen Marineoffizieren Anschauungsmaterial zu
bieten. Neben Zeugnissen der militärischen und kolonialistischen
Vergangenheit Portugals finden sich hier alte nautische Instrumente
und Seekarten, eine Truhe, die Vasco da Gama gehörte; Galionsfigu-
ren – und immer wieder Modellschiffe. Mir gefällt die Modellsamm-
lung portugiesischer Fischerboote am besten: bunt bemalt und fröh-
lich, mit hochgebogenen Schnäbeln oder übergroßen Steuerrudern,
Sardinen- und Tangboote, Boote vom Douro und vom Tejo, darunter manche, die heute nicht mehr benutzt werden. Im Erweiterungs-
bau von 1962 stehen die zierlichen, vergoldeten Galeeren, in denen
sich die Könige über den Tejo rudern ließen, sowie ein paar Flug-
zeuge, darunter die »Santa Cruz«, mit der Carlos Viegas Gago
Coutinho und Artur Sacadura Cabral 1922 zum erstenmal von Lissabon nach Rio de Janeiro flogen.
Öffnungszeiten: Dienstags bis sonntags 10–17 Uhr. Montags geschlossen.
Eintrittsgebühr. Buslinien: 28, 29, 43; Straßenbahnlinien: 15, 16

Museu Nacional de Arte Antiga (21)
Rua das Janelas Verdes

Das Nationalmuseum der Alten Kunst wurde 1884 im 1690 errichteten Palácio Alvor untergebracht, der im 18. Jh. in den Besitz der
Familie Pombal übergegangen war. Die überwältigende Fülle dieses
Museums – Malerei, Plastik, Goldschmiedekunst, Möbel, Porzellan
und Keramik – läßt sich nicht in ein paar Zeilen beschreiben, daher
seien hier nur einige besondere Kostbarkeiten erwähnt. Zu diesen
gehört ganz sicher der sechsteilige Flügelaltar aus der Mitte des 15.
Jahrhunderts, der 1882 im Kloster São Vicente de Fora entdeckt
wurde. Man schreibt das Werk dem Meister Nuno Gonçalves zu.
Noch heute streitet man sich um das Who's Who der 60 Figuren des
Altars, in denen man die gesamte Königsfamilie von Afonso V. bis
zu Heinrich dem Seefahrer sowie Adlige, Botschafter, einen jüdischen Bankier, den Chronisten Fernão Lopes und Nuno Gonçalves
selbst erkennen wollte. Das Altarbild, das auf den üblichen Land-
schafts- bzw. Architekturhintergrund der flämischen Malerei ver-
zichtet, bietet jedenfalls ein einzigartiges, treues Porträt der portugiesischen Gesellschaft seiner Zeit, ohne sich auf die oberste soziale
Schicht zu beschränken. Das Museum besitzt auch eine bedeutende
Sammlung portugiesischer Malerschulen des 16. Jahrhunderts mit
Werken von Gregório Lopes, Francisco Henriques, Frei Carlos,
Vasco Fernandes und anderen. Hier findet man außerdem die berühmte Monstranz, die der Goldschmied und Dichter Gil Vicente
1506 aus dem ersten Gold aus Quiloa (dem heutigen Kilwa in Tansa-
nia) schuf, sowie eine Krippe des Bildhauers Machado de Castro,
der Lissabon-Besuchern auch als Schöpfer des Reiterstandbilds Josés I. auf dem Terreiro do Paço bekannt ist, dessen eigentliche Stärke
aber die Keramik war. Unter den Werken ausländischer Maler ist
Albrecht Dürers »Hieronymus im Gehäus« zu nennen, aber auch
Holbein d. Ä. ist ebenso vertreten wie Hieronymus Bosch mit den
»Versuchungen des hl. Antonius«. Besonders reizvoll sind ein paar
japanische Namban-Wandschirme aus dem 16. Jh., die die Portugiesen, die um 1540 in Japan landeten, aus ostasiatischer Sicht zeigen.
Geöffnet: Dienstags bis sonntags 10–17 Uhr, donnerstags und sonntags bis
19 Uhr. An Wochenenden und Feiertagen Eintritt frei. Straßenbahnlinie: 19;
Buslinien: 27, 40, 49, 54

Museu Nacional dos Coches (22)
Praça Afonso de Albuquerque – Belém

Der klassizistische Tattersall, den José I. 1770 im Park seines Palastes bauen ließ, wurde 1906 in ein – wohl weltweit ziemlich einmali-
ges – Kutschenmuseum umgewandelt. Das älteste Ausstellungs-
stück dürfte die spanische Reisekutsche sein, mit der Philipp II. 1581
in Lissabon Einzug hielt. Der portugiesische Adel wollte daraufhin
dem König nicht nachstehen und ließ sich nun ebenfalls Kutschen
bauen. Schon 1626 und erneut 1677 versuchte ein königlicher Erlaß,
den mit Kutschen, Sänften und Reittieren getriebenen Luxus zu be-
schneiden – was natürlich vergeblich war, wenn z. B. die künftige
Königin Maria Francisca Isabel von Savoyen 1666 mit ihrer eleganten Pariser Kutsche den Neid der Einheimischen weckte. So ließen
sich also auch die Lissabonner Patriarchen auf silberdurchwirktem
Samtbrokat über das schlechte Pflaster schaukeln. João V. mußte sie
alle noch übertrumpfen: Als der portugiesische Botschafter 1716
zum Papst geladen wurde, stattete ihn der prunkliebende König mit
einer Galakutsche im üppigsten Barock mit viel Gold und vielen
Putten aus, so daß sich die anderen Diplomaten genierten, in ihren
eigenen Kutschen zu folgen, heißt es. Das Museum besitzt auch *Seges*, diesen typischen Lissabonner Vorläufer des Taxis. Der wacklige
Zweirädrer, in den man von vorne einstieg, wurde von zwei Maul-
eseln gezogen. Im ersten Stock (der nicht immer geöffnet ist) gibt es
auch anderes zu sehen: indische Sättel, Damenfächer, Gemälde.
Geöffnet: Dienstags bis sonntags 10–17 Uhr (vom 1. 6.–30. 9.: 10–18 Uhr).
Montags geschlossen. An Wochenenden Eintritt frei. Buslinien: 12, 14, 27,
43; Straßenbahnlinien: 15, 16, 17; Eisenbahn: Cais do Sodré – Belém

Museu Nacional do Trajo (23)
Parque do Monteiro-Mor
Largo de São João Baptista – Lumiar

Fast am Stadtrand, mit Blick auf grüne Hügel, liegt in einem Palast des
18. Jahrhunderts das 1977 gegründete ansprechende kleine Mode-
und Textilmuseum, das wechselnde Ausstellungen über so verschiedene Themen wie Puppen, städtische Mode, Spitzenklöppelei oder

Rechts: In der Fischhalle des Mercado das Picoas
Innen links: Ländliche Azulejo-Szene (heute im Kloster Madre de Deus)

die neuesten portugiesischen Couturiers veranstaltet. Im gleichen Gebäudekomplex, doch mit separatem Zugang, wurde 1985 das **Theatermuseum** (Museu Nacional do Teatro) eröffnet. Im Pavillon des dazugehörigen Parks kann man äußerst idyllisch, gut und nicht ganz billig zu Mittag essen (abends nur mit Tischreservierung). Geöffnet: Dienstags bis sonntags 10–13 und 14.30–17 Uhr. An Wochenenden Eintritt frei. Bus 7 B (Abfahrt: Alvalade)

Palácio da Ajuda (24)
Largo da Ajuda

Der hoch über dem Tejo gelegene strenge Bau diente einst König Luís (1861–89) als offizielle Residenz. Seine Frau, Maria Pia von Savoyen, bewohnte ihn noch bis 1910, umgeben von Familienporträts und einigen schönen Gobelins. Heute wird er für Staatsempfänge und Bankette genutzt. Mit den Bauarbeiten für den Palast, der an die Stelle des 1755 vom Erdbeben zerstörten Schlosses am Terreiro do Paço trat, wurde erst 1802 begonnen, sieben Jahre nachdem die als Provisorium dienende königliche Holzbaracke abgebrannt war. Lediglich ein Drittel des ursprünglichen Plans des Bolognesers Fabri wurde ausgeführt, und selbst das wurde nie ganz fertiggestellt: Im Nordflügel des klassizistischen Komplexes, der um einen Innenhof angelegt ist, gähnen noch heute leere Fensterhöhlen.
Geöffnet: Dienstags bis sonntags 10–17 Uhr. Eintrittsgebühr. Buslinie: 14, 42; Straßenbahnlinie: 18

Palácio Azurara (25)
Museu-Escola de Artes Decorativas (Fundação Ricardo Espírito Santo Silva), Largo das Portas do Sol

Der Palast aus dem 17. Jahrhundert, im 18. vom Visconde de Azurara renoviert, liegt zwischen zwei Türmen der alten Stadtmauer. 1947 ging er in den Besitz des Bankiers Ricardo Espírito Santo Silva über, der ein Museum darin einrichtete. Dieses enthält die größte und wichtigste Möbelsammlung Portugals (16.–19. Jh.) mit allem, was dazugehört: Arraiolos-Teppichen, Porzellan und Keramik, Bil-

121

Links: Im Kutschenmuseum von Belém
Innen rechts: Jugendstil-Azulejos im Bairro Estrela de Ouro

dern, Leuchtern usw. Satzungsgemäß sind an das Museum (Träger ist heute eine nach dem Gründer benannte Stiftung) 21 Kunsthandwerkstätten angeschlossen, in denen alte Techniken gelehrt und Kopien nach alten Modellen hergestellt werden. Dort trifft man z. B. auf Buchbinder, Möbeltischler, Bilderrahmer oder Vergolder.

Geöffnet: Dienstags bis samstags 10–13 und 14–17 Uhr, sonntags 13–17 Uhr, montags geschlossen. Sonntags Eintritt frei. Straßenbahnlinien: 10, 11, 28

Palácio de São Bento (26)
Largo de São Bento

Mit dem Umbau des alten Benediktinerklosters (1598–1616), in dem die heiratsfähigen Mädchen den heiligen Benedikt um einen guten Ehemann angefleht hatten, wurde 1834 begonnen, als nach der Ordensauflösung das Parlament einzog. Nach einem Brand wurde 1895 ein Wettbewerb ausgeschrieben, um der Volksvertretung einen würdigen Rahmen zu schaffen. Das neoklassizistische Projekt von Ventura Terra, der gerade erst seine Ausbildung in Paris abgeschlossen hatte, gefiel am besten und katapultierte seinen 30jährigen Urheber in eine Spitzenposition unter den Lissabonner Architekten. Die Arbeiten zogen sich unter wechselnder Leitung bis 1941 hin, als der monumentale Eingang fertig wurde, der eigentlich nach einem großzügigen Platz zu seinen Füßen verlangt und nicht nach der schäbigen Alltagsrealität so hautnah am Hang gegenüber. Im Innern setzt sich die Monumentalität fort mit marmornen Böden und Säulen, mit Büsten und Standbildern, mit allegorischen und historischen Wandgemälden (u. a. von Columbano Bordalo Pinheiro). Vom ursprünglichen Klostergebäude, das das Erdbeben 1755 fast unbeschädigt überstand, ist heute kaum noch etwas zu erkennen. Auf der Publikumsgalerie kann man jedoch einer Parlamentssitzung beiwohnen und so einen kleinen Teil des Palasts sehen. Während der Parlamentsferien im Juli / August besteht die Möglichkeit allerdings nicht.

Der Nordflügel beherbergt ein seit 1757 dauerndes Provisorium: das Arquivo Nacional da Torre do Tombo, das Manuel da Maia nach dem Erdbeben aus den Trümmern der Georgsburg rettete. 36000 Prozeßakten der Inquisition, die Register der königlichen Kanzleien, Erstausgaben des 16. Jahrhunderts und andere Kostbarkeiten sind im Nationalarchiv auf 20 km Regallänge mehr schlecht als recht untergebracht. 1989 soll das Archiv endlich ein eigenes Gebäude in der Nähe der Universität erhalten.

Straßenbahnlinien: 22, 23, 28; Buslinien: 6, 39, 49

Ponte 25 de Abril (27)

1966, nach vierjähriger Bauzeit, erfüllte sich ein alter Traum Lissabons: Die 2278 m lange Hängebrücke über den Tejo wurde eröffnet – unter dem Namen »Ponte Salazar«, versteht sich. Die Warterei auf die kleinen Autofähren, die bei Nebel und starkem Wind den Dienst einstellten, hatte ein Ende, und man war auch nicht mehr auf die 30 km weiter im Norden liegende Brücke von Vila Franca de Xira angewiesen. Noch ein paar Zahlen zur Konstruktion des luftigen Wunderwerks aus Stahlbeton: Spannweite zwischen den beiden Pylonen – 1013 m; Fahrbahnhöhe über dem mittleren Wasserspiegel – 70 m; Höhe der beiden Pylone – 190 m. Die Ortschaften am Südufer des Tejo begannen nach 1966 sprunghaft zu wachsen, und ein hoher Prozentsatz der rund 20 Millionen Fahrzeuge, die jährlich die Brücke benutzen, gehört Pendlern, die in Lissabon arbeiten. Eine Fahrt über die Ponte 25 de Abril, die nach der Nelkenrevolution, 1974, ihren heutigen Namen erhielt, lohnt sich schon allein wegen der zauberhaften Aussicht.

Busse über die Brücke: 52, 53, 54 sowie Rodoviária Nacional ab Praça de Espanha. Mautgebühr. Im Hochsommer Sonntagnachmittage meiden: kilometerlange Schlangen der Rückkehrer vom Strand!

Praça de Touros (28)
Campo Pequeno

In der pseudo-arabischen Arena von 1892, die 8500 Zuschauer faßt, wird von Ostern bis Oktober jeden Donnerstagabend Stierkampf zelebriert. Die Einnahmen aus diesem Spektakel fließen übrigens dem Waisenhaus Casa Pia zu, das neuerdings das Gelände auch schon mal für ein Rockkonzert zur Verfügung stellt.

Die *tourada*, der portugiesische Stierkampf, ist ein buntes, farbenprächtiges, ritualisiertes Schauspiel (in das sich das Publikum integriert) – und dennoch nicht jedermanns Sache, selbst wenn die portugiesischen Stiere anders als ihre spanischen Vettern im Schlachthaus und nicht in der Arena sterben. Nach dem feierlichen Einmarsch der Beteiligten beginnt der eigentliche Stierkampf zu Pferd: Der *cavaleiro*, ein Reiter in der Tracht des 17. Jahrhunderts, setzt dem Stier nach komplizierten Regeln immer kürzere *farpas*, mit bunten Bändern besetzte Eisenpfeile, ins Rückenfell. Die Aufgabe der Helfer zu Fuß besteht darin, den Stier mit Hilfe der *capa*, dem rosaroten Umhang, richtig zu plazieren oder ihn in kritischen Situationen vom Reiter abzulenken. Am Schluß des Kampfes geben die *forcados* in ihrer Ribatejo-Bauerntracht eine speziell portugiesische Einlage: Ihr Anführer (seine Helfer stehen in einer Reihe hinter ihm) macht langsam, mit vorgeschobenen Hüften, in die Seite gestemmten Armen und heiseren Rufen, einen Schritt nach dem andern auf den Stier zu – bis der endlich losrennt. Dann springt der erste Forcado zwischen seine Hörner, und seine Mitstreiter packen ihn am Schwanz und an den Flanken, um ihn zu bezwingen. Damit haben sie ihre Aufgabe erfüllt; nur der Mann, der sich am Schwanz festklammert, muß sich noch ein paarmal im Kreis herumschleifen lassen, bevor er auch beiseite springt.

Im Museu Tauromáquico (Stierkampfmuseum) sind Erinnerungen an berühmte Stierkämpfer ausgestellt. Nationalsport ist der Stierkampf aber schon lange nicht mehr – König Fußball hat ihn verdrängt.

Öffnungszeiten des Museums: Montags bis samstags 9.30–13 und 15–19 Uhr. Sonntags und an Feiertagen geschlossen. Metro: Campo Pequeno

Sé (29)
Largo da Sé

1147, nach der Eroberung Lissabons durch die christlichen Kreuzritter, beeilte sich Afonso Henriques, die alte Moschee der vertriebenen Araber durch eine dreischiffige romanische Kathedrale (portugies.: *Sé*) zu ersetzen. Das Bauwerk wurde im Laufe der Jahrhunderte, nicht zuletzt aufgrund der wiederholten Erdbeben, mehrmals erweitert und umgebaut. Nachdem man um 1940 allerlei barocke Zutaten entfernt hat, präsentieren sich die Westfassade der Kirche und das Langhaus mit der eleganten Galerie heute wieder in romanischer Strenge. Der Chor und Chorumgang mit seinen neun Kapellen stammen bereits aus gotischer Zeit. In der siebten Umgangskapelle stehen die Sarkophage von Lopo Fernandes Pacheco, der 1340 in der Schlacht am Salado gegen die Araber gekämpft hatte, und seiner bibellesenden zweiten Frau Maria Vilalobos. In der vierten Kapelle ist der Sarkophag der »unbekannten Prinzessin« zu bewundern, der ebenfalls im 14. Jh. entstand. Neben einem Besuch des Kreuzgangs, in dem ein sehenswertes schmiedeeisernes romanisches Gitter gezeigt wird, lohnt sich auch ein Abstecher in die Sakristei, in der der reiche Kirchenschatz aufbewahrt wird. Die barocke Weihnachtskrippe in der ersten Seitenkapelle links – ein wahrer folkloristischer Bilderbogen – zeugt von der Meisterschaft des Bildhauers Machado de Castro in diesem Genre, das an die alte Tradition volkstümlicher Tonfiguren anknüpft. Beim Verlassen der Kathedrale sollte man sich aber kurz ins Gedächtnis rufen, daß das gestrenge Gotteshaus nicht immer nur Schauplatz der Volksfrömmigkeit war. Von einem der zinnenbewehrten Türme stürzten die Lissabonner 1383 ihren aus Zamora gebürtigen Bischof, als dieser beim Ausbruch der Revolte Joãos I. nicht gleich die Glocken läuten ließ, woraus die Lissabonner schlossen, er sei gegen einen portugiesischen König und stünde auf der Seite von Leonor Teles und den Spaniern.

Buslinie: 37; Straßenbahnlinien: 10, 11, 28

Teatro Nacional Dona Maria II (30)
Rossio

1449 wurde an der Stelle, wo sich heute das Theater erhebt, der Palácio dos Estaus errichtet, in dem die portugiesischen Könige ihre Gäste unterbrachten. Die ersten Benutzer des Gästehauses waren übrigens deutsche Gesandte, die Dona Leonor, die Kaiser Friedrich III. als Frau versprochen worden war, in ihre künftige Heimat geleiten sollten. Später diente das Gebäude als Sitz der unrühmlichen Inquisition, die erst 1821 abgeschafft wurde. Der pombalinische Bau brannte 1836 völlig ab; daraufhin erhielt der italienische Architekt Fortunato Lodi den Auftrag, ein Theater zu entwerfen. Am 19. April 1846 wurde es mit einem Drama von Mendes Leal, einem stükkeschreibenden Minister, eröffnet. Der klassizistische Bau folgt damals gültigen internationalen Modellen. Vom Giebel schaut Gil Vicente, der Ahnherr des portugiesischen Theaters, auf das Treiben des Rossio herab. 1964 brannte das Theater aus und wurde erst 1978 wieder eröffnet.

Teatro Nacional de São Carlos (31)
Largo de São Carlos

Die 1792 erbaute Oper São Carlos war nie ein reines Reservat des Hofes, wie es die vom Erdbeben zerstörte Oper von 1755 gewesen war, sondern Schauplatz des Bürgertums. Finanziert von einer Gruppe reicher Bürger, die unter Pombal aufgestiegen waren – den Quintelas mit dem Tabakmonopol, den Cruz Sobrais, die in Brasilien ein Vermögen gemacht hatten, den Caldas –, wurde der klassizistische Bau in einer Rekordzeit von sechs Monaten fertiggestellt. Der in Bologna geschulte Architekt José da Costa e Silva holte sich die Inspiration für die strenge, gut ausgewogene Gestaltung vermutlich in Neapel.

Der regelmäßige Opernbesuch gehörte bald zum Leben der kulturell interessierten und begüterten Schichten Lissabons genauso selbstverständlich dazu wie das Souper im Nobelrestaurant »Tavares Rico« oder der Einkaufsplausch in der »Casa Havanesa«. Der Schriftsteller Eça de Queiros hielt diese Welt in seinen Romanen fest. Zwischen zwei Akten der »Hugenotten« von Giacomo Meyerbeer macht da z. B. die Gräfin Gouvarinho in der Nachbarloge Carlos da Maia schöne Augen, streckt ihm die schwarz behandschuhte Hand mit den unzähligen Silberreifen entgegen und murmelt: »Wir geben dienstags Soirée ...« Und das war dann auch das Wichtigste, was es von diesem und ähnlichen Opernabenden im São Carlos zu berichten gab.

A Voz do Operário (32)
Rua da Voz do Operário, 9–17

1879 erschien die erste Nummer der »Arbeiterstimme« – Voz do

Operário – der Zeitschrift der Tabakarbeiter. 1883 gründeten sie einen Arbeiterverein, um ihren Kindern den Schulbesuch zu ermöglichen und andere Hilfsmaßnahmen für mittellose Werktätige zu organisieren. Als es noch keine Sozialversicherung gab, zählte der Verein, der z. B. die Beerdigungskosten für Mitglieder übernahm (die Alternative war das Massengrab) und für ärztliche Betreuung sorgte, bis zu 74000 Mitglieder. Heute sind es immerhin noch 16000. In dem Gebäude mit der pompösen Fassade von 1913 ist heute eine der sechs Vereinsschulen untergebracht; in seiner Badeanstalt wäscht sich die Alfama (nur wenige Häuser dieses Viertels verfügen über ein eigenes Bad).

Straßenbahnlinien: 10, 11, 28

Lissabonner (und Zugereiste)

Manuel Maria Barbosa du Bocage (1765–1805)

Bocage, Vorläufer der Romantik in Dichtung und Lebensstil, wurde als zweiter Sohn eines Rechtsanwalts in Setúbal geboren. Nachdem er im Alter von 10 Jahren seine Mutter, eine Französin, verloren hatte, ging er mit 16 zum Militär. 1786 schiffte er sich nach Goa ein. Wegen einer Liebesgeschichte desertierte er 1789 in Daman an der westindischen Küste, doch die Geliebte wandte ihre Gunst bald einem anderen zu. Auf der anschließenden Flucht nach Macao erlitt Bocage Schiffbruch – und fühlte sich immer mehr dem großen Dichterkollegen Camões (S. 129) verwandt, den es ebenfalls nach Macao verschlagen, der wie er Unglück in der Liebe und im Leben nur allzu gut kennengelernt hatte. Doch für Bocage wendete sich das Blatt in Macao zum Guten, der Gouverneur protegierte ihn. Schließlich wagte sich der Dichter 1790 nach Lissabon zurück, wo sich seine Jugendliebe Gertrudes inzwischen in seinen Bruder verliebt hatte. Zurück in der Heimat begann Bocage ein unstetes Bohemienleben, zog nachts durch die Lissabonner Cafés und Tavernen, diskutierte die französische Revolution und wurde unter dem Künstlernamen Elmano Sadino in die Dichterakademie Nova Arcádia aufgenommen, mit der er sich jedoch bald wieder überwarf, zumal er deren Mitglieder in dem 1791 erschienenen Gedichtband »Rimas« nicht gerade mit Samthandschuhen angefaßt hatte. Bocage schrieb Oden, Kanzonen, Sonette, wobei er die klassischen Gedichtformen ständig mit intensiven Gefühlsausbrüchen – Einsamkeit, Angst, Verzweiflung und Tod thematisierend – sprengte. Sein Zeitgenosse, der englische Schriftsteller William Beckford, verglich seine Persönlichkeit mit der eines Naturphänomens: Bocages gute Laune und Exzentrik seien wie die Wintersonne – sie erschienen, wenn man es am wenigsten erwarte. Den Ordnungsmächten im Staate war ein solches Naturell stark verdächtig. Pina Manique, der Oberpolizist Marias I.,

hielt den unbequemen Dichter schon lange im Auge, und 1797 war
es soweit: Bereits an Bord des Schiffes, mit dem er vor der drohenden politischen Verfolgung nach Brasilien fliehen wollte, wurde Bocage wegen »Sittenlosigkeit« verhaftet und landete im Limoeiro-Ge-
fängnis. Einflußreiche Freunde erreichten, daß keine politische An-
klage gegen ihn erhoben und er nach drei Monaten *nur* der Inquisition übergeben wurde. Zwei Jahre blieb er in ihren Händen. Nach
seiner Freilassung zog Bocage mit seiner Schwester Francisca zusammen und bestritt den gemeinsamen Lebensunterhalt mit Übersetzungen aus dem Lateinischen und Französischen. Doch seine Gesundheit war ruiniert: Er starb im Alter von 40 Jahren.

Luís Vaz de Camões (1524/25–1580)

Der immer zitierbare, legenden- und lorbeerumrankte portugiesische Dichterfürst par excellence, der mit dem Schwert und mit der
Feder umzugehen wußte, lebte in einer unruhigen Zeit. In Coimbra
oder Lissabon geboren, erwarb sich der Sproß einer verarmten
Adelsfamilie humanistische Bildung an der Universität Coimbra,
wo sein Onkel Kanzler war. In Lissabon verkehrte er am Hof
Joãos III., brillierte vor den Palastdamen mit improvisierten Glos-
sen und schrieb formvollendete Lyrik unter dem Einfluß von Pe-
trarca, Horaz und Vergil – Sonette, Oktaven, Eklogen, Oden, Ter-
zinen, in die er tief empfundenes, eigenes Erleben einband. Doch es
gab auch einen anderen Camões, einen, der nächtliche Streifzüge
durch die übelsten Viertel der Hauptstadt unternahm, sich in Hän-
del und Raufereien verwickeln ließ und der von käuflichen Mädchen
und ihren Galanen sehr kenntnisreich zu berichten wußte.
Durch eine Affäre mit einer hochgestellten Dame kam Camões in
Schwierigkeiten. Um sich dem gefährlichen Intrigenspiel zu entziehen, nahm er 1547 am Afrikafeldzug teil, wobei er vor Ceuta das
rechte Auge verlor. 1551 kehrte er nach Lissabon zurück, nahm dort
das alte Leben wieder auf, verletzte bald darauf einen Angehörigen
des Hofes mit dem Schwert, als er Freunden in einem Streit zu Hilfe
eilte, und kam daraufhin ins Gefängnis. Im königlichen Pardon,
1553 erteilt, wurde ihm nahegelegt, der Krone statt in Lissabon, lieber im fernen Indien zu dienen – und Camões verließ das heiße Lissabonner Pflaster. Nach einem glücklich durchgestandenen Sturm
am Kap der Guten Hoffnung und Militärexpeditionen am Persi-

Der Dichter Luís Vaz des Camões

schen Golf fand man den Dichter 1555 mit Geldsorgen in Goa wieder. (Eines Tages lud er dort Freunde zu einem Bankett – und servierte nur Gedichte.) Schulden brachten ihn erneut ins Gefängnis. Einen Posten als Nachlaßverwalter in Macao, für den er gänzlich ungeeignet war, behielt er zwar auch nicht lange, doch soll er auf der winzigen Halbinsel vor dem chinesischen Festland Teile seines poetischen Meisterwerks verfaßt haben: Noch heute zeigt man Besuchern Macaos die Höhle, in der Camões an seinem Versepos »Os Lusíadas« (Die Lusiaden) gearbeitet haben soll. In Mythologie eingebettet und mit einer Rückschau auf die portugiesische Geschichte verbunden, schildert das Epos die Indienfahrt Vasco da Gamas, dessen Leistung für Camões die der Helden der Antike, wie Odysseus oder Äneas, noch überragt. Von Macao zog es den unsteten Dichter nach Goa zurück. Auf der Fahrt dorthin erlitt er am Mekong Schiffbruch und rettete lediglich sein Manuskript. In Moçambique, wohin man ihn bald darauf mit falschen Versprechungen lockte, mußten ihn Freunde aus dem Schuldturm auslösen. Fremde Hilfe war ebenfalls erforderlich, um seine endgültige Rückkehr nach Lissabon, 1569, zu finanzieren.

Nach langem, vergeblichen Bemühen erschien 1572 die erste Ausgabe der »Lusiaden« – ein Werk, mit dem der Dichter in die Geschichte der Weltliteratur eingehen sollte. Für seine Hymne auf Portugals »Goldenes Zeitalter« erhielt Camões vom König den lächerlichen, unregelmäßig gezahlten und auf drei Jahre befristeten Ehrensold von 15 000 Reis. (Zum Vergleich: Dem Sohn des beamteten Geschichtsschreibers João de Barros wurden 150 000 Reis zugesprochen, der Witwe immerhin noch 50 000.) Der Sklave, den Camões aus dem Orient mitgebracht hatte, mußte schließlich für seinen Meister betteln gehen. 1580 starb der Dichter in tiefster Armut. Nach der Überlieferung erfuhr er noch auf dem Totenbett vom Sieg der spanischen Truppen in der Schlacht von Alcântara, die das Ende des »Goldenen Zeitalters« besiegelte.

Das stolze geschichtliche Bewußtsein, das die »Lusiaden« verkünden und das Camões mit den meisten Autoren seiner Zeit teilte, sollte jedoch das portugiesische Nationalgefühl noch lange bestimmen, auch wenn sein reales Fundament im Lauf der Zeit zunehmend brüchiger wurde und zu Beschwörungsformeln herabkam. Erst die Romantiker erweckten Camões dichterisches Werk zu neuem Leben: Bocage identifizierte sich mit ihm, Garrett (S. 132) schrieb 1825 sein episches Gedicht »Camões«, die Brüder Schlegel studierten seine Werke, eine wissenschaftliche Camões-Forschung setzte ein. In Salazars Schulen wurde den Kindern dagegen das Interesse an seinem Hauptwerk, den Lusiaden, gründlich ausgetrieben, indem man sie die Verse nach ihrer Syntax zerlegen und grammatikalisch bestimmen ließ. Deswegen ist die Auseinandersetzung mit dem Abenteurer und Dichter aber noch lange nicht verstummt: In dem 1980 verfaßten Theaterstück »Que farei com este livro?« (Was mache ich mit diesem Buch?) zeigt José Saramago einen neuen Camões, der sich nach seiner Rückkehr aus Asien mit Geldsorgen herumplagt, am Hof vergeblich um Anerkennung kämpft, nach einem Drucker für sein Epos sucht und mit der Inquisition in Konflikt gerät, die ja auch wirklich die zweite Auflage der »Lusiaden« kräftig zensiert hatte.

João Baptista da Silva Leitão de Almeida Garrett (1799–1854)
Almeida Garrett war neun Jahre alt, als sich die Truppen Napoleons
seiner Heimatstadt Porto näherten. Seine Eltern flohen daraufhin
mit den fünf Kindern zu Verwandten auf die Azoreninsel Terceira.
Nach der Vertreibung der Franzosen gärten überall im Lande liberale Ideen. In diesem Klima begann Garrett (der sich bis 1818 mit
den gutbürgerlichen und nicht gerade seltenen Namen »da Silva Leitão« begnügte) das Jurastudium an der Universität Coimbra, wo er
wegen seiner Theaterbegeisterung und durch sein politisches Enga-
gement bald auffiel. 1821 ging der Student nach Lissabon. Dort waren die Gemüter noch von der liberalen Revolution des Vorjahres
erhitzt, man arbeitete an einer Verfassung – kurz, es tat sich etwas.
Eine aufregende Zeit für einen jungen Mann mit Rednergaben kün-
digte sich an, und der Zweiundzwanzigjährige nahm Lissabon sozu-
sagen im Sturm. Man applaudierte seinen Reden, führte sein Drama
»Catão« auf, die gerade fünfzehnjährige schöne Luísa Midosi wurde
seine Frau, und auch der Prozeß, den sich Garrett mit dem freizügi-
gen Gedicht »O Retrato de Vénus« eingehandelt hatte, endete mit
einem Freispruch. Die Königin Carlota Joaquina aber wollte Portugal vom liberalen Ungeist befreien: 1823 zettelte ihr Sohn Miguel
eine absolutistische Revolte an. Garrett ging ins Exil, zunächst nach
Birmingham, später nach London, wo er Shakespeare für sich entdeckte, Byron und Scott las. Von der englischen Romantik geprägt,
übertrug er deren Stil und Ideen auf portugiesische Themen. Doch
immer bezog er in seinem Werk gleichzeitig Stellung zu politischen
Tagesfragen, und mehr als einmal benutzte er historische Stoffe, um
seine liberalen Ideen zu vertreten. Geldmangel trieb ihn 1824 nach
Le Havre und später nach Paris, wo er eine Stelle bei einer Bank
annahm. Seine Erfahrungen in der Fremde spiegelt das epische Gedicht »Camões«, in dessen Mittelpunkt der portugiesische Dichter
der Entdeckungszeit steht, mit dem Garrett die Erfahrung des Exils
teilt.
Nach dem Tod Joãos VI., 1826, zog es Garrett nach Lissabon zurück, wo er die Zeitschrift »Portugal« gründete. Seine spitze journa-
listische Feder brachte ihn bald für drei Monate ins Gefängnis. 1828
ließ sich Miguel zum absolutistischen König ausrufen – und die Jagd
auf die Liberalen begann erneut. Garrett kehrte zunächst ins englische Exil zurück, schloß sich dann aber 1832 auf der aufständischen

Insel Terceira der Befreiungsarmee Pedros IV. an, der inzwischen den brasilianischen Thron verloren und den portugiesischen schätzen gelernt hatte (vgl. S. 28). Am 3. Juli 1832 landete diese Armee in der Nähe der Stadt Porto. Die völlig überraschten Miguelisten überließen ihr kampflos die Stadt, die dann ein Jahr lang erfolglos von den regulären Truppen belagert wurde. Während dieser Zeit schrieb Garrett an dem Roman »Arco de Sant'Ana«, der eine Volkserhebung im Mittelalter zum Thema hat. Der Roman erschien allerdings erst 1845 / 50.

1833 wurde Garrett in einer diplomatischen Mission nach London entsandt, trennte sich von der schönen, aber untreuen Luísa und ging nach dem Sieg der Liberalen als Geschäftsträger der Regierung nach Brüssel. Dort machte er sich mit der deutschen Literatur, vor allem mit Herder, Goethe und Schiller vertraut. Nach seiner Rückkehr bemühte er sich in Lissabon um die Erneuerung des portugiesischen Theaters und gründete 1836 das Nationaltheater und das Konservatorium. Privates Unglück überschattete den Erfolg des wortgewandten Journalisten, Parlamentsabgeordneten und Salonlöwen: 1841 starb seine junge Geliebte Adelaide Deville Pastor, von der er eine Tochter hatte. Er schrieb jedoch weiterhin Theaterstücke und veröffentlichte 1844 sein Meisterwerk, das historische Drama »Frei Luís de Sousa«. Mit Hilfe einiger Freunde begann er auch erstmals Lieder und Balladen seiner Heimat zu sammeln, die er ab 1843 im »Romanceiro« (Liederbuch) herausgab. 1846 folgte der epochemachende Roman »Viagens na Minha Terra« (Wanderungen in meinem Vaterlande), Liebesgeschichte, romantischer Reisebericht und politischer Kommentar gleichzeitig, in einem neuen, der Umgangssprache nahen literarischen Stil. Nach einem kurzen Zwischenspiel als Außenminister, 1852, schockierte der Dichter 1853 sein Publikum ein letztes Mal. Auslöser war der Gedichtband »Folhas Caídas« (Gefallene Blätter), zu dem ihn seine letzte große Liebe, Rosa de Montufar Viscondessa da Luz inspiriert hatte.

Fernando António Nogueira de Seabra Pessoa (1888–1935)

Der bedeutende Lyriker und Sprachvirtuose Fernando Pessoa, der sich mit 47 Jahren zu Tode trank, wurde am 13. Juni, dem Antoniustag, in Lissabon geboren. 1893 wurde die glückliche Kindheit jäh unterbrochen: Der Fünfjährige verlor den Vater, die Mutter mußte die Möbel versteigern lassen und eine bescheidenere Bleibe suchen; im Jahr darauf starb der jüngere Bruder. 1895 zog die Familie nach Südafrika zum neuen Stiefvater, dem portugiesischen Konsul in Durban. Pessoa besuchte dort eine englische Schule, las englische Literatur und gewann 1903 den Queen Victoria Memorial Prize für den besten englischen Aufsatz – doch seine Heimat, sagte er später, blieb die portugiesische Sprache. Und führte Tagebuch auf englisch ...

1905 kam er nach Lissabon zurück, allein, ohne die geliebte Mutter. Nach einem Jahr brach er das sterile Studium an der Philosophischen Fakultät ab; auch der Versuch, eine Druckerei aufzubauen, scheiterte bald. Aus Pessoa wurde ein unscheinbarer Büroangestellter und Fremdsprachenkorrespondent, der sich hinter dicken Brillengläsern versteckte – vormittags. Nachmittags saß er stundenlang in den Cafés, diskutierte, schrieb, trank, und füllte zu Hause eine Truhe mit Manuskripten.

Nach der Veröffentlichung seines ersten Artikels über »Neue portugiesische Dichtung« in der Zeitschrift »Águia« (1912) bildete sich ein avantgardistischer Kreis, dem Pessoa mit seinem engsten Freund – oder doch eher Schüler? – Mário de Sá-Carneiro, der vielseitige Almada Negreiros sowie die Maler Santa-Rita Pintor und Amadeo de Sousa Cardoso angehörten. Ihr Ziel war es, das in ihren Augen träge und selbstzufriedene Land wachzurütteln. 1915 erschien mit dem Geld von Sá-Carneiros Vater die um eine radikale Erneuerung bemühte literarische Zeitschrift »Orpheu« – der Skandal war perfekt. Sie seien das Tagesgespräch von ganz Lissabon, berichtete Pessoa, auf der Straße zeige man mit dem Finger auf sie. Plumper Hohn, wie ihn die Konkurrenz sich erlaubte, war die beste Reklame für das aufmüpfige Unternehmen. Die Redakteure des »Século Cómico« z. B. gaben vor, sie hätten sich bei der Lektüre den Magen verdorben, andere Kollegen hätten den Verstand verloren, und zwei hätte gar der Schlag getroffen. Nach drei Wochen war die Auflage des »Orpheu« vergriffen. Nur Sá-Carneiros Vater war nicht so begeistert und stellte nach der zweiten Nummer die Finanzierung ein.

Die Gruppe zerfiel allmählich, 1916 beging Sá-Carneiro in Paris Selbstmord, und Pessoa glitt immer tiefer in die Einsamkeit ab. Almada Negreiros versuchte 1917, an den »Orpheu« anzuknüpfen, und gab die erste und einzige Nummer des »Portugal Futurista« her-

aus, in dem Pessoa unter dem Namen Álvaro de Campos einen provozierenden Text mit dem Titel »Ultimatum« veröffentlichte. Pessoa schrieb nämlich nicht nur unter seinem eigenen Namen, sondern spaltete sich in eine ganze Dichterfamilie auf. Schon als Kind hatte er sich Figuren ausgedacht, z. B. den Chevalier de Pas, einen Alexander Search, einen Charles James Search, einen C. R. Anon, denen er ganz bestimmte Aufgaben und Eigenschaften zuwies. Der Chevalier etwa schrieb Briefe an Pessoa, Charles James Search machte Übersetzungen, analysierte aber nichts – das durfte nur Alexander. Um Sá-Carneiro mit der Entdeckung eines »unbekannten« Dichters einen Streich zu spielen, schuf Pessoa 1914 die Figur des Alberto Caeiro. Doch solche spielerischen Elemente waren nur ein vordergründiges Motiv bei der Erfindung von Pessoas Heteronymen, die über ein gewöhnliches Pseudonym weit hinausgingen. Pessoa versah diese Figuren mit einer Statur und Physiognomie, mit einem Horoskop und einem Lebenslauf, mit einer eigenen Persönlichkeit und einem eigenen Stil. Auf der Suche nach dem Ich, das er nie finden konnte, spaltete sich Pessoa in unterschiedliche *Alter ego* auf, die einander und Pessoa selbst widersprachen und sich gegenseitig kritisierten. Zu Pessoas Phantasiegestalten gehört neben Alberto Caeiro, dem blonden und blauäugigen Lissabonner ohne Schulbildung und Beruf, Verfasser bukolischer Poesie auch Ricardo Reis, Arzt aus Porto mit humanistischer Bildung, den sein Schöpfer zum Dichter klassizistischer Oden machte. Der monokeltragende Álvaro de Campos, in Glasgow zum Schiffsingenieur ausgebildet, veröffentlichte provozierende Artikel und futuristische Poesie. Dazu kommen unzählige, weniger ausgearbeitete Figuren wie der Buchhalter Bernardo Soares, wie A. A. Crosse, der Rätsel in der »Times« löst, oder der nüchterne Adlige Barão de Teive, und wie sie alle heißen.
Schreiben war für Pessoa eine Mission, die mönchische Zucht verlangte, ihn ganz beanspruchte. Ophélia Queirós, ein fröhliches 19jähriges Mädchen, in das er sich 1920 verliebte, bei der er einen Ausweg aus der inneren Isolation suchte, bekam dies zu spüren. Nach neun Monaten brach Pessoa die Beziehung ab: Sein Schicksal, schrieb er an Ophélia, stehe unter einem anderen Gesetz. 1929 lebte die alte Liebe noch einmal auf, für vier kurze Monate. Pessoas 50 Liebesbriefe an Ophélia zeigen, wie er sie verniedlichte, sie zum Kind machte und sich so eine erfüllte Beziehung selbst versagte.

Nach 1925 erfaßte Pessoas Identitäts- und Wahrheitssuche zunehmend andere, weniger zugängliche Bereiche: Okkultismus und Esoterik gewannen seine Aufmerksamkeit. Er übersetzte theosophische Schriften, studierte die Geheimbünde der Rosenkreuzer und interessierte sich für den Sebastianismus. 1934 veröffentlichte er unter dem Titel »Mensagem« (Botschaft) eine Art nationalistisches Epos in lyrischem Gewand, für das er einen (Trost-)Preis des Secretariado de Propaganda Nacional erhielt. Die jungen Autoren der Zeitschrift »Presença«, die ihn wegen seiner sprachschöpferischen Kraft bewunderten, fürchteten, der Nationalismus werde dieses Werk – das einzige mit Ausnahme seiner englischen Gedichte, das zu Pessoas Lebzeiten in Buchform erschien – für sich vereinnahmen. Doch Pessoa ließ – und läßt – sich nicht festlegen.

Seine Gestalt, die sich ständig entzieht, suchten später andere bildlich zu fassen: Der in München lebende Costa Pinheiro malte Pessoas Füller, den Hut, die Brille; der Maler Mário Botas stellte Bilder zum Thema Pessoa aus; João Botelho drehte den Film »Conversa Acabada« (vollendetes Gespräch) über die Beziehung Pessoa – Sá-Carneiro. 1977 wurde in Porto ein Centro de Estudos Pessoanos gegründet, das die Zeitschrift »Persona« herausgibt. Die Bibliographie über den Dichter wächst ständig.

In der Gestalt des Alberto Caeiro sagte Pessoa über sich selbst: »Wenn ihr nach meinem Tod meine Biographie schreiben wollt, so ist nichts leichter als das. Sie hat nur zwei Daten – Geburt und Todestag. Alle Tage dazwischen gehören mir.«

Die Künstlerfamilie Bordalo Pinheiro

In der Familie Bordalo Pinheiro waren eigentlich alle künstlerisch begabt: Der Vater **Manuel Maria Bordalo Pinheiro** (1815–80), ein kleiner Beamter, malte nach den Bürostunden zahllose Genrebilder, illustrierte Bücher und modellierte eine Camões-Büste, die heute in Macao steht. Auch die Tochter **Maria Augusta Bordalo Pinheiro** (1841–1915) malte, am liebsten Herbstblumen. Und sie entwickelte sich zur Expertin für Spitzenklöppelei, der sie in Peniche, einem Städtchen etwa 100 km nördlich von Lissabon, zu einem neuen Aufschwung verhalf, als sie dort an der Gewerbeschule unterrichtete. Für ihren Bruder Rafael arbeitete sie ab und zu als Porzellanmalerin. **Rafael Bordalo Pinheiro** (1846–1905) war der originellste unter allen Geschwistern. Er begann als Karikaturist; 1875 schuf er die Figur des »Zé Povinho«, des kleinen Mannes, der immer der Dumme ist, und seiner Frau »Maria da Paciência«, der ewig geduldigen Maria. Im gleichen Jahr ging er nach Rio de Janeiro, wo er bis 1879 Karikaturen zeichnete. Nach seiner Rückkehr fing er an, sich für Keramik zu interessieren. Nach ersten töpferischen Versuchen gründete er 1884 seine eigene Manufaktur in Caldas da Rainha, wo er mit überbordender, oft überschwenglicher Phantasie Azulejos, Vasen, Tafelaufsätze, Geschirr und Tonfiguren entwarf. Unbekümmert griff er die verschiedensten Einflüsse auf – von der arabischen Kunst über den Manuelismus, die Renaissance, das Rokoko bis zum Jugendstil – oder er nutzte seine eigene karikaturistische Verve. Das von ihm entworfene Gebrauchsgeschirr fand jedoch nicht den rechten Absatz, es sprang zu leicht und nahm Gerüche an, so daß Rafaels Fábrica de Faianças um 1890 erstmals in finanzielle Schwierigkeiten geriet – ein Zustand, der sich bis zu seinem Tod nicht mehr änderte. Heute sind seine Kreationen dafür um so beliebter, ablesbar z. B. an dem auf einen Entwurf Rafaels zurückgehenden Kohlblättergeschirr, das man in praktisch jedem Porzellangeschäft sieht. Im Museu Rafael Bordalo Pinheiro (Campo Grande, Lissabon) kann man etwa 500 Keramiken und zahlreiche Karikaturen des phantasiereichen Gestalters bewundern.

Der jüngste Bruder, **Columbano Bordalo Pinheiro** (1857–1929), gilt als bedeutendster portugiesischer Maler des späten 19. Jahrhunderts und als hervorragender Porträtist. Er ging zunächst beim Vater in die Lehre, bewarb sich dann zweimal erfolglos um ein Stipendium für Paris, bis ihm schließlich Ferdinand von Sachsen-Coburg-Gotha 1881 den Studienaufenthalt in der französischen Hauptstadt finanzierte, bei dem er seine Technik vervollkommnete. Von 1900 bis 1924 unterrichtete er an der Lissabonner Kunstakademie und war anschließend bis zu seinem Tod Direktor des Museu Nacional de Arte Contemporânea, das wichtige Werke von ihm besitzt.

Fernão Mendes Pinto (um 1510–1583)
Der schreibende Abenteurer aus der Provinz repräsentiert die dunkle Kehrseite des »Goldenen Zeitalters«, das sein Zeitgenosse Camões besang. Im Alter von etwa zehn Jahren kam Fernão nach Lissabon, wo er in den Dienst einer vornehmen Dame trat. Doch

bald fraß er etwas aus – was, verriet er nie – und floh mit dem nächstbesten Schiff. Damit begannen seine Abenteuer und Irrfahrten, die ihn bis nach Goa, China und Japan führten, auf der Suche nach seinem persönlichen Eldorado, wobei er immer wieder Schiffbruch erlitt. 13mal sei er gefangengenommen und 17mal verkauft worden, so sagt er über sich selbst, er sei Seemann und Soldat, Händler und Missionar, Pirat, Grabräuber und Spion, Jesuit und Diplomat, Söldner und Sklave gewesen; mit Kapitänen habe er verkehrt und mit Korsaren, die Japaner habe er mit der ihnen unbekannten Feuerwaffe erschreckt und dem hl. Franz Xaver Geld für einen Kirchenbau geliehen ...

Arm wie er es verlassen hatte, kehrte Fernão Mendes Pinto 1558 nach Lissabon zurück, bettelte vier Jahre am Hof vergeblich um eine Rente und zog sich enttäuscht nach Almada am südlichen Tejo-Ufer zurück, wo er eine Familie gründete und seinen Lebensbericht zu schreiben begann. Acht Jahre saß er über der »Peregrinação«, die wegen der Zensur erst 31 Jahre nach seinem Tod erschien. Kein Wunder, daß dies Werk Probleme mit dem Zensor hatte: Illusionslos schildert Mendes Pinto sich und seine Landsleute, entlarvt die wahren Motive hinter wohlklingenden Worten, seine Helden sind geldgierig und wortbrüchig. Geglaubt hat man ihm nicht, wie das gängige Wortspiel mit seinem Namen »Fernão, mentes? Minto« zeigt (Fernão, lügst du? Ja, ich lüge).

Heute ist das Interesse an diesem ungewöhnlichen Schriftsteller wieder erwacht: Nach einer Periode patriotischer Geschichtsverherrlichung verkörpert die Beschäftigung mit Mendes Pinto auch ein Stück Vergangenheitsbewältigung und die Suche nach neuen Perspektiven. Die unabhängige Theatergruppe A Barraca zeigte 1981 mit viel Erfolg ihr Stück »Fernão, mentes?«, José Ruy machte ihn gar zum Helden eines Comic strips, und Portugals bekannter Liedermacher Fausto schrieb Lieder über den unheroischen Chronisten eines heroischen Zeitalters.

José Maria Eça de Queirós (1846–1900)

Im Juli 1866 stieg langbeinig und mager ein frischgebackener Jurist der Universität Coimbra aus der Postkutsche, den halbverdauten Proudhon im Kopf und erste Veröffentlichungen in der »Gazeta de Portugal« im Gepäck. Talent habe der Junge ja, sagte deren Heraus-

geber, aber schade sei halt doch, daß in seinen Erzählungen nie das
tote Liebespaar auf einer Parkbank am Rossio fehle ...

Mit der Anwaltskarriere klappte es nicht, und so versuchte sich Eça
de Queirós ein halbes Jahr als Redakteur in der südportugiesischen
Stadt Évora, wo er sich in der harten Schule des Journalismus immer
weiter von seinen romantischen Anfängen entfernte. Wieder in Lissabon, bemühte er sich gemeinsam mit Freunden die brave, schlaf-
mützige Stadt nach Kräften zu verunsichern. Da wurde dem Publikum feierlich ein unbekannter, großer Dichter namens Carlos Fradique Mendes vorgestellt, den es gar nicht gab, und ein angebliches
Verbrechen an der Straße nach Sintra wuchs sich zu einem zweimo-
natigen Fortsetzungsroman aus. Nach solchen Vorfällen mußte eine
1871 geplante Vorlesungsreihe im Casino von Lissabon selbstredend
alsbald auf allerhöchstes Geheiß abgebrochen werden.

Während seiner einjährigen Beamtenzeit in Leiria, 1870/71, schrieb
Eça – das Vorbild Gustave Flaubert vor Augen – seinen ersten großen Roman, »Das Verbrechen des Padre Amaro«, der die Liebesaf-
färe eines Geistlichen in einer portugiesischen Provinzstadt beschreibt. Auf verbotene Beziehungen – Inzest, Ehebruch – sollte er
immer wieder zurückkommen. Eça hatte eine ungewöhnliche Kindheit hinter sich: Vom Vater als unehelicher Sohn anerkannt, galt die
Mutter offiziell als unbekannt. Seine Eltern heirateten erst vier Jahre
nach seiner Geburt, nahmen ihn aber auch dann nicht zu sich. Das
Kind wuchs bei der Amme, bei der Großmutter und im Internat auf.
Erst 1885, als der bereits 40jährige Eça die 14 Jahre jüngere Emília de
Resende heiratete, erklärten ihn seine Eltern offiziell zum legitimen
Sohn.

1872 trat er in den diplomatischen Dienst ein und wurde als Konsul
in das damals noch spanische Havanna geschickt. 1874 ging es ins
nordenglische Newcastle-on-Tyne, wo er seinen ersten Lissabonner
Gesellschaftsroman verfaßte, den »Vetter Basílio«. Voll Begeisterung plante er zwölf Bände mit »Szenen aus dem portugiesischen
Leben« oder auch »Szenen aus dem wahren Leben«, in denen er
nach Art der französischen Realisten die portugiesische Gesellschaft
in der Provinz und in der Hauptstadt beschreiben wollte. Doch
plötzlich ging es nicht mehr vorwärts. Eça entschuldigte sich miß-
launig im nebligen Newcastle, Balzac hätte die »Comédie Humaine«
auch nicht in Manchester schreiben können oder Zola den Rougon-

Macquart-Zyklus in Cardiff. 1878 wurde er nach Bristol versetzt, konnte aber wegen des ewigen Geldmangels nicht umziehen – schließlich war seine Anwesenheit die einzige Sicherheit seiner Gläubiger. Mit der Idee eines politisch brisanten Romans hätte er am liebsten seinen Außenminister ein bißchen erpreßt, vielleicht hätte sich ja aus der Nicht-Veröffentlichung etwas Kapital schlagen lassen?

Eça, der mit der französischen Literatur aufgewachsen war, lernte nun englische Autoren, wie Dickens und Eliot, Meredith und Disraeli, kennen, unter deren Einfluß er sich von einem platten Naturalismus abkehrte. 1888 erschien endlich sein großer Gesellschaftsroman »Os Maias«, den er bereits 1880 angekündigt hatte; im gleichen Jahr erfüllte sich ein anderer Traum: Er wurde Konsul in Paris. In den wenigen Jahren bis zu seinem frühen Tod 1900 wurde sein Ton immer ironischer, fast satirisch.

Gil Vicente (um 1470–ca. 1536)

Wo und wann der »Vater des portugiesischen Theaters«, der eigentlich Goldschmied war, geboren wurde, wo und wann er starb, weiß man nicht genau. Um 1500 kam er, wie so viele seiner Zeitgenossen, an den Hof König Manuels, um dort sein Glück zu machen. Zunächst arbeitete er für die Königinwitwe in seinem erlernten Beruf. Doch dabei blieb es nicht. Den 4000 Höflingen (30 Jahre zuvor, unter João II., waren es lediglich 200 gewesen) fehlte es an Unterhaltung. So kam es, daß Gil Vicente 1502 zur Feier der Geburt des Thronerben sein erstes dramatisches Spiel aufführte – ein sogenanntes *Auto*, ein Versdrama mit gesungenen und getanzten Einlagen. Es gefiel, und von nun an verfaßte Vicente zu allen Festen und offiziellen Anlässen Spiele, Komödien, Tragikomödien und Farcen. Er schrieb auf Portugiesisch, Spanisch oder in einer portugiesisch-spanischen Mischsprache, komponierte Gesangs- und Tanzeinlagen dazu und bezog dafür einen festen Lohn. Das alte Handwerk verlernte er jedoch nicht, und 1506 fertigte er für das neugegründete Hieronymus-Kloster in Belém eine kostbare Monstranz aus afrikanischem Gold und Emaille an.

Gil Vicente lebte in einer Zeit des Wandels. Ohne ein Blatt vor den Mund zu nehmen, sagte er, was er dachte, in einer offenen, oft derben Sprache – der Sprache des Volkes. 30 Jahre später schrieb Ca-

mões unter dem Einfluß des Humanismus in einer neuen Sprache, die nur noch die gebildete Elite verstand. Gil Vicente machte sich noch über ein berühmtes Sonett Petrarcas lustig – Camões dichtete es meisterhaft nach. Hinter dem burlesken Komödianten Gil Vicente verbarg sich jedoch ein kritischer Beobachter, der die sozialen Umwälzungen seiner Zeit genau registrierte und das Verhalten der Beteiligten treffend darstellte: den verarmten Landarbeiter und Kleinbauern, der für den Sohn den sicheren Futtertrog beim Klerus, für die Tochter den Aufstieg am Hofe suchte (der sich nur zu oft als Abstieg in die Prostitution erwies); er zeigte den um politischen Einfluß bemühten Klerus und reiche, adlige Nichtstuer; stellte Schmarotzer und Emporkömmlinge neben Handwerker und Händler. Er karikierte die Aufblähung des Hofes und ließ in einem *Auto* sogar den Maulesel des Lasttiertreibers im Soldbuch des Königs stehen, er kritisierte die maßlosen Importe und ließ in einem anderen *Auto* das Fleisch aus der Bretagne, den Kohl aus dem Baskenland kommen. In einem seiner gewagtesten Spiele griff er das Geschäft der Kirche mit den Ablaßbriefen an. Doch die Zeiten hatten sich geändert, und diesmal sollte seine unverblümte Sprache ihn in Schwierigkeiten bringen. Im Jahr 1531, als João III. beim Papst die Errichtung der Inquisition in Portugal beantragte, ließ der portugiesische Botschafter in Antwerpen jenes *Auto* Gil Vicentes aufführen. Den päpstlichen Gesandten im Publikum gefiel das Stück nur wenig, sie beklagten sich beim Papst. 1534 wurde Gil Vicente – der zudem die *cristãos novos* (zum Christentum konvertierte Juden) öffentlich verteidigt hatte – als einem der ersten Opfer der Inquisition der Prozeß gemacht. Zwei Jahre Haftstrafe mußte er verbüßen. 1536 kehrte er noch einmal an den Hof zurück und stellte sich im Prolog seines letzten *Auto* als verfolgten und geknebelten Denker dar. Danach wurde es still um ihn. Man vermutet, daß er 1536 oder 1537 gestorben ist. Sein Grab befindet sich in der Franziskuskirche in Évora.
Zu seinen Lebzeiten wurden nur wenige seiner Stücke in fliegenden Blättern veröffentlicht. Erst 1562 gab sein Sohn, Luís Vicente, seine gesammelten, aber nicht ganz vollständigen Werke heraus. Die nächste Auflage, 1582, wurde bereits stark von der Zensur gekürzt.

Lissabonner Besonderheiten

Fado und andere Musik

Bei portugiesischer Musik denkt man zunächst an den Fado, diese in den Städten gewachsenen Lieder von melancholischer Süße. Die Bezeichnung kommt von lateinisch *fatum* (Schicksal), und genau darum geht es auch in der Regel – um trauriges Schicksal, um unglückliche Liebe in allen Spielarten. Spät abends erst, nicht vor 22 – 23 Uhr, erklingt er bei spärlicher Beleuchtung, erscheint die Sängerin oder der Sänger, meist in Schwarz gekleidet, in dramatischer Strenge. Das Publikum singt die Refrains mit und gibt sich wollüstig der Melancholie hin. Es fällt schwer, sich der Stimmung zu entziehen; man badet geradezu in *saudade* – ihrer, so meinen die Portugiesen, ureigenen, unübersetzbaren Art der Sehnsucht, des Heimwehs. Begleitet wird der Sänger von der *viola*, einer sechssaitigen Gitarre, und der *guitarra*, einem zwölfsaitigen Zupfinstrument.

Am Fado scheiden sich die Geister – die einen sehen in seiner fatalistischen Grundhaltung »Opium fürs Volk«, für die anderen ist er der eigentliche Spiegel der Volksseele. Über seinen Ursprung streiten sich die Experten. Eine Theorie hält den Fado für einen Nachkommen des »Lundum«, einem Tanz aus dem Kongo, der Anfang des 19. Jahrhunderts über Brasilien nach Portugal kam. Andere wollen in ihm musikalische Spuren der provenzalischen Troubadours oder der Araber entdecken. Wie dem auch sei, im 19. Jh. gewann der Fado in den verrufensten Vierteln Lissabons an Boden und entwickelte bald seine eigene Mythologie, den die Sängerin Severa – die Geliebte des Conde de Vimioso, die 1845 mit 26 Jahren starb – wie keine andere verkörperte. Das Wort *fadista* bedeutete damals nicht nur »Fadosänger«, sondern umfaßte einen ganzen Lebensstil. Vítor Ribeiro, ein Schriftsteller der Jahrhundertwende, hat ihn treffend beschrieben: »Mit dem Fado entstand ein neuer Typ, der unverkennbar zu den Elendsvierteln Alfama und Mouraria gehörte. Ein

Held der Spelunken, krank, von Laster und Trunk zerfressen, ein Lovelace der Bordelle, Zuhälter, dreist, unverschämt, feige, heimtückischer Messerstecher, verderbt und arbeitsscheu. Der Fadista feierte seine Triumphe in der Gasse, der Taverne, dem Café.« Erzählungen von Bandenkämpfen rivalisierender Fadistas aus der Mouraria, dem ursprünglichen Maurenviertel um den Largo Martim Moniz, und aus dem Bairro Alto scheinen diesen zwielichtigen Ruf zu bestätigen. In unserem Jahrhundert wurde der Fado gesellschaftsfähig. Amália Rodrigues, die noch immer als Königin der Fado-Szene gilt, verschaffte ihm auf internationalen Bühnen Geltung. Carlos do Carmo erneuerte ihn, indem er sich nicht auf die traditionellen Inhalte beschränkte, sondern Lieder über den *cacilheiro* (die Fähre nach Cacilhas), die Straßenbahn, den Maroniverkäufer und andere Lissabonner Themen schrieb. Der Jazzsaxophonist Rão Kyão nahm 1983 eine Platte mit Fadothemen auf.

Und wo hört man Fado live? Die meisten Lokale des Bairro Alto sind auf Touristen eingestellt und zeigen um den Fado herum lieblos aufgeführte Volkstänze und auch sonst allerlei Überflüssiges. Etwas abseits der Besucherströme liegt die »Cesária« in Alcântara (Rua Gilberto Rola, 20). *Fado à desgarrada*, bei dem zwei *fadistas* um die Wette singen, sich gegenseitig herausfordern, kann man freitags und samstags abends im »Grupo Excursionista Vai-tú« (Rua da Bica de Duarte Belo, 6/8 – Bica) hören. In dem Lokal »Senhor Vinho« (Rua do Meio à Lapa, 18) wird Fado als Kunst gepflegt, es geht dort etwas feiner, weniger spontan, aber nicht weniger echt zu.

Die portugiesische Volksmusik besteht aber beileibe nicht nur aus Fado. Wenn Sie die Möglichkeit haben, die »Brigada Victor Jara« zu hören, sollten Sie sich diese nicht entgehen lassen – die Gruppe singt regionale Folklore aus ganz Portugal in einer klaren, überzeugenden Form. Oft benutzt sie dabei Material, das der korsische Musikethnologe Michel Giacometti sammelte. Giacometti, der in der Nähe Lissabons lebt, zog jahrelang mit dem Tonbandgerät durch alle Provinzen und machte in den entlegensten Dörfern Aufnahmen. In Zusammenarbeit mit dem Komponisten Fernando Lopes Graça wurde inzwischen ein Teil des gesammelten Materials veröffentlicht. Der Interpret Júlio Pereira hat das volkstümliche *cavaquinho* wiederentdeckt, eine etwa 50 cm lange Mini-Gitarre.

Wußten Sie, daß das hawaiische Ukulele nichts anderes ist als ein *cavaquinho*, das Auswanderer aus Madeira 1879 in Honolulu einführten? Die Gruppe »Trovante« verarbeitet ebenfalls regionale Elemente, entfernt sich jedoch weiter von den Ursprüngen. Der aus dem Alentejo stammende Sänger Vitorino singt alte Balladen und Lieder seiner Heimatprovinz, Sérgio Godinho hat sich auf Chansons spezialisiert. Der vielleicht populärste Sänger ist José Afonso, dessen Lied »Grândola, Vila Morena« 1974 zum Startsignal für die Nelkenrevolution wurde.

Feiertage und Feste in Lissabon und Umgebung

1. Januar: Neujahrstag
Um das neue Jahr zu begrüßen, steigt man in Portugal auf einen Stuhl, hält den Geldbeutel in der Hand und ißt zwölf Rosinen – bei jedem Glockenschlag eine. Das bringt Geld und Glück in den nächsten zwölf Monaten.

Februar: Carnaval
Arbeitskollegen versuchen, einander aufs Glatteis zu führen; die Schulen müssen manchmal geschlossen werden, wenn die Faschingsscherze der Schüler ein bißchen zu deftig ausfallen. Karnevalsumzüge gibt es dagegen in Lissabon nicht.

März: Procissão do Senhor dos Passos
Die große Passionsprozession der Igreja da Graça findet am zweiten Sonntag der Fastenzeit statt, die 40 Tage vor Ostern beginnt.

25. April: Dia da Liberdade
Der »Tag der Freiheit« wird alljährlich zur Erinnerung an die Nelkenrevolution von 1974 mit Reden, Kundgebungen, sportlichen Wettkämpfen, Militärparaden und anderen Veranstaltungen feierlich begangen.

Mai: Procissão da Nossa Senhora da Saúde
Am zweiten Sonntag im Mai findet eine Prozession zu Ehren Unserer Lieben Frau der Gesundheit statt, die vom gleichnamigen Kirchlein am Largo Martim Moniz ihren Ausgangspunkt nimmt.

Mai: Quinta-Feira da Espiga
40 Tage nach Ostern begeht man in Portugal den »Ährendonners-
tag«. Wer an diesem Datum Weizenähren, Ölbaumzweige, Klatsch-
mohn und Margeriten zu einem Strauß bindet, trocknet und bis zum
nächsten Jahr aufbewahrt, dem wird es nie an Brot fehlen. Übervor-
sichtige fügen noch eine Münze und ein Brötchen hinzu.

Mai / Juni: Feira do Livro
Wer sich für portugiesischsprachige Literatur interessiert, sollte die
alljährlich veranstaltete Buchmesse – Feira do Livro – Ende Mai /
Anfang Juni im Parque Eduardo VII nicht versäumen.

Juni: Encontros Gulbenkian de Música Contemporânea
An Liebhaber zeitgenössischer Musik wendet sich die regelmäßig
wiederkehrende Veranstaltungsreihe der Gulbenkian-Stiftung.

*10. Juni: Dia de Portugal, de Camões e das Comunidades Portugue-
sas*
Mit dem portugiesischen Nationalfeiertag, früher »Dia da Raça e de
Portugal« genannt, feiert die Nation sich selbst und ihren größten
Dichter, Luís Vaz de Camões, und gedenkt der portugiesischen
Emigranten in aller Welt.

13. Juni: Dia de Santo António
Basilikum in den Blumenhandlungen kündigt im Juni die Zeit der
santos populares an, der drei Volksheiligen. Den Anfang macht mit
dem Antoniustag am 13. Juni der Lissabonner Schutzpatron. Am
Vorabend des Festes wetteifern die einzelnen Stadtviertel bei farbenprächtigen Umzügen, den *marchas populares*, miteinander. Danach
wird die Antoniusnacht mit dem traditionellen Schwarzsauer-und-
Reis-Essen (*arroz de cabidela*) begangen. Die Teilnahme an dieser
Mahlzeit, bestehend aus sauer abgeschmecktem Geflügelklein, dem
Hühnerblut hinzugefügt wird, gilt heute noch bei vielen Portugiesen erst als Nachweis »echter« Lissabon-Erfahrung.

24. Juni: Dia de São João
Dem Antoniustag folgt der Johannistag, der besonders ausgelassen
in der nordportugiesischen Stadt Porto begangen wird. Hin und

wieder sieht man aber auch in Lissabon jemanden am Vorabend über das Johannisfeuer springen (vielleicht Zugereiste?).

29. Juni: Dia de São Pedro
Den Abschluß der Feiern zu Ehren der *santos populares* bildet der Peterstag, den man am besten in dem kleinen Ort São Pedro de Sintra in der Nähe der Stadt Sintra miterleben sollte. Dort lockt ein großer Markt für regionale Erzeugnisse, Antiquitäten, Trödel und Volkskunst. In Lissabon gehen mit diesem Tag die während der ganzen Zeit veranstalteten Volksfeste in den alten Stadtteilen zu Ende, die mit gerösteten Sardinen, Wein und Tanz z. B. auf dem Largo de São Miguel in der Alfama und auf dem Largo de Santa Cruz do Castelo auf der Burg begangen werden.

Juli / August: Feira do Artesanato
Im feinen Seebad Estoril nordwestlich von Lissabon findet ein großer Markt für Kunsthandwerk statt.

August: Festivals für klassische Musik
Kunstgenuß für Freunde klassischer Musik versprechen die Festivals, die an der Costa do Estoril und im Convento dos Capuchos an der Costa da Caparica veranstaltet werden.

September: Feira da Luz
Am Lissabonner Largo da Luz lockt ein buntes Kirchweihfest.

September: Festa do Avante
Nicht nur Parteigenossen freuen sich auf das Drei-Tage-Fest der kommunistischen Parteizeitschrift »Avante«, das mit einem dichtgedrängten kulturellen Programm, von portugiesischer Rockmusik bis zu Folklore, Sängern aus allen portugiesischsprachigen Ländern, Imbißbuden und Verkaufsständen für Kunsthandwerk aus den verschiedenen Landesteilen aufwartet. (Wenn im Herbst Wahlen anstehen, findet das Fest bereits im Juli statt.)

5. Oktober: Implantação da República
Der portugiesische Nationalfeiertag erinnert an die Ausrufung der Republik im Jahre 1910.

Oktober: Jornadas de Música Antiga
Der Pflege alter Musik sind zahlreiche Veranstaltungen der Gulben-kian-Stiftung gewidmet.

November: Jazzfestival
Drei Tage lang können Jazzfreunde in Cascais wechselnden Forma-tionen zwischen Swing, Hot und Free Jazz zuhören.

11. November: Dia de São Martinho
Am Martinstag essen echte Lissabonner Röstkastanien und trinken dazu Agua-pé, einen leichten roten Tresterwein, der überraschend schnell zu Kopf steigt.

1. Dezember: Dia da Restauração
Dieser Nationalfeiertag hält die Erinnerung an die Vertreibung der Spanier im Jahre 1640 wach.

24./25. Dezember: Natal
Höhepunkt der portugiesischen Weihnachtsfeiertage ist der Besuch der Christmette, hier *missa do galo* (Hahnenmesse) genannt. An-schließend nimmt man im Familienkreis das traditionelle Weih-nachtsmahl ein: gekochten Stockfisch mit Grünkohl oder Blumen-kohl, dem am ersten Weihnachtsfeiertag gewöhnlich ein großes Pu-ter-Essen folgt. Mittlerweile werden auch viele Wohnungen mit Weihnachtsbäumen geschmückt, sie gehören aber nicht zum landes-eigenen Brauchtum. Typischer ist dagegen der »Königskuchen« *bolo-rei*, der überall in der Weihnachtszeit gebacken wird. Er be-steht aus einem mit kandierten Früchten verzierten Hefekranz, in dem eine Saubohne und eine kleine Überraschung (meist eine An-stecknadel) eingebacken werden. Wer das Stück mit der Saubohne erhält, muß den Kuchen im nächsten Jahr bezahlen.

Kulinarisches Lissabon
Frühstück miserabel, ansonsten gut bis sehr gut – so möchte man summarisch über die portugiesische Küche urteilen. Vorausgesetzt, man liebt deftiges und derbes Essen. Denn die portugiesische Küche ist eine rechte Bauernküche. Die Raffinesse, die Liebe zur Ge-schmacksnuance, die z. B. die Küche Frankreichs oder Chinas aus-

zeichnet, fehlen ihr. Es ist die Küche eines Volkes von hart arbeiten-
den Bauern und Fischern, die alles – und oft ist das wenig – zu nut-
zen weiß, was sich ihr bietet.

Trotz dieser relativen Einfachheit wird dem Essen, soweit es Zeit
und Geld erlauben, ein hoher Stellenwert eingeräumt, ja, man treibt
geradezu einen Kult damit. Noch immer machen viele Betriebe an-
derthalb bis zwei Stunden Mittagspause, noch immer stellt sich auch
die berufstätige Lissabonnerin abends wie selbstverständlich an den
Herd und kocht ein warmes Abendessen für die Familie, noch immer sind trotz niedriger Gehälter und hoher Inflationsrate die Restaurants überfüllt (um mittags einen Platz zu bekommen, muß man
vor 13 Uhr kommen oder aber geduldig Schlange stehen, wenn man
nicht einen Tisch reserviert hat), noch immer sind Arbeitsessen ein
willkommener Vorwand für eine üppige Mahlzeit und einen guten
Tropfen, in deren Verlauf dann auch vielleicht noch geschäftlich etwas herausspringt. Und sicher spricht ein Portugiese jedem Landsmann aus der Seele, wenn er spontan beschließt, einen Kollegen
fortan zu schneiden, der sich mit ihm an der Theke einer Snackbar
treffen wollte, um einen Happen im Stehen zu essen und dabei etwas
zu besprechen. So etwas, das steht fest, tun nur Kulturbanausen!
Sicher, die Seuche der Snackbars breitet sich auch in Lissabon immer
weiter aus – verständlicherweise, denn oft kostet dasselbe Gericht
dort nur die Hälfte oder zwei Drittel des Preises, der am Tisch eines
Restaurants bezahlt werden muß.

Eine eigentliche Lissabonner Küche gibt es nicht. Der sprunghafte
Bevölkerungszuwachs der Stadt in diesem Jahrhundert erfolgte
größtenteils auf Kosten der übrigen Landesteile, und die Neuan-
kömmlinge aus der Provinz brachten nicht zuletzt ihre Rezepte und
Eßgewohnheiten mit. So findet man in Lissabon Gerichte aus allen
Landesteilen – oft verstädtert und nicht immer zu ihren Gunsten
verfeinert. Von einer Lissabonner Küche kann man allenfalls inso-
fern sprechen, als die städtische Bourgeoisie viele ursprünglich einfache, bäuerliche Gerichte mit teuren Zutaten verfeinern zu müssen
glaubte, um sie tischfein und für die bürgerliche Tafel konsumierbar
zu machen. (Ein guter Vertreter dieses Küchenstils im positiven Sinn
ist das Restaurant »O Polícia«, Rua Marquês de Sá da Bandeira,
162). Manche Gerichte haben bei diesem Prozeß aber nur verloren.
Das gilt z. B. für die *açorda*: In der ländlichen, armen Ursprungs-

provinz Alentejo versteht man darunter eine schmackhafte Brot-suppe mit Kräutern, Olivenöl und Knoblauch. Lissabon hat daraus einen pappigen Brotbrei gemacht, unter den zwecks größerer Respektabilität Krabben und Muscheln gemischt werden, in dem sich aber das Aroma der frischen Kräuter nicht mehr frei entfalten kann. Ebenso einfach sind auch die übrigen alentejanischen Gerichte. Sie basieren auf Brot und Schweinefleisch und allenfalls etwas *bacalhau* zur Abwechslung.

Und damit fiel auch schon das Stichwort: *bacalhau* oder Stockfisch – heißgeliebtes Nationalgericht, das Portugiesen zu lyrischen Lob-liedern inspiriert und als »treuer Freund« *(fiel amigo)* in der Fremde bitter vermißt wird, in vielen Gebieten sogar Grundstock des traditionellen Weihnachtsessens. Ursprünglich ein Arme-Leute-Essen, ist *bacalhau* heute eine teure und rare Delikatesse, für die man geduldig Schlange steht, wenn ein Geschäft eine Lieferung erhalten hat. Ganze Zeitungsschlagzeilen werden ihm gewidmet; *bacalhau* wird importiert und geschmuggelt. In einer Zeit entstanden, als das Einsalzen des frischen Fischs die einzige Konservierungsmethode war, hat er sich dank einer unglaublichen Rezeptevielfalt (Schätzungen schwanken zwischen 100 und 365 Zubereitungsvarianten – für jeden Tag eine) auf dem portugiesischen Speisezettel erhalten. Die meisten (und besten) dieser Rezepte kommen übrigens aus dem Landesinnern – an der Küste gab es immer auch frischen Fisch, doch in den schwer zugänglichen, abgelegenen Landesteilen wie Trás-os-Montes (was nicht umsonst »Hinter den Bergen« bedeutet) oder im Alentejo war der *bacalhau* oft der einzig verfügbare Fisch. Vor dem Kochen muß er ausreichend gewässert werden (24 Stunden oder länger), um ihm das Salz wieder zu entziehen.

Meine Bekanntschaft mit dem *bacalhau* stand (wie vieles hier) zunächst unter einem ungünstigen Stern: Ich probierte ihn gebraten, d. h. in einer Version, die oft – auch im Interesse des Wirts bzw. des Weinkonsums – leicht salzig ausfällt. Daraufhin hielt ich das Lob des *bacalhau* für einen klaren Fall von Autosuggestion: Die Portugiesen hatten, dachte ich, so lange aus schierer Notwendigkeit Stockfisch gegessen, bis sie schließlich davon überzeugt waren, er schmecke auch gut. Erst Natália, begeisterte Hobby-Köchin aus dem Alentejo, versöhnte mich mit dem Nationalgericht. Immer wenn mir eine typische Variante nicht schmeckte, schloß sie, mit einer gehörigen Portion Küchenpatriotismus ausgestattet, sie müsse einfach falsch zubereitet gewesen sein, und machte sich daran, mir das in der Praxis – meist mit Erfoig – zu demonstrieren. Probieren auch Sie wenigstens eins der vielen Rezepte – vielleicht *bacalhau à Gomes de Sá* (mit Kartoffeln, Eiern und Zwiebeln vermischt wie ein deutsches Bauernfrühstück, in das sich Oliven verirrt haben) oder *bacalhau espiritual* (mit Mohrrüben und Bechamelsauce im Ofen gratiniert) oder *pastéis de bacalhau* (frittierte Pastetchen mit einer Stockfisch-Kartoffelbrei-Petersilie-Füllung).

Glücklich ist der Lissabonner eigentlich nur, wenn er einmal am Tag Fisch ißt, frischen Fisch oder salzig konserviert; und das Ideal ist es, mittags Fleisch und abends Fisch (oder umgekehrt) auf den Tisch zu bringen. Auch wenn Sie nicht so genau wissen, wie man diese Meeresbewohner zerlegt: Wagen Sie sich daran – schauen Sie die Technik einfach Ihrem Tischnachbarn ab! In Portugal darf man Fisch auch ruhig mit Messer und Gabel essen, ein Fischbesteck ist seltener vorhanden. Die deutsche Gute-Kinderstuben-Weisheit »Fisch ißt man nicht mit dem Messer!« löst hier allenfalls befremdetes Kopfschütteln aus. Sofern man etwas davon versteht (oder so tut als ob), geht man zunächst zur Vitrine an der Theke und mustert mit Kennermiene den dort ausliegenden rohen Fisch, bevor man wählt. Ob Barsch oder Brasse, ob Meerbarbe oder Schwertfisch, ob Sardine oder ihre kleinen Verwandten Carapau, Carapauzinho und Joaquinzinho, ob gegrillt oder gekocht, gebacken oder geröstet: Frisch zubereitet sind sie alle köstlich. Kochfisch kommt mit Salzkartoffeln und *grelos* (gekochte Strünke von Kohl- oder Rübenstauden) auf den Tisch und will zunächst reichlich mit Olivenöl und nach Belieben auch ein wenig Essig übergossen werden. Den typischen kleinen Sardinengrill sieht man selbst vor sechsstöckigen Wohnhäusern auf der Straße, damit der Geruch nicht in der Küche hängt. Eine gute *caldeirada* (Fischeintopf), die die verschiedensten Fischsorten und auch Fischleber enthalten kann, gibt es (nicht täglich) im »Faz Frio« (Rua Dom Pedro V, 96–98). Mutige probieren Fischrogen oder auch einen gekochten Fischkopf (meist Schellfisch oder Barsch), der zwei Personen reichlich satt macht, und oft nur nach vorheriger Bestellung zu bekommen ist. Er ist allerdings nicht ganz leicht zu tranchieren. Manche Portugiesen essen sogar die Augen mit ... Beim Fischschmausen zuschauen oder selbst probieren kann man in der *cantina* des Markts direkt gegenüber dem Sheraton-Hotel, in der die Markt-verkäufer neben den Angestellten der umliegenden Büros an einfachen Holztischchen mit Papiertischdecken essen.

Muscheln ißt man entweder als selbständiges Gericht oder zusammen mit frittiertem Schweinefleisch (*carne de porco à alentejana*), eine überraschende, aber schmackhafte Kombination. Langusten und Hummer, die es in den feinen Hotels der Costa do Sol oder am Guincho gibt, sind für portugiesische Normalgehälter unerschwinglich.

Unter den Suppen sollte man im Winter einmal eine *caldo verde* versuchen, eine kräftige, in ganz Portugal beliebte Kohlsuppe mit Kartoffeln. (Überall im Land, auch in Lissabonner Vororten, sieht man Kohlfelder und Kohlgärtchen am Straßenrand. Neben grünen Bohnen und den bereits erwähnten *grelos* ist Kohl das häufigste Gemüse einer ansonsten gemüsearmen Küche.) Die Steinsuppe (*sopa de pedra*) entspricht eher einem deftigen Eintopf mit allen Arten von Schweinefleisch, so daß sie als Hauptgericht mehr als ausreichend ist. Der Name »Steinsuppe« geht auf eine Legende zurück: Ein Bettler behauptete, er könne aus einem Stein eine Suppe kochen, und erbat sich dazu einen Topf – also gab man ihm den Topf. Und ein bißchen Wasser brauche er auch – also gab man ihm das Wasser, in das er einen Stein legte. Und ein bißchen Wurst zur Verbesserung des Geschmacks wäre nicht schlecht, und ein bißchen Speck und ... so kam er zu seiner ersehnten Suppe.

Eigentlich sind viele portugiesische Gerichte ausgesprochene Wintergerichte, die bei 30 Grad im Schatten gar nicht recht verlocken. Der Speisezettel ignoriert die Jahreszeiten aber souverän, so daß man auch im Sommer die *feijoada* (ein Eintopfgericht aus weißen Bohnen, Kohl und Schweinefleisch) ebenso auf der Speisekarte findet wie *cozido à portuguesa*, das portugiesische Eintopfgericht schlechthin, bestehend aus Rind- und Schweinefleisch, Wurst und Speck, Kohl, Mohrrüben, Reis und Kartoffeln. Aus der Zeit der Inquisition stammen die *alheiras*, Knoblauchwürste auf Wildfleischbasis, mit denen Juden und Muslime den Inquisitoren ein Schnippchen schlugen, ohne verbotenes Schweinefleisch zu essen.

Unter den Fleischgerichten sind Steaks beliebt und allgegenwärtig, die hier *bife* heißen (erkennen Sie das englische *beef* wieder?) und mit einem Spiegelei serviert werden. Besonders gut im »Trindade«

(Rua Nova da Trindade, 20 B), einer großen Bierhalle (und ehemaligen Freimaurerloge) mit schönen Wandkacheln, die die vier Jahreszeiten darstellen. Am Cais do Sodré, mitten zwischen billigen Seemannsbars, findet man (nicht ganz leicht) »O Porto do Abrigo« (Rua dos Remolares, 16), ein einfaches, aber nicht mehr billiges Restaurant, dessen Spezialität Ente ist. Probieren sollte man auch einmal *dobrada* (Kutteln), die mit weißen Bohnen serviert werden, oder auch Zicklein, Kaninchen und vieles mehr.

Als Dessert gibt es Obst oder Süßspeisen. Süßer Reis mit Ei, Vanille und Zimt oder Karamelpudding sind empfehlenswert. Von den meisten anderen Nachspeisen ist lediglich zu vermelden, daß sie sehr süß sind. Oft bestehen sie überhaupt nur aus Ei und Zucker. Man ißt auch gerne Backwaren, wie z. B. Mandel- oder Nußkuchen, als Nachtisch. Käse aus der Serra da Estrela ist auch nicht zu verachten – doch den echten findet man leider nur selten; meistens handelt es sich um minderwertige Imitationen. Zum Abschluß trinkt man einen schwarzen Kaffee, mit oder ohne *bagaço* – dem üblichen, klaren Tresterbranntwein. Milder ist ein Gläschen *medronho* – Erdbeerbaumschnaps.

Für heimwehgeplagte Mägen gibt es auch eine »Cervejaria Alemã« (Rua do Alecrim, 23): ein Restaurant der Mittelklasse mit portugiesischer Küche und drei »deutschen« Gerichten – Eisbein mit Sauerkraut, Bratwurst mit Sauerkraut und Kassler Rippchen mit Sauerkraut ... Eher meiden sollte man auch die paar italienischen Restaurants – in München können Sie besser italienisch essen als in Lissabon! Die Portugiesen scheinen sich unter italienischer Küche lediglich Pizza und Nudeln oder aber Nudeln und Pizza vorzustellen. Einen weiten Bogen macht man besser auch um die Lokale, die sich auf »Hamburger« spezialisiert haben: Meist relativ teuer, bieten sie fünf oder sechs Hamburger-Versionen (und sonst fast nichts) in einem eher prätentiösen Rahmen als etwas Besonderes (weil Importiertes?) an.

Noch ein Tip: Die ganz feinen und teuren Restaurants unterscheiden sich von den übrigen deutlich sichtbar dadurch, daß dort Stofftischdecken benutzt werden statt der sonst überall präsenten Papiertischdecken, auf die man bedenkenlos ein Gedicht schreiben, die Rechnung addieren oder Strichmännchen zeichnen darf, da sie nach jedem Gast ausgewechselt werden. Zur eher feinen Sorte gehört das

Rechts: Das monumentale Denkmal der Entdeckungen in Belém
Innen links: Architektur-Detail aus dem Hieronymus-Kloster

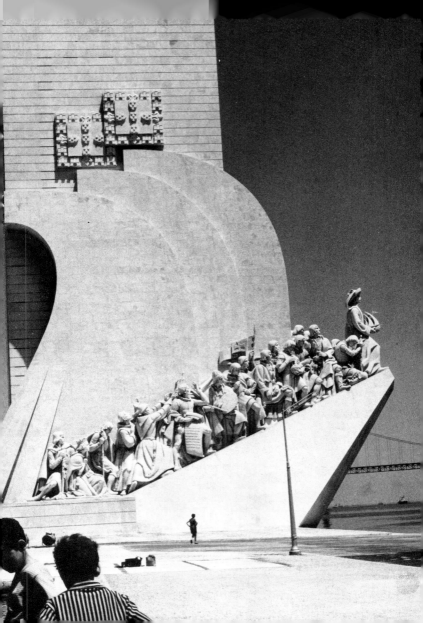

intime Gartenrestaurant »Terraço do Monteiro-Mor« im Park des Museu Nacional do Trajo, das so klein ist, daß es trotz aller Feinheit kein bißchen steif zugeht, und wo man einen herrlichen Blick auf den Park hat. Aber letztlich ißt man dort nicht besser als in ganz einfachen Lokalen wie »Manuel Caçador« (Rua Agostinho Lourenço, 339 A), in dem die Kfz-Mechaniker der nahen Autowerkstätten Mittag machen.

Eine große Rolle im portugiesischen Alltag spielen die Cafés, die man in der Mittagspause, nach der Arbeit, vor oder nach dem Kino besucht. Das portugiesische Café ist ein Mittelding zwischen unseren Kaffee-und-Kuchen-Cafés und Bierkneipen. Die schönen alten verschwinden leider immer mehr oder werden zu lukrativeren Stätten mit blitzendem Inoxstahl umgebaut. Zum Glück gibt es immer noch die »Brasileira« am Chiado, ganz in der Nähe des früheren PIDE-Büros (Salazars Spitzelpolizei), das trotzdem immer ein Treffpunkt der Intellektuellen, der Künstler und anderer lebendiger Geister gewesen ist. Am Rossio findet man die »Pastelaria Suiça« mit eigener Konditorei; an der Praça de Londres geht man in die »Mexicana«. Man trinkt schwarzen Kaffee aus winzigen Mokkatassen (*bica*) oder Bier vom Faß (*imperial*). Zum Bier ißt man gerne Kroketten, Pastetchen, gelbe Lupinenkerne (*tremouços*) oder winzige Schnecken (*caracóis*), die man mit einem dünnen Holzstäbchen aus dem Gehäuse holt.

Wein trinkt der Portugiese nur zum Essen. Nach den Mahlzeiten, in den Bars, bevorzugt er Whisky, Gin tonic und ähnliches. Eine gute Adresse dafür ist die »João-Sebastião-Bar«, in der man Schauspieler und andere Lokalgrößen treffen kann – in Lissabon kennt jeder jeden! – oder das »Metro-e-Meio«, dessen Eingangstür so niedrig ist, daß man den Kopf einziehen muß. Zur Abwechslung kann man auch einen *caipirinha* (Zuckerrohrschnaps mit Zitrone) zu brasilianischer Live-Musik im »Bipi Bipi« oder im »Bate-Papo« genießen (*bater um papo* heißt im brasilianischen Slang, der durch das Fernsehen immer mehr an Boden gewinnt, »ein Schwätzchen halten«, was bei der lebhaften und nicht ganz leisen Musik in der gleichnamigen Bar jedoch nicht so ganz einfach ist). Und wenn man eine Nacht durchgemacht hat, geht man morgens zur Ribeira, der großen Markthalle am Cais do Sodré, und trinkt zum Abschluß mit den ersten Marktfrauen den traditionellen Kakao (*cacau*).

Links: Das Kloster von Mafra mit seinen gewaltigen Proportionen
Innen rechts: Kreuzgang des Hieronymus-Klosters in Belém

Lissabons Umgebung

Ein Lissabon-Aufenthalt, ohne das Meer gesehen zu haben? Undenkbar! Aber auch abgesehen von den Weiten des Ozeans bietet die nähere und weitere Umgebung eine ganze Reihe von Attraktionen, die sich durchweg mit Hilfe öffentlicher Verkehrsmittel erreichen lassen. Im Hochsommer sollte man Ausflüge allerdings besser an Werktagen unternehmen, selbst dann ist es aber überall noch voll genug. An Wochenenden stauen sich die Autos oft kilometerlang, sind Züge und Busse hoffnungslos überfüllt. (Karte S. 155)

A outra banda – Fabriken im Osten, Strände im Westen

A outra banda – das andere Ufer, sagen die Lissabonner und meinen damit das südliche. Die Leute von der gegenüberliegenden Tejoseite haben den Ausdruck übernommen, ohne ihn, wie es logisch schiene, umzukehren und auf Lissabon anzuwenden: Die Hauptstadt ist und bleibt der Bezugspunkt.

Über die Ponte 25 de Abril, die die Tejo-Anrainer miteinander verbindet (S. 123), wacht unübersehbar die Statue **Cristo-Rei** (1959), ein 28 m großer Koloß auf einem 82 m hohen Sockel, auf den ein Fahrstuhl hinaufführt (Zufahrt über Almada im Osten).

A outra banda – das steht für Industrieorte wie **Almada**, **Barreiro**, **Montijo**, **Seixal**, für Einwohnerzahlen, die sich seit 1950 verdreifacht haben, für Schiffswerften, Eisenhütten und Gaswerke. Das steht aber auch für die **Costa da Caparica**, die 16 km vom Stadtzentrum Lissabons beginnt – 40 km Strand an einer sanft nach Süden geschwungenen Bucht, Wind und Wellen, gegrillten Fisch in einfachen Bretterbuden – wo die Transpraia-Bummelbahn im vergeblichen Versuch, den Massen zu entfliehen, durch die Dünen nach Süden zuckelt, bis sie in **Fonte da Telha** die Endstation erreicht.

Die Costa da Caparica ist Lissabons Hausstrand, seit der Ver-

Die Umgebung von Lissabon

N

10 km

schmutzungsgrad der Costa do Sol (s. u.) alarmierende Ausmaße erreicht hat. Doch auch die Caparica läuft Gefahr – dem Ansturm sonnenhungriger Städter ist sie ebensowenig gewachsen wie der Plage des illegalen Hausbaus, der die schönsten Fleckchen teils für Zweitwohnungen, teils für Obdachlose belegt. Zu den gut 20000 ständigen Anwohnern kommen an manchem Wochenende im August 75000 Besucher hinzu, die Fähren und Busse mehr schlecht als recht aus der Stadt an den Strand transportieren, und noch einmal so viele reisen im eigenen Auto an. (Beiläufig sei erwähnt, daß diese Zahlen aus dem Raumordnungsplan stammen, der 1978 für das Strandgebiet ausgearbeitet wurde und immer noch auf die Absegnung durch das zuständige Ministerium wartet – und verringert haben sie sich in der Zwischenzeit kaum.) Das bedeutet Schlangen – auf der Tejobrücke, an den Bushaltestellen, vor den Parkplätzen, überall. Außerhalb der Saison gibt es dagegen nichts Schöneres als einen ausgiebigen Spaziergang mit Muschelsammeln am Meer entlang und anschließend frischen Fisch bei »Bento«, fast am nördlichen Ende des Deichs.

Costa da Caparica: Rodoviária Nacional–Bus ab Praça de Espanha; Fonte da Telha: Fähre nach Cacilhas oder Trafaria und von dort mit dem Bus

Costa do Sol – die Sonnenküste
Wenn die Lissabonner diese Küste meinen, sprechen sie meist nur von der *linha* – der (Eisenbahn-)Linie, die den Stadtbahnhof **Cais do Sodré** seit 1889 mit dem 29 km entfernten Fischerstädtchen **Cascais** im Westen verbindet. Bereits 1870 hatte König Luís erstmals den Sommer in der alten Zitadelle von Cascais verbracht; 1878 rieten die Ärzte Königin Maria Pia, die Sommerresidenz Sintra mit der frischen Seeluft von Cascais zu vertauschen. Die besseren Kreise Lissabons folgten dem Beispiel der gekrönten Häupter, und damit begann die touristische Erschließung der Küste. Mit der Elektrifizierung der Bahn, 1926, entwickelte sich »Portugals Riviera« zum bevorzugten Wohngebiet der gehobenen Gesellschaft. Der Estado Novo, der der Region 1935 das zugkräftige Etikett »Costa do Sol« aufklebte, förderte diese Tendenz durch den Bau der Schnellstraße, der sog. Estrada Marginal, in den 40er Jahren.
Heute bringt der Vorortzug Pendler und Sonnenhungrige in einer guten halben Stunde ans Ziel. Die landschaftlich reizvolle Fahrt

führt teilweise direkt am Meer entlang. Immer wieder ziehen dabei malerische Festungen, die überwiegend nach der Vertreibung der Spanier, 1640, zum Schutz der Tejomündung erbaut wurden, die Blicke auf sich.

Algés, die erste Eisenbahnstation nach der Stadtgrenze auf der Strecke nach Cascais, und **Cruz Quebrada**, die zweite, galten um die Jahrhundertwende als feine Badeorte, doch diese Zeiten sind vorbei. Man schluckt dort nämlich überwiegend Tejowasser, und das ist nicht gerade sauber. Selbst die Strände weiter draußen an der *linha* genießen heute in puncto Sauberkeit nicht eben einen makellosen Ruf. **Caxias**, der dritte Halt, erlangte unter der Salazar-Diktatur traurige Berühmtheit: In seinem Fort war ein berüchtigtes politisches Gefängnis untergebracht. Im weiter westlich gelegenen **Oeiras** baute sich Pombal, der 1759 zum Grafen von Oeiras erhoben worden war, einen Palast im besten pombalinischen Stil, in dem im Sommer 1775 und 1776 König José zu Gast war – vielleicht war dieser seine Holzbarakken (vgl. S. 26) leid? **Carcavelos** ist dann der erste Ort, der dem offenen Atlantik zugewandt liegt. Er besitzt eine kleine, innen mit Azulejos verkleidete Kirche aus dem 17. Jh. und einen langen Strand, an dem alljährlich an Neujahr ein mutiges Grüppchen badet, während eine dreimal so große Gruppe Neugieriger schaudernd und fröstelnd zusieht. Nach Westen reiht sich ein kleiner Strand, von Felsen unterbrochen, an den anderen – am Wochenende alle überfüllt.

Schon 1914 träumte die Gesellschaft Estoril-Plage davon, das nahe Städtchen **Estoril** mit seinen kleinen Gütern und Gemüsegärten in ein mondänes Weltbad zu verwandeln. Das Vorhaben gelang, hatte aber auch zur Folge, daß das heutige Estoril etwas Künstliches, Synthetisches an sich hat. Hinter überordentlichen Rasenbeeten thront zwischen einer Palmenallee das alles beherrschende Spielkasino (geöffnet von 15 Uhr nachmittags bis 3 Uhr morgens). Ansonsten gibt es hier Hotels, einen Golfplatz, jeden Freitag Bridge im Tennisclub, alles in einer leicht unterkühlten, bläßlichen Atmosphäre.

Auch **Cascais**, wenige Kilometer westlich von Estoril gelegen und Endstation der Eisenbahnlinie, lebt vom Tourismus – aber nicht nur. Die Fischerboote in der sanft geschwungenen Bucht sind nicht nur pittoresker Hintergrund für bunte Erinnerungsfotos, sondern fahren noch zum Fang aus, der abends lautstark auf der *Lota* (Fischauktion) versteigert wird. Cascais, das bereits 1364 zur Stadt erhoben wurde, hat Geschichte, hat trotz des Touristenrummels (noch) ein eigenes Gesicht. Man sieht hier zwar Straßenhändler in der Fußgängerzone, teure Boutiquen, Restaurants, Discotheken und Hotels wie überall an der Costa do Sol, es gibt aber auch eine Zitadelle aus dem Jahr 1681, Azulejos am schlichten Palast des Grafen von Guarda, der heute als Rathaus dient, Azulejos in der oktogonalen Barockkirche Nossa Senhora dos Navegantes, Azulejos auch in der Pfarrkirche Nossa Senhora da Assunção. Ein guter Tip ist auch die Museu-Biblioteca Conde de Castro Guimarães mit einer buntgemischten Sammlung, die von prähistorischen Funden aus der Umgebung bis zu indo-portugiesischen Möbeln reicht. Das Museum ist in einer versponnenen Villa der Jahrhundertwende mit Blick aufs Meer untergebracht (an der Ausfallstraße nach Westen – Estrada da Boca do Inferno). Der bei weitem kostbarste Schatz der Sammlung ist eine Chronik mit einer kleinen Buchmalerei, die um 1520 gefertigt wurde. Das Bild soll zwar die Belagerung des maurischen Lissabon durch Afonso Henriques im 12. Jh. darstellen, in Wirklichkeit zeigt es aber die spätere manuelinische Stadt vom Tejo aus, so wie sie der Maler mit eigenen Augen sehen konnte. (Geöffnet 11–13 und 14.30–17 Uhr. Montags und feiertags geschlossen.)

Hinter Cascais wird das Ufer felsig, die Szenerie nackt und wild. An der **Boca do Inferno** (Höllenrachen), ca. 2 km außerhalb Cascais, hat das Meer ein kreisrundes Loch in den Klippen ausgehöhlt. Vorbei an ein paar einsamen Restaurants zwischen den Dünen kommt man zum **Guincho**, einem wildromantischen, windigen Strand, an dem das Schwimmen allerdings nicht ganz ungefährlich ist (ca. 10 km von Cascais).

Die Straße führt weiter nach **Malveira da Serra** und klettert von dort links auf die Höhe, nicht ohne in den Kurven atemberaubende Blicke auf den Guincho zu bieten. Nach 5 km zweigt links die Straße nach **Azóia** und zum **Cabo da Roca** ab, dem westlichsten Punkt des europäischen Festlandes (ca. 20 km von Cascais). In der Touristeninformation kann man sich den Besuch mit einem liebevoll gestalteten »Diplom« bescheinigen lassen, auf dem das berühmte Camões-Zitat – »wo das Land endet und das Meer beginnt« – nicht fehlt.

Cascais: Vorortzug ab Cais do Sodré (Abfahrt ca. alle 30 Min.)
Guincho: Bus ab Bahnhof Cascais
Cabo da Roca: Bus viermal täglich ab Bahnhof Cascais

Queluz – ein Hauch von Rokoko

Im Westen Lissabons liegt **Amadora**, eine der größten Schlafstädte im Einzugsgebiet der Hauptstadt, das sich vom ländlichen Vorort der Jahrhundertwende zum problembeladenen Wohngebiet für 200 000 Einwohner entwickelt hat. Zu ihrem Ortskreis gehört **Brandoa**, das sich als womöglich größte illegal entstandene Siedlung in ganz Europa (ca. 18 000 Einwohner) einen zweifelhaften Ruf erworben hat; zu ihrem Umkreis gehört aber auch ein kunstgeschichtliches Kleinod wie der rosarote **Palácio Nacional de Queluz** – das portugiesische Sanssouci – in der Gemeinde **Queluz** (15 km).

Der Palast von Queluz geht auf Pedro, den zweiten Sohn Joãos V., zurück. 1747 beauftragte er den Architekten Mateus Vicente mit dem Umbau eines alten Landhauses des pro-spanischen Marquês de Castelo Rodrigo, das die königliche Bragança-Familie 1654, kurz nach der Restauration, beschlagnahmt hatte. Mateus Vicente entwarf in der Tradition des portugiesischen Barocks einen Palast in U-Form, der die Schauseite dem Garten und nicht der ihm gleichgültigen Außenwelt zuwendet. Acht Jahre lang wurde geplant und gebaut, doch als nach 1755 Pombal alle namhaften Architekten für den Wiederaufbau Lissabons einspannte, war an eine baldige Fertigstellung von Queluz nicht mehr zu denken. Erst 1758 wurden die Arbeiten unter Leitung von Jean-Baptiste Robillon, dessen Rokoko-Geschmack nicht in Pombals Programm paßte, wiederaufgenommen. Der gelernte Graveur und Dekorateur aus Paris entwarf die monumentale Löwentreppe und die klassizistische Westfassade, die vage Erinnerungen an Versailles wachruft. Bis zu seinem Tod, 1782, arbeitete er mit einem Team französischer Handwerker an der leichten, heiteren Rokoko-Ausstattung der Innenräume. Den Garten, eine Hauptattraktion des Palastes, gestaltete er im Stil des französischen Gartenarchitekten Le Nôtre, wobei an Vasen und Büsten aus italienischem Marmor, an mythologischen und allegorischen Bleistatuen aus England und natürlich an Azulejos nicht gespart wurde.

Heute erscheint der Palast von Queluz fast wie ein Symbol portugiesischer Geschichte. Er verkörpert den höfischen Geschmack, der die aufgeklärte, vernunftbetonte Ära des Pombalismus unberührt überlebt hatte und nach der Thronbesteigung Marias I., 1777, wieder den Ton angab. Das Schlößchen war die bevorzugte Sommerresidenz Marias II., deren Vater Pedro IV. dort 1834, wenige Monate nach dem Sieg der Liberalen, gestorben war. 1979 rollten noch einmal Kutschen vor, öffneten noch einmal livrierte Diener den Schlag – für eine Verfilmung des »Grafen von Monte Christo« wurde der Rokoko-Traum noch einmal zum Leben erweckt. In der alten Schloßküche wurde inzwischen das Luxusrestaurant »A Cozinha Velha« eingerichtet.

Geöffnet: 10–17 Uhr. Dienstags geschlossen. Eintrittsgebühr

Queluz: Vom Bahnhof Rossio mit dem Vorortzug nach Sintra, Haltestelle Queluz (Abfahrt ca. alle 30 Min.) oder mit den Rodoviária Nacional-Bussen, Abfahrt Praça Marquês de Pombal, in Richtung Belas/Montelavar/Massamá, bzw. Abfahrt Sete Rios in Richtung Queluz de Baixo/Massamá

Sintra – Burgenromantik in den Bergen

Das 28 km von Lissabon entfernte Städtchen Sintra, Endstation der Rossio-Bahn, etwa 200 m über dem Meer in den waldreichen Granitbergen der Serra de Sintra gelegen, wurde 1147 von Afonso Henriques den Arabern abgerungen und diente seit dem Ausgang des 14. Jh.s den Avis-Königen als Sommerresidenz. Erst im 18. Jh. wurde das Schloß von der nachfolgenden Bragança-Dynastie zugunsten von Mafra und Queluz vernachlässigt.

Wiederentdeckt wurden die Serra de Sintra und die abgeschiedene Burg in der Romantik, besonders von englischen Reisenden, die es auch zu schätzen wußten, wenn sich die »Gipfel« der Umgebung in 500 m Höhe dramatisch in Wolken hüllten. William Beckford pries 1787/88 die Serra in höchsten Tönen, Byron sprach 1809 bewundernd von einem »glorious Eden«, auch Robert Southey erschien sie 1800 fast als ein »Paradies auf Erden«, dem es nur an frischer Butter und guter Gesellschaft fehle. (Butter bekommt man heutzutage schon; wenn es sein muß, sogar importierte.) Der Diamantenhändler und holländische Konsul Guildemeester baute sich 1787 einen klassizistischen Palast im nahen **Seteais** (heute ein Fünf-Sterne-Hotel); das Mogulschloß in **Monserrate** mit dem prächtigen Park entsprang der Phantasie eines Engländers; in Sintra selbst entstanden neugotische, neumanuelinische, maurische Villen, und auch Ferdinand von Sachsen-Coburg-Gotha, Prinzgemahl Marias II., schloß sich 1838 der Mode an. Bereits 1800 jammerte Southey über den Ausverkauf Sintras, und noch 80 Jahre später ließ Eça de Queirós seine Romanfiguren im Break durch die Serra kutschieren.

Der geschichtsträchtige **Paço Real**, der Königliche Palast, ein verwirrendes Konglomerat der Stile und Jahrhunderte, liegt breit und behäbig mitten im Städtchen; seine unverwechselbaren, kegelförmigen Küchenschornsteine wurden zum Wahrzeichen Sintras. João I. baute im frühen 15. Jh. den alten gotischen Palast König Dinis aus; seine Nachfolger nahmen Erweiterungen und Änderungen vor, Manuel fügte um 1510 den Ostflügel mit den charakteristischen Doppelfenstern hinzu. Weitere Umbauten folgten im 17. und 18. Jh. Das Innere des Paço Real ist reich an seltenen alten Azulejos (Arabischer Saal, Elsternsaal, Sirenensaal), an wunderbaren Kassettendecken (Schloßkapelle, Wappensaal, Schwanensaal) und überraschenden, maurisch inspirierten Innenhöfen.

Das Schloß von Sintra mit all seiner Pracht und seinem Glanz – für einen Bragança-König wurde es zum Gefängnis: Der schwachsinnige Afonso VI. (1643–83), der von 1656 bis 1662 unter Vormundschaft seiner Mutter stand, wurde hier zum Spielball der Hofintrigen, in denen auch seine junge Frau, Königin Maria Francisca Isabella von Savoyen – die ihren Schwager Pedro viel interessanter fand als den Ehemann – eifrig mitmischte. Afonso, munkelte man, sei impotent; die Ehe wurde annulliert, Afonso zum Thronverzicht überredet (1668). Die letzten Lebensjahre verbrachte er als Verbannter im Paço Real.

Hoch über Sintra thront der **Palácio Nacional da Pena,** eine Art maurisch-manuelinisches Neuschwanstein. 1511 ließ König Manuel an dieser Stelle ein Kloster errichten, das 1755 schwer unter dem Erdbeben litt und verlassen wurde. Ferdinand von Sachsen-Coburg-Gotha kaufte 1838 die romantisch überwucherten Ruinen, um daraus eine Sommerresidenz zu machen. In seinem Auftrag schuf der weitgereiste Ingenieur und Geologe Wilhelm von Eschwege in 10 Jahren Bauzeit eine Phantasieburg, in der sich zahllose Details berühmter portugiesischer Gebäude wiederfinden. Die alte manuelinische Klosterkirche mit Azulejos aus dem Jahr 1619 und einem Renaissance-Altar aus Alabaster und Marmor wurde dabei in den Neubau mit einbezogen. Der prachtvolle Altarschmuck wird Nicolas Chanterène, dem Meister des Westportals am Hieronymus-Kloster von Belém, zugeschrieben. Zinnenbewehrte Terrassen und mehr zur Zierde gedachte Wehrgänge blicken über den Pena-Park hinweg weit ins Land hinein. (Es gibt keine öffentlichen Verkehrs-

Der Palácio Nacional da Pena in Sintra

mittel zur Pena. Zu Fuß benötigt man für den steilen Weg von Sintra aus etwa eine Stunde. Etwas schneller geht es mit einer der Kutschen, die beim Paço Real auf Fahrgäste warten und für Hin- und Rückfahrt rund Esc. 2 500 berechnen. Ein Taxi hin und zurück kostet etwa Esc. 1 000.)

Etwas tiefer, doch ebenfalls mit einer privilegierten Aussicht gesegnet, liegen die Ruinen des **Castelo dos Mouros**, der Maurenburg, die die Araber im 8. oder 9. Jh. errichteten und die noch im 14. Jh. bewohnbar war. Der in Ruinen verliebte Prinzgemahl Ferdinand konnte es nicht lassen, die Ringmauern entsprechend dem Zeitgeschmack des 19. Jh.s ein bißchen zu restaurieren ...

Zu Sintra gehören – last but not least – die *Queijadas*, kleine süße Törtchen, deren Geschmack trotz des Namens mit Käsekuchen nichts zu tun hat. Man bekommt sie eigentlich überall im Städtchen, frisch verpackt und direkt vom Bäcker in der »Casa do Preto« (Chão de Moinhos).

Wer mit dem Auto und einer guten Straßenkarte unterwegs ist, kann die **Serra de Sintra** noch ein bißchen genauer erforschen. Dieses schöne bergige Waldgebiet steht inzwischen unter Landschaftsschutz, doch bisher haben die Waldbrände, unter denen es jahraus, jahrein im Sommer leidet, nicht aufgehört. Im Juli 1981 wütete das Feuer drei Tage lang und zerstörte 15 % des Baumbestandes, bevor die mangelhaft ausgerüstete Feuerwehr in dem unwegsamen Gelände den Brand unter Kontrolle bekam. Hinter vorgehaltener Hand heißt es, Immobilienspekulanten seien nicht ganz unschuldig an dieser Situation.

Im Südwesten von Sintra hat sich ein ehemaliges Kapuzinerkloster (1560) – der **Convento dos Capuchos** – mitten im Wald versteckt. Seine Kargheit und Armut bedrücken. Sicher, sie waren gewollt – doch man fröstelt unwillkürlich in den feuchtkalten, notdürftig mit Kork verkleideten Zellen, deren niedrige Türen eine gebückte, demütige Haltung erzwingen. Noch weiter südwestlich, auf dem letzten Ausläufer der Serra, findet man die **Capela da Peninha**. Hinter einer belanglosen Fassade verbirgt sich ein prächtiger Innenraum mit ausgezeichneten weiß-blauen Azulejos und Florentiner Mosaiken des frühen 18. Jh.s. Bäuerlich schlicht wirkt dagegen die ungewöhnliche niedrige Rundkirche **São Mamede** (spätes 16. Jh.) in dem Dörfchen **Janas** im Nordwesten von Sintra. In **São Miguel de Odrinhas** (11 km nördlich von Sintra an der EN 247) ist die Ausgrabung einer Römervilla des 4. Jh.s zu besichtigen.

Leichter zu erreichen als diese teilweise nur über kleine Sträßchen zugänglichen Sehenswürdigkeiten im Grünen – und daher bei den Lissabonnern als Ausflugsziele im Sommer weitaus beliebter – sind die Strände, die allerdings kühler und windiger sind als die Costa do Sol: Dazu zählen z. B. die nicht übermäßig große **Praia Grande** oder die **Praia das Maçãs,** der »Apfelstrand«. Etwas weiter nördlich (14 km von Sintra) liegt das Fischerdorf **Azenhas do Mar** malerisch und viel fotografiert über den Klippen.

Öffnungszeiten des Paço Real: 10–17 Uhr, mittwochs und an Feiertagen geschlossen. Eintrittsgebühr
Öffnungszeiten des Palácio Nacional da Pena: 10–17 Uhr, montags und an Feiertagen geschlossen. Eintrittsgebühr
Öffnungszeiten des Castelo dos Mouros: Von Sonnenaufgang bis Sonnenuntergang
Öffnungszeiten des Museu Arqueológico in São Miguel de Odrinhas: täglich 10–17 Uhr. Eintrittsgebühr
Von Anfang Mai bis Ende September veranstaltet das Fremdenverkehrsbüro Sintra dienstags, donnerstags, samstags und sonntags interessante Busrund-

fahrten mit folgender Route: Sintra – Pena – Capuchos – Cabo da Roca – Colares (Abstecher zur Praia das Maças mit der Straßenbahn) – Monserrate – Sintra. Nähere Auskunft und Fahrkarten erhält man beim Turismo, Praça da República, Sintra

Verkehrsverbindungen von Lissabon nach Sintra: Vom Bahnhof Rossio mit dem Vorortzug nach Sintra (Abfahrt ca. alle 30 Min.). Ein Tip für Bahnfahrer: Wer nicht die gleiche Strecke von Sintra zurückfahren will und Zeit hat, nimmt einen Rodoviária Nacional-Bus über Malveira da Serra (mit Blick auf die Küste) nach Cascais und steigt dort in den Vorortzug nach Lissabon um. Die Busse fahren ganz in der Nähe des Bahnhofs von Sintra ab.

Mafra – Joãos V. maßloser Traum

Zwei Wege führen in das 45 km nordwestlich von Lissabon gelegene Städtchen Mafra: Der eine verläuft über Sintra nach Norden, der andere führt weiter östlich über Loures. Wählt man die über Loures führende Straße, so sieht man hinter der Stadtgrenze von Lissabon links die Ortschaft **Odivelas** liegen – eine zu schnell gewachsene Schlafstadt, die einmal für ihr Zisterzienserinnen-Kloster, den Convento de São Dinis e de São Bernardo, berühmt war, das König Dinis, dessen schwerer gotischer Steinsarkophag in der Apsis steht, um 1300 errichten ließ. Unter João V. – der dort mit der Nonne Madre Paula anbändelte – war Odivelas vor allem für köstliches Gebäck aus der Klosterküche und für galante Feste bekannt. Das Erdbeben von 1755 räumte damit auf und ließ von dem alten Kloster kaum etwas übrig.

In **Loures** (15 km) lockt die Quinta do Correio-Mor, ein nicht gerade bescheidener, aber ausgewogener Landsitz mit ausgezeichneten Azulejos aus dem frühen 18. Jahrhundert.

30 km nordwestlich von Loures liegt das unscheinbare Städtchen **Mafra**, das vom gigantischen **Convento e Palácio de Mafra** – Kloster, Kirche und Palast in einem – fast erdrückt wird. Nur ein prunkliebender Barockfürst wie João V. konnte sich diese imposante Anlage ausdenken, die als Konkurrenzunternehmen zum spanischen Escorial (mit 100 Jahren Verspätung) erbaut wurde und gleichzeitig einen steinernen Ausdruck des Dankes für die Geburt des Thronfolgers verkörpert. Die ehrgeizige Anlage für 300 Mönche und 150 Novizen stellte seinerzeit ein Großprojekt dar, dem das Land zu Beginn des 18. Jh.s kaum gewachsen war. Zahlreiche Ausländer mußten für die Vollendung des Bauwerks ins Land geholt werden. Der Entwurf

z. B. stammt von dem Süddeutschen Johann Friedrich Ludwig, den man in Rom, wo er sich mit dem italienischen Barock vertraut machte, Ludovice nannte. In Portugal, wo er sich seit etwa 1700 aufhielt, wurde er von der Habsburgerin Maria Anna protegiert. Für die Bildhauerwerkstatt rief man den Italiener Alessandre Giusti ins Land – die besten Skulpturen aber kamen direkt aus Rom. 1717 wurde der Grundstein für das Kloster gelegt. Um den Bau zu beschleunigen, wurden 45 000 arbeitsfähige Männer aus dem ganzen Land zum Dienst gepreßt, 7000 Soldaten mußten Aufpasser und Antreiber spielen. Die Kirche konnte bereits 1730 geweiht werden, die Arbeiten an der Gesamtanlage zogen sich jedoch noch bis 1750 hin.

Angesichts der Ausdehnung und Maße des fertigen, nahezu quadratischen Komplexes stellt sich beim heutigen Betrachter fast ein leichtes Schwindelgefühl ein: Das Kloster Mafra besitzt eine 220 m lange Fassade, 40 000 m² Fläche, 4500 Fenster und Türen, 9 Innenhöfe und rund 880 Säle, deren Besichtigung in der Mehrzahl dem Besucher allerdings erspart bleibt, zumal ein Teil des Convento heute als Militärkaserne dient. Die Vorderfront ist rechts und links von Eckpavillons eingerahmt und wird von der zentralen Kirchenfassade mit ihren zwei Türmen sowie der Vierungskuppel beherrscht. Die mit Marmor ausgestattete Kirche wirkt dank ihrer klaren Linien harmonisch, aber kühl. Sehenswert ist auch die Bibliothek mit ihren 30 000 Bänden.

Mafra spielte eine wichtige und positive Rolle in der portugiesischen Kunstgeschichte. Eine ganze Generation portugiesischer Handwerker und Künstler wurde dort geschult und prägte später das Gesicht der zweiten Hälfte des 18. Jh.s. Zu ihnen zählen, um nur zwei von vielen zu nennen, der Bildhauer Machado de Castro und der Architekt von Queluz und der Lissabonner Estrela-Basilika, Mateus Vicente.

Wer seine Dimensionen nach der Besichtigung des Klosterpalastes wieder auf ein erträgliches Maß zurechtrücken will, kann das in der **Igreja de Santo André** in Mafra tun: Eine kleine, wohltuend schmucklose Kirche der Frühgotik (13./14. Jh.). Als erholsamer Abschluß des Ausflugs nach Mafra bietet sich auch ein Abstecher nach **Ericeira** an, einem alten Fischerstädtchen an der Küste, 10 km westlich von Mafra.

Öffnungszeiten in Mafra: 10–17 Uhr, dienstags geschlossen
Verkehrsverbindungen: Busse der Rodoviária Nacional in Richtung Ericeira, Abfahrt Praça Marquês de Pombal, oder mit dem Bus der Firma »Mafrense«, Abfahrt Rua Fernandes da Fonseca, 18, am Nordende des Largo Martim Moniz

Serra da Arrábida – Farbsymphonie mit Bergen und Meer

Die von den Hügeln der Serra da Arrábida durchzogene Halbinsel südlich der Hauptstadt gehört heute zum Einzugsgebiet Lissabons und ist dank der Tejobrücke und der (mautpflichtigen) Autobahn schnell zu erreichen. Die Landschaft mit ihren Kiefern- und Korkeichenwäldern lädt zum Schauen, zum Genießen, zum Verweilen ein – aber es gibt auch sonst allerlei zu sehen. Den besten Eindruck von den Schönheiten der Serra gewinnt man mit dem Auto oder bei einer Rundfahrt, wie sie diverse Veranstalter anbieten. Mit öffentlichen Verkehrsmitteln beschränkt man sich am besten auf Sesimbra oder Setúbal und Tróia, wenn man nicht unterwegs übernachten will.

Auf dem Weg nach Setúbal, südöstlich von Lissabon, lockt die Kleinstadt **Palmela** (40 km) mit einer mächtigen Burg, einem weiten Blick und einer Pousada (staatliche Hotels, wie sie an besonders schönen Stellen oder in historischen Bauten eingerichtet wurden). 10 km weiter südlich, an der Sado-Mündung, liegt **Setúbal**, heute ein aufstrebendes Industriezentrum mit Fischereihafen und Konservenfabriken, das auf die keltische Gründung Cetóbriga zurückgeht. Bereits die Römer haben hier den Fischreichtum der großen Mündungsbucht weiterverarbeitet: Der Fisch wurde eingesalzen, aus seinen Innereien stellte man die Würzsoße *garum* her. Im Mittelalter war Setúbal ein bedeutender Salzhandelsplatz. Unter den vielen Kirchen der Stadt ragt die manuelinische Igreja de Jesus (1490) hervor, die auf ein Gelübde von Justa Rodrigues Pereira zurückgeht, der Amme König Manuels. Als Baumeister wirkte kein geringerer als Boytac, der 12 Jahre später das Hieronymus-Kloster in Belém konzipierte. Noch auf einen anderen großen Namen stößt man in Setúbal: Hier wurde 1765 der Dichter Bocage (S. 128) geboren. Mit dem Luftkissenboot kann man von Setúbal nach **Tróia** hinüberfahren, einer flachen Landzunge mit weiten Pinienwäldern auf der südlichen Sado-Seite, auf der das alte Cetóbriga lag und einige römische Ruinen ausgegraben wurden. Den langen Sandstrand haben Hotelbauten der 70er Jahre nicht gerade verschönt.

Westlich von Setúbal erstreckt sich entlang der Küste die eigentliche **Serra da Arrábida**, ein etwa 35 km langer Höhenzug. Um sie zu erkunden, kann man der Küstenstraße folgen oder 4,5 km hinter Setúbal vor der Zementfabrik rechts auf die E. N. 379-I abbiegen, die dann in einer großen Linksschleife auf panoramaträchtige Höhen (knapp 500 m) führt. Es fällt schwer zu sagen, welche Route schöner ist. Folgt man der Uferstraße, so klettert nach wenigen Kilometern zwischen rot leuchtender Erde und duftendem, grünen Gestrüpp eine kurvenreiche Straße zur idyllischen, kleinen Bucht von **Portinho da Arrábida** (15 km von Setúbal) hinunter. (An Hochsommer-Wochenenden muß die Zufahrt nach Portinho allerdings immer wieder wegen Überfüllung gesperrt werden.)

10 km weiter westlich und 34 km von Setúbal lockt **Sesimbra**, ein altes Fischerstädtchen, das sich trotz des zunehmenden Tourismus noch einiges an Atmosphäre bewahren konnte. Von der teilweise restaurierten Burg aus dem frühen 13. Jh. bietet sich ein weiter Blick über die Bucht und auf den Hafen mit seinen buntbemalten Fischerbooten.

Westlichster Ausläufer der Serra ist das karge, den Winden ausgesetzte **Cabo de Espichel** (15 km von Sesimbra), das steil zum Meer abfällt. Nach der Überlieferung erschien dort 1410 einem greisen Paar die Jungfrau Maria. Zur Beherbergung der Pilger, die jahrhundertelang zur schlichten Wallfahrtskirche strömten, wurden um 1720 langgestreckte, zweistöckige Bauten mit einer einfachen Arkadenreihe rechts und links des Kirchplatzes errichtet, die über einen 2 km langen Aquädukt aus dem Nachbardorf Azóia mit Wasser versorgt wurden. Die inzwischen nicht mehr benutzte Anlage wirkt in ihrer Verlassenheit und Strenge beeindruckend.

Wieder in Sesimbra, führt die E. N. 378 über Santana auf die Autobahn nach Lissabon zurück (ca. 40 km). Etwas länger ist der Weg über die E. N. 377, die weiter westlich verläuft und **Aldeia do Meco** (mit Lissabons FKK-Strand) und **Apostiça** berührt, deren ländliche Abgeschiedenheit die Nähe der Millionenstadt vergessen lassen.

Busverbindungen mit der Rodoviária Nacional:
Sesimbra: ab Praça de Espanha oder Cacilhas (Fähre nach Cacilhas)
Setúbal: ab Praça de Espanha oder Cacilhas (Fähre nach Cacilhas)
Palmela: ab Barreiro (Fähre nach Barreiro)
Portinho da Arrábida: ab Setúbal oder Sesimbra
Cabo de Espichel: ab Sesimbra

Lissabon von A bis Z

Adressen

An portugiesischen Briefkästen, Klingeln und Türen stehen keine Namensschilder (außer bei Firmen). Daher wird bei Adressen neben der Hausnummer auch das Stockwerk und die Tür angegeben, wobei Dtº (*direito*) rechts, Esqº (*esquerdo*) links bedeutet, und zwar so gesehen, wie man die Treppe hinaufkommt. Ein Beispiel: Rua Ivens, 185, 4º Dtº = Rua Ivens, Haus Nr. 185, 4. Stock rechts.

Anreise

Flugverbindungen: täglich je 2–3 Direktflüge nach Lissabon von Frankfurt und Zürich mit TAP-Air Portugal, Lufthansa bzw. Swissair sowie zahlreiche Charterflüge. Die Bahnfahrt (Südexpress ab Paris oder Hispania-Express über Genf und Barcelona nach Madrid, von dort aus weiter mit dem Lusitania- oder Lisboa-Express) ist eher mühsam – zwei Tage muß man rechnen. Autofahrer sollten daran denken, daß selbst die wichtigsten portugiesischen Grenzübergänge etwa um Mitternacht, im Winter sogar noch früher schließen. Zwischen Paris und Lissabon verkehrt (im Sommer täglich, im Winter nur freitags) ein Autoreisezug. Information bei der Vertretung der Französischen Eisenbahnen SNCF, 6000 Frankfurt 1, Rüsterstr. 11, Tel. 069/728444.

Apotheken (farmácia)

Geöffnet montags bis freitags 9–13 und 15–19 Uhr, samstags 9–13 Uhr. Die Adressen der für den Nacht- oder Sonntagsdienst zuständigen Apotheken (farmácias de serviço) sind in jeder Apotheke ausgehängt.

Ärzte (médico)

In dringenden Fällen bietet das Hospital de Santa Maria, Avenida Professor Egas Moniz, Tel. 775171, Tag und Nacht Notaufnahme (banco). In der Privatklinik British Hospital, Rua Saraiva de Carvalho, 49, Tel. 602020, wird Englisch gesprochen. Eine Liste deutschsprachiger Ärzte mit Angabe der Fachgebiete erhält man in der deutschen Botschaft (S. 170).

Auto

Autofahren in Lissabon ist kein reines Vergnügen; vor allem die Hauptverkehrszeiten sollte man als Ortsfremder zu vermeiden suchen. Denken Sie daran, daß die rechte Fahrspur in vielen Straßen für Busse und Taxis reserviert ist. Fahrzeuge mit ausländischem Kennzeichen sind besonders diebstahlgefährdet. Daher sollte man möglichst nichts – auch nicht auf bewachten Parkplätzen – sichtbar und verlockend im Auto liegen lassen.

Autopapiere: Führerschein (nationaler genügt), Fahrzeugschein und internationale Grüne Versicherungskarte sind erforderlich. Ohne gültige Grüne Karte kann die Polizei Ihr Fahrzeug jederzeit beschlagnahmen, Strafe zahlt man dann noch obendrein. Der Abschluß einer Kurzkasko- und Insassenunfallversicherung wird dringend empfohlen.

Automobilclub: ACP (Automóvel Club de Portugal), Rua Rosa Araújo, 24, Tel. 56 39 31. Das Büro ist montags bis freitags 9.30–12.45 und 14.30–17 Uhr besetzt.

Pannenhilfe (Pronto-Socorro): Die Pannenhilfe des ACP im Raum Lissabon kommt auf Anruf, Tel. 77 54 75/77 54 91.

Autounfall: Bei Verletzungen und in Zweifelsfällen Polizei rufen. Name und Adresse von Zeugen notieren. Wenden Sie sich an die Versicherung, die auf der Rückseite der Grünen Karte angegeben ist, oder an die übergeordnete Behörde: Associação Portuguesa de Seguradores, Abteilung »Carta Verde«, Avenida José Malhoa, Lote 1674, 1º, Tel. 7 26 12 54 (montags bis freitags 8.45–12.45 und 13.45–16 Uhr).

Autovermietung (aluguer de automóveis): Die großen Firmen sind am Flughafen und teilweise auch in den wichtigsten Hotels vertreten. Eine Interrent-Vertretung befindet sich an der Praça dos Restauradores, 74, Tel. 3667 51; Avis (Tel. 36 11 71) hat ein Büro auf der Straßenseite gegenüber. Im Hochsommer lohnt es sich, einen Wagen vorzubestellen. Eine Kaution ist bei allen Firmen üblich, Ausnahmen werden nur für Inhaber internationaler Kreditkarten gemacht. Der Fahrer darf nicht unter 25 Jahre alt sein und muß mindestens seit einem Jahr den Führerschein besitzen.

Tankstellen (bombas de gasolina): Tanken Sie rechtzeitig, viele Tankstellen schließen gegen 22 Uhr. Rund um die Uhr geöffnete Tankstellen findet man u. a. an der Rotunda do Aeroporto, in der Rua Barata Salgueiro/Ecke Rua de Santa Marta (wenn man vom Rossio kommt, rechter Hand der Avenida da Liberdade), an der Avenida Engenheiro Duarte Pacheco (Ausfallstraße zur Autobahn Cascais–Estoril, rechter Hand).

Banken (banco)

Portugiesische Banken sind im allgemeinen montags bis freitags 8.30–11.45 und 13–14.45 Uhr geöffnet. Paß bzw. Personalausweis muß beim Umtausch vorgelegt werden. In Lissabon gibt es jedoch eine ganze Reihe von Kreditinstituten, deren Schalter auch außerhalb der normalen Geschäftszeiten geöffnet sind:

Banco Totta & Açores, Flughafen (täglich 24 Stunden geöffnet)
Banco Fonsecas & Burnay, Santa Apolónia-Bahnhof (montags bis freitags 8.30–20.30 Uhr, samstags, sonntags und feiertags 9–20.30 Uhr) und Rua do Ouro, 52 (1. Juli–30. September montags bis freitags 8.30–12 und 13–18.30 Uhr; Oktober–Juni montags bis freitags 8.30–12 und 13–16.30 Uhr)
Banco Borges & Irmão, Avenida da Liberdade, 9 A (Abendschalter montags bis freitags sowie an jedem 2. Samstag im Monat 16.30–21.30 Uhr geöffnet)
União de Bancos Portugueses, Rua do Ouro, 95 (1. Juli–30. September montags bis freitags 8.30–19 Uhr, samstags 8.30–13 Uhr)
Banco Português do Atlântico, Praça dos Restauradores, 66 (1. Juli–30. September: Abendschalter montags bis samstags 17–20 Uhr)
Crédito Predial Português, Campo Pequeno, 81 (1. April–30. September: montags bis freitags 8.30–12 und 13–18.30 Uhr, samstags 9–13 Uhr)

Bibliotheken
Biblioteca Nacional (Nationalbibliothek), Rua Ocidental do Campo Grande (mo–fr 9.45–20 Uhr, samstags 9.15–12 Uhr. Metro: Entrecampos)
Biblioteca Municipal (Stadtbibliothek), Palácio Galveias, Campo Pequeno (montags bis freitags 9–20 Uhr)
Biblioteca da Fundação Gulbenkian, Avenida de Berna (montags bis freitags 9–17.30 Uhr. Metro: Palhavã)
Bibliothek des Deutschen Instituts, Campo dos Mártires da Pátria, 36 (montags, dienstags, donnerstags und freitags 9.30–12.30 und 14.30–18.30 Uhr. Bus 33)

Botschaften (embaixada)
Vertretungen Portugals in deutschsprachigen Ländern
Bundesrepublik Deutschland: Ubierstr. 78, 5300 Bonn 2, Tel. 02 28 / 36 30 11
Österreich: Johannesgasse 7 a, 1010 Wien, Tel. 02 22 / 5261 39
Schweiz: Kollerweg 32, 3006 Bern, Tel. 031 / 44 60 94

Vertretungen in Lissabon
Deutsche Botschaft: Campo dos Mártires da Pátria, 38, Tel. 56 39 61; Postanschrift: Caixa Postal 1046, 1001 Lisboa Codex
Österreichische Botschaft: Rua das Amoreiras, 70, 3°, Tel. 65 41 61
Schweizer Botschaft: Travessa do Patrocínio, 1, Tel. 67 31 21

Buchhandlungen (livraria)
Gute portugiesische Buchhandlungen findet man im Stadtviertel Chiado: Livraria Sá da Costa, Rua Garrett, 100; Livraria Bertrand, Rua Garrett, 73 (auch amerikanische Paperbacks, große Zeitschriftenabteilung); Livraria Portugal, Rua do Carmo, 70

Die größte Auswahl an deutschen Büchern, eine englische und eine portugiesische Abteilung sowie Schallplatten führt die Livraria Buchholz, Rua Duque de Palmela, 4 (Metro: Rotunda).
Die meisten Buchhandlungen bleiben im Sommer samstags geschlossen, während sonst die normalen Geschäftszeiten gelten.
Antiquariate (alfarrabistas) gibt es vor allem in der Rua do Alecrim, der Rua da Misericórdia und deren Nebenstraßen im Stadtteil Chiado.

Camping
Parque de Campismo de Monsanto, Parque Florestal de Monsanto, Tel. 70 44 13 / 70 83 84, ganzjährig geöffnet; Zufahrt über die Autobahn Richtung Estoril–Cascais; Busverbindung zum Stadtzentrum (Linie 14 ab Praça da Figueira; Linie 43 ab Monsanto; ca. 30–45 Min. Fahrt). Außerdem gibt es noch eine ganze Reihe Campingplätze in der Umgebung (Oeiras; Cascais-Guincho; Sintra-Capuchos; Ericeira; Costa da Caparica; Lagoa de Albufeira; Sesimbra).

Deutsche Kulturinstitute
Instituto Alemão, Campo dos Mártires da Pátria, 36, Tel. 53 03 05
Escola Alemã de Lisboa, Av. General Norton de Matos

Einreise- und Aufenthaltsbestimmungen
Für einen Aufenthalt bis zu 60 Tagen (Österreicher bis zu 90 Tagen) benötigen Bürger der Bundesrepublik Deutschland, Österreichs und der Schweiz lediglich einen gültigen Personalausweis (bzw. Nationale Identitätskarte) oder Reisepaß. Die Aufenthaltsgenehmigung kann in Portugal um weitere 30 Tage verlängert werden. Genehmigungen für noch längere Zeit beantragt man bei Serviços de Estrangeiros, Avenida António Augusto de Aguiar, 18, Tel. 55 40 40.

Eisenbahn (caminho de ferro)
Lissabon besitzt vier Bahnhöfe (estação):
Estação de Santa Apolónia für Züge nach Nord- und Nordostportugal sowie ins Ausland
Estação do Sul e Sueste (beim Terreiro do Paço) für die Fähre nach Barreiro, wo die Züge in den Algarve und den Alentejo warten (Fähre in der Zugfahrkarte inbegriffen)
Estação do Cais do Sodré für den Nahverkehr nach Estoril und Cascais (alle 15–30 Min., letzter Zug 2.30 Uhr)
Estação do Rossio für Züge in Richtung Figueira da Foz sowie für den Nahverkehr nach Sintra (ca. alle 30 Min., letzter Zug ab Sintra: 1.47 Uhr; letzter Zug ab Lissabon: 2.40 Uhr)

Für weitere Fahrten empfiehlt sich ein Schnellzug (*comboio rápido*; nach Coimbra und Porto verkehrt der »Foguete« (ähnlich dem Intercity). Die Preise sind allgemein erschwinglich. Orte, die nicht an einer Hauptstrecke liegen, sind oft leichter und bequemer mit dem Überlandbus zu erreichen (S. 184). Fahrkarten, Platzreservierung und Auskunft für alle Züge erhält man in den Bahnhöfen Santa Apolónia und Rossio (Erdgeschoß; Karten nach Sintra im 3. Stock). Zugauskunft: Tel. 876025/877092

Fähren
Vom Terreiro do Paço (Cais da Alfândega) legen die Fähren der Transtejo-Linie nach Cacilhas ab (9 Min. Fahrt; letztes Boot ab Cacilhas: 21.10 Uhr) und die Fähren nach Barreiro (30 Min.) sowie die Autofähren nach Seixal (35 Min.) und Montijo (55 Min.), die seltener fahren, nach Seixal sogar nur zweimal täglich (ab Lissabon: 8.15 und 19.45 Uhr; ab Seixal : 8 und 19 Uhr). Rund um die Uhr verkehrt die Autofähre vom Cais do Sodré nach Cacilhas (11 Min. Fahrt).
In Belém legen Fähren nach Trafaria und Porto Brandão ab, die Fahrzeit beträgt jeweils 25 Min. Letzte Fähre zurück: ab Trafaria 23 Uhr an Sonn- und Feiertagen, sonst 24 Uhr; ab Porto Brandão 23.15 bzw. 0.15 Uhr.

Feiertage
1. Januar, Karfreitag, 25. April (Dia da Liberdade), 1. Mai, Fronleichnam, 10. Juni (Dia de Portugal, de Camões e das Comunidades Portuguesas), 13. Juni (Dia de Santo António; nur in Lissabon), 15. August (Mariä Himmelfahrt), 5. Oktober (Implantação da República), 1. November (Allerheiligen), 1. Dezember (Dia da Restauração), 8. Dezember (Unbefleckte Empfängnis), 25. Dezember (Natal); s. auch S. 144–147.

Fluggesellschaften
TAP-Air Portugal: Praça Marquês de Pombal, 3, Tel. 538852
Lufthansa: Avenida da Liberdade, 192-A, Tel. 573852
Swissair: Avenida da Liberdade, 220, Tel. 533173

Flughafen
Der internationale Flughafen Aeroporto Portela de Sacavém liegt 13 km nördlich des Stadtzentrums.

Flughafenbus
Ein paar Schritte vom Flughafen (*aeroporto*) entfernt befindet sich eine Haltestelle der städtischen Busgesellschaft Carris. Linie 8 fährt zum Largo Martim Moniz, Linie 22 über die Praça Marquês de Pombal nach Alcântara, die Linien 44 und 45 besorgen den Transport ins Zentrum (über die Praça Mar-

quês de Pombal zum Rossio und zum Cais do Sodré). Schneller und mit Gepäck bequemer sind die weiß und grün gestreiften Busse der »Linha Verde« (Grüne Linie), die vom Flughafen über die Praça Duque de Saldanha, Praça Marquês de Pombal, Rossio und Terreiro do Paço zum Bahnhof Santa Apolónia fahren. Die Haltestellen der »Linha Verde« sind mit einem stilisierten Flugzeug und einer Lokomotive deutlich gekennzeichnet.

Fundbüro

Die Polizei unterhält ein zentrales Fundbüro: PSP – Secção de Achados, Rua dos Anjos, 56-A (montags bis freitags 9–12 und 14–18 Uhr).

Geschäftszeiten

Geschäfte: montags bis freitags 9–13 und 15–19 Uhr, samstags 9–13 Uhr. Viele Läden machen allerdings auch ein halbes Stündchen später auf oder zu. Einkaufszentren (*centro comercial*) öffnen täglich gegen 11 Uhr und schließen um Mitternacht – sind aber auch etwas teurer. Im Terminal, dem Einkaufszentrum im Bahnhof Rossio, gibt es z. B. einen kleinen Supermarkt mit diesen Öffnungszeiten. Sonntags offen ist auch der große Supermarkt Pão de Açúcar an der Avenida Estados Unidos da América (Metro Entrecampos).
Banken: Mit Ausnahme einiger weniger Niederlassungen (S. 169) liegen die Schalterstunden montags bis freitags 8.30–11.45 und 13–14.45 Uhr.
Büros: meist montags bis freitags von 9 bis 13 und von 14.30 bis 18 Uhr

Gottesdienste

In allen katholischen Kirchen werden sonntags zwischen 6 und 19 Uhr Messen gelesen. Die deutsche evangelische Kirche (Gottesdienst sonntags um 11 Uhr) liegt in der Avenida Columbano Bordalo Pinheiro, 48, die deutsche katholische Kirche (Messe sonntags um 10 Uhr) in der Rua do Patrocínio, 8.

Hotels und Pension

In den staatlichen Fremdenverkehrsämtern und den Fremdenverkehrszentralen im Ausland (S. 174) sowie in den Büros der TAP-Air Portugal gibt es gratis nach Regionen geordnete Hotelführer für ganz Portugal. Aufgrund der Inflationsraten erscheinen Preisangaben wenig sinnvoll; alle Hotels sind jedoch in 5 Kategorien eingeteilt, so daß man sich anhand der Klassifizierung bereits etwas orientieren kann. Hier kann nur eine Auswahl gegeben werden:
5-Sterne-Hotels: Alfa Lisboa Husa, Av. Columbano Pinheiro, Tel. 765061; Altis, Rua Castilho, 11, Tel. 560071; Sheraton, Rua Latino Coelho, 2, Tel. 563911; Tivoli, Avenida da Liberdade, 185, Tel. 530181
4-Sterne-Hotel: Diplomático, Rua Castilho, 74, Tel. 562041; Flórida, Rua Duque de Palmela, 32, Tel. 576145; Tivoli Jardim, Rua Júlio César Machado, 7–9, Tel. 539971

3-Sterne-Hotel: Dom Carlos, Avenida Duque de Loulé, 121, Tel. 539071; Eduardo VII, Avenida Fontes Pereira de Melo, 5-C, Tel. 530141; Roma, Avenida de Roma, 33, Tel. 767761
2-Sterne-Hotel: Borges, Rua Garrett, 108–110, Tel. 846574; VIP, Rua Fernão Lopes, 25, Tel. 570359
1-Stern-Hotel: Americano, Rua 1° de Dezembro, 73–1°, Tel. 3209075

Pensionen sind in 4 Kategorien eingeteilt:
4-Sterne-Pensionen: Pensão Residência América, Rua Tomás Ribeiro, 47-1°, Tel. 536712; Pensão Residência Inglesa (York House), Rua das Janelas Verdes, 32-1°, Tel. 662435
3-Sterne-Pensionen: Pensão Residência Caravela, Rua Ferreira Lapa, 38-1°, Tel. 539011; Horizonte, Avenida António Augusto Aguiar, 42, Tel. 539526
Bei 2-Sterne-Pensionen überwiegen bereits die Zimmer ohne Bad.

Information
Lissabon
Drei staatliche Fremdenverkehrsämter geben Auskünfte über ganz Portugal:
Fremdenverkehrsamt in Palácio Foz, Praça dos Restauradores, Tel. 363314 und 363624, geöffnet 9–20 Uhr, an Sonn- und Feiertagen 10–19 Uhr
Fremdenverkehrsamt am Flughafen, Tel. 893689 und 894248, täglich 24 Stunden geöffnet
Direcção-Geral do Turismo, Avenida António Augusto de Aguiar, 86, Tel. 575091 (übergeordnete Behörde)
Die Städtischen Informationsbüros sind nur für Lissabon zuständig, in ihnen erhält man den besseren Gratis-Stadtplan:
Rua Jardim do Regedor (Seitenstraße schräg gegenüber vom Palácio Foz), Tel. 325527 und 325597, geöffnet täglich 9–20 Uhr (Hotelreservierung)
Miradouro de Santa Luzia, Tel. 870720
Estufa Fria, Parque Eduardo VII, Tel. 650468 (schließt bereits um 18 Uhr)
Avenida Engenheiro Duarte Pacheco, Tel. 684456 (für Reisende, die von der Autobahn Cascais kommen)
Belém (im Straßenbahnwagen vor dem Hieronymus-Kloster)
Jeden zweiten Monat erscheint die Informationsbroschüre »Bússola«, jeden Monat »What's on in Lisbon«, die man in den Fremdenverkehrsbüros erhält. Beide Publikationen sind jedoch nicht allzu informativ. Wer portugiesisch versteht, kauft besser mittwochs die Wochenzeitschrift »Sete«, die das Kino- und Theaterprogramm sowie Hinweise auf kulturelle und sportliche Veranstaltungen, Volksfeste und Märkte enthält.
Büros der portugiesischen Fremdenverkehrszentrale im Ausland
Portugiesisches Touristik-Amt, Kaiserstr. 66, 6000 Frankfurt 1, Tel. 069/234097

Office National du Tourisme du Portugal, 50, Quai Gustave Ador, 1207 Genf, Tel. 022/357410

Jugendherbergen (pousada da juventude)
Lissabon: Rua Andrade Corvo, 46, Tel. 532696 (Metro: Picoas)
Costa do Sol: São Bruno, Tel. 2435099 (im Fort bei Caxias); Catalazede, Tel. 2430638 (Eingang beim INATEL-Motel in Oeiras)
Die Jugenherbergen sind ganzjährig geöffnet.

Kinos (cinema)
Freitags abends und samstags scheinen alle Lissabonner in eines der 45 Kinos zu strömen, viele Vorstellungen sind dann ausverkauft. Es empfiehlt sich, Karten rechtzeitig an der Kinokasse oder im Vorverkauf (S. 184) zu besorgen. Ausländische Filme laufen generell in der Originalversion mit portugiesischen Untertiteln, mit Ausnahme von Walt Disney- oder Kinderfilmen, die in Brasilien synchronisiert werden.

Markt (mercado)
Lissabon hat 32 überdachte Märkte; der größte davon ist der Mercado da Ribeira am Beginn der Avenida 24 de Julho, der montags bis samstags von ca. 6 bis 14 Uhr geöffnet ist. Ein Besuch am Montag ist allerdings nur ein halber Genuß: Es gibt dann weder Fleisch noch frischen Fisch.
Flohmarkt: Feira da Ladra, Campo de Santa Clara, dienstags und samstags (Straßenbahn 10, 11, 28; Bus 12)
Interessant sind auch die Märkte der Umgebung. In Sintra ist jeden 2. und 4. Sonntag im Monat Markt im Ortsteil São Pedro; in Cascais wird Mittwoch vormittags Markt abgehalten, in dem Örtchen Malveira (8 km vor Mafra) donnerstags ein großer Obst- und Gemüsemarkt für die gesamte Region.

Museen und Galerien
Um Enttäuschungen zu vermeiden, sei vorab vermerkt, daß irgendeins der vielen Lissabonner Museen immer wegen Umbau geschlossen ist. Welches gerade an der Reihe ist, erfährt man bei den Fremdenverkehrsbüros S. 174. Gar nicht erst aufgeführt wurden solche Sammlungen, die für das allgemeine Publikum nicht zugänglich sind. Die mit Ziffern in Klammern versehenen Museen sind in den Stadtplänen eingezeichnet und zudem im Kapitel »Sehenswertes«, S. 104–127, ausführlicher behandelt.

Museen
Casa Museu de José Anastácio Gonçalves (portugiesischer Maler des 19.Jh.s, im ehemaligen Atelier des Künstlers José Malhoas), Avenida 5 de Outubro, 8 (10–13 , 14.30–17 Uhr; montags und feiertags geschlossen. Metro: Picoas)

Museu Antoniano (alles über den hl. Antonius), Largo de Santo António da Sé, 24 (10–17 Uhr; montags geschlossen. Bus 37; Straßenbahn 10, 11, 28)

Museu Arqueológico (9), Igreja do Carmo, Largo do Carmo

Museu de Arte Popular (16), Avenida Brasília, Belém

Museu do Azulejo (5), Convento da Madre de Deus

Museu do Bombeiro (Feuerwehrmuseum), Quartel do B.S.B., Avenida Dom Carlos I (dienstags und freitags 15–17.30 Uhr. Bus 13, 49; Straßenbahn 22, 23)

Museu Calouste Gulbenkian (17), Avenida de Berna

Museu da Cidade (18), Palácio do Pimenta, Campo Grande

Museu dos C.T.T. (Postmuseum), Rua Dona Estefânia, 173–175 (dienstags bis samstags 10–12 und 15–18 Uhr. Metro: Saldanha)

Museu-Escola de Artes Decorativas (Fundação Ricardo Espírito Santo Silva) (25), Palácio Azurara, Largo das Portas do Sol

Museu Etnográfico da Sociedade de Geografia (Ethnographie der ehemaligen portugiesischen Kolonien), Rua das Portas de Santo Antão, 100 (mittwochs 11–12.30 und 14.30–17 Uhr. Im August geschlossen. Metro: Restauradores)

Museu de Etnologia (18 A), Avenida Ilha da Madeira, Restelo

Museu de Geologia e Arqueologia dos Serviços Geológicos de Portugal (Geologie und Archäologie), Rua da Academia das Ciências, 19–2° (dienstags bis freitags 9–12.30 und 14–17.30 Uhr. Bus 39, Straßenbahn 28)

Museu Instrumental do Conservatório Nacional (19), Biblioteca Nacional, Campo Grande

Museu da Maçonaria (Museum der Freimaurerloge Grande Oriente Lusitano), Rua do Grémio Literário, 25 (montags, mittwochs und freitags 17–19.30 Uhr)

Museu da Marinha (20), Praça do Império, Belém

Museu Militar (Waffen, Rüstungen), Largo dos Caminhos de Ferro (dienstags bis samstags 10–16, sonntags 11–17 Uhr; montags und feiertags geschlossen. Bus 13, 17, 35; Straßenbahn 3, 16, 24)

Museu Nacional de Arqueologia e Etnologia (auch als Museu Etnológico Dr. Leite Vasconcelos bekannt. Archäologie und Ethnographie), Praça do Império, Belém (10–12.30 und 14–17 Uhr; montags und feiertags geschlossen. Bus 12, 29, 43; Straßenbahn 15, 16, 17)

Museu Nacional de Arte Antiga (21), Rua das Janelas Verdes

Museu Nacional de Arte Contemporânea (Malerei und Bildhauerei seit 1850, u. a. Columbano Bordalo Pinheiro und Almada Negreiros), Rua Serpa Pinto, 6, (10–12.30 und 14–17 Uhr; montags geschlossen. Bus 15, Straßenbahn 28)

Museu Nacional dos Coches (22), Praça Afonso de Albuquerque, Belém

Museu Nacional do Teatro (23), Estrada do Lumiar, 12

Museu Nacional do Trajo (23), Parque do Monteiro-Mor, Largo de São João
Baptista, Lumiar
Museu Rafael Bordalo Pinheiro, Campo Grande, 382 (10–17.30 Uhr, mon-
tags geschlossen. Bus 1, 7, 33, 36)
Museu de São Roque (13) (hauptsächlich sakrale Kunst), Lago Trindade
Coelho
Museu Tauromáquico (28), Praça de Touros do Campo Pequeno, Porta 4

Galerien
Galeria 111, Campo Grande, 113 (montags bis freitags 10–13 und 15–19
Uhr, samstags 10–13 Uhr)
Galeria Almada Negreiros, Avenida da República, 16 (montags bis freitags
10–20 Uhr)
Ana Isabel, Rua da Emenda, 111, 1°, Bairro Alto (montags bis freitags
14.30–19.30 Uhr)
Cómicos, Rua Tenente Raúl Cascais, 1–B, Nähe Praça das Flores (montags
bis samstags 15–20 Uhr)
Diferença, Rua de São Filipe Neri, 42, 1°, Nähe Rato (montags bis freitags
15–20 Uhr)
EMI/Valentim de Carvalho, Palácio das Alcáçovas, Rua Cruz dos Poiais,
111, Nähe Praça das Flores (täglich 15–20 Uhr)
Módulo, Avenida António Augusto de Aguiar, 56, 5° Dt°, Nähe Pombal
(montags bis samstags 16–20 Uhr)
Quadrum, Palácio dos Coruchéus, Rua Alberto de Oliveira, 52, Alvalade
(montags bis freitags 10–13 und 15–19 Uhr, samstags 15–19 Uhr)
São Mamede, Rua da Escola Politécnica, 167, Nähe Rato (montags bis sams-
tags 10.30–13 und 15–19.30 Uhr)
S.N.B.A. (Sociedade Nacional de Belas Artes), Rua Barata Salgueiro, 36,
Nähe Pombal (täglich 14–20 Uhr)
Centro de Animação Fotográfica, Rua Rodrigo da Fonseca, 25, Nähe Rato
(dienstags bis sonntags 17–22.30 Uhr)

Notruf
Polizei, Feuerwehr und Krankenwagen Tel. 115

Parkplätze (parque de estacionamento)
Unbewachte Parkplätze, für die keine Gebühr erhoben wird, findet man an
der Avenida da República (unter der Eisenbahnbrücke, in Richtung Stadtzentrum), am Nordende des Parque Eduardo VII, an der Praça do Areeiro,
an der Praça de Espanha und beim Zoo (Sete Rios).
Bewachte Parkplätze: Edifício Avis (Parkhaus, Einfahrt Rua Tomás Ribeiro), Picoas (Parkplatz, Zufahrt über Praça José Fontana, ab 21 Uhr und

sonntags gratis), Castil (Parkhaus Einfahrt Rua Castilho), an der Praça dos Restauradores (Tiefgarage) und auf dem Terreiro do Paço (Parkplatz, ab 21 Uhr und sonntags gratis).

Polizei (Polícia de Segurança Pública – PSP)

Die PSP im Governo Civil, Rua Capelo (Chiado), verfügt über fremdsprachige Beamte, weshalb Touristen, die z. B. einen Diebstahl anzeigen wollen, von den übrigen Lissabonner Revieren meist dorthin verwiesen werden.

Postamt (correio)

Lissabons Postämter sind normalerweise montags bis freitags von 9 bis 19 Uhr geöffnet. Ausnahmen: das Postamt an der Praça dos Restauradores, 58, geöffnet täglich 8–24 Uhr, sowie das Postamt am Flughafen, geöffnet täglich 8–24 Uhr (nach 24 Uhr Annahme von Telegrammen, telegrafischen Überweisungen sowie Telefondienst). Für einige Dienstleistungen wird nach 18 Uhr ein Aufschlag berechnet. Briefkästen – freistehende rote Säulen – tragen die Aufschrift *correio*.

Restaurants

In und um Lissabon gibt es eine Unzahl von Restaurants, die in vier Klassen eingeteilt sind, angefangen bei der dritten und niedrigsten Kategorie bis zur ersten und einer Handvoll Luxusrestaurants an der Spitze. Die Klassifizierung gibt jedoch eher über die Preise als über die Qualität der einzelnen Lokale ungefähre Anhaltspunkte. Hier ein paar Vorschläge zum Schlemmen, nach Vierteln geordnet, die jedoch niemanden von eigenen Entdeckungen abhalten sollten. In Klammern ist die Kategorie und der Ruhetag angegeben.

Alcântara: Adivinha quem vem jantar, Rua Fradesso da Silveira, 39 (nur abends / 2 / Mo)

Alfama: Faz Figura, Rua do Paraíso, 15-B (1 / So, schöne Aussicht); Lautasco, Beco do Azinhal, 7-A (3 / So) (Nähe Largo do Chafariz de Dentro)

Amoreiras: Casa da Comida, Travessa das Amoreiras, 1 (1 /–)

Areeiro: Manuel Caçador, Rua Agostinho Lourenço, 339-A (3 /–)

Avenidas Novas: O Polícia, Rua Marquês de Sá da Bandeira, 162 (Nähe Gulbenkian-Museum) (2 / Sa abends + So); O Funil, Avenida Elias Garcia, 82-A (2 / So abends + Mo); Charrua do Lavrador, Avenida Duque de Ávila, 11 (Nähe Instituto Superior Técnico) (2 / Sa); Adega Primeiro de Maio, Rua de Entrecampos, 11 (Nähe Stierkampfarena) (–/ Sa; einfache Kneipe, Plätze im Freien unter Weinlaubspalier, Sardinen vom Rost nur mittags)

Bairro Alto: Tavares Rico, Rua da Misericórdia, 35 (Luxus / Sa + So mittag); Tavares Pobre, Travessa da Espera, 20 (2 / Sa mittag + So); Pap'Açorda, Rua da Atalaia, 57 (2 / Sa mittag + So); A Colmeia, Rua da Emenda, 110, 2° (3 / Sa; vegetarisch-makrobiotisch); Adega do Texeira, Rua do Teixeira, 39 (2 / So);

Mata-Bicho, Rua do Grémio Lusitano, 18–20 (2/Sa mittag + So mittag); Pavilhão da Caça, Rua do Século, 138 (1/So); Brasuca, Rua João Pereira da Rosa, 7 (2/–; brasilianische Spezialitäten)

Baixa: Gambrinus, Rua das Portas de Santo Antão, 23 (Luxus/–); Casa Transmontana, Calçada do Duque, 39 (Treppe, die hinter dem Rossio-Bahnhof zu São Roque führt) (2/Sa + So mittag); Sancho, Travessa da Glória, 8/16 (Anfang Avenida da Liberdade) (2/So); Paris, Rua dos Sapateiros, 126 (2/–); Casa do Alentejo, Rua das Portas de Santo Antão, 58 (3/Mo)

Belém: Restaurante Caseiro, Rua de Belém, 33 (2/Mo)

Bica: A Bicaense, Rua da Bica de Duarte Belo, 42/42-A (3/So)

Cais do Sodré: O Porto de Abrigo, Rua dos Remolares, 16 (3/So)

Castelo: Meio-Século, Largo do Contador-Mor, 21 (2/–)

Chiado: Tágide, Largo da Biblioteca, 20 (Luxus/So; schöne Aussicht); Trindade, Rua Nova da Trindade, 20-B (2/–)

Escola Politécnica: Mestre Cuco, Rua Nova de São Mamede, 16–20 (2/So)

Janelas Verdes: Sua Excelência, Rua do Conde, 40/42 (2/Mi + Sa mittag)

Lapa: O Laçarote, Rua São Caetano, 39 (2/Sa + So mittag + Mo)

Madragoa: A Varina da Madragoa, Rua das Madres, 35 (3/Mo); Mercearia-Bar, Travessa das Inglesinhas, 1-A (3/Di)

Marquês de Pombal: Restaurante 33, Rua Alexandre Herculano, 33 (1/Sa mittag + So); Pabe, Rua Duque de Palmela, 27-A (Luxus/–); Grill Dom Fernando, Hotel Altis, Rua Castilho, 11 (1/So; schöne Aussicht)

Picoas: Monte Carlo, Avenida Fontes Pereira de Melo, 49-C (1/–); António, Avenida Tomás Ribeiro, 63 (2/–)

Príncipe Real: Faz Frio, Rua Dom Pedro V, 96–98 (2/So); Quanto mais gente melhor, Rua da Palmeira, 5-A (2/So); O Conventual, Praça das Flores, 44/45 (2/So); Xêlê Bananas, Praça das Flores, 29 (2/So + Mo mittag)

Souvenirs

Unter den vielen schönen Andenken, die man in Lissabon erwerben kann, fällt vor allem Filigranschmuck aus Nordportugal, der in Silber oder 18karätigem Gold angeboten wird, ins Auge. Günstig bekommt man Schuhe und andere Lederwaren. Praktisch und schön sind die geradlinigen Einkaufskörbe mit buntem, geometrischem Muster, die die Souvenirgeschäfte am Rossio in den verschiedensten Größen führen und die tatsächlich noch zum Einkaufen benutzt werden. Auf Korbwaren aller Art hat sich die »Cadeira do Turista« (Rua de São Julião, 144) spezialisiert. Ein typisches Landeserzeugnis sind auch Produkte aus Kork. Für Flugreisende wohl leider zu sperrig sind dreibeinige Blumenständer aus Holz nach alten Vorbildern, wie sie im »Penha« (Einkaufszentrum City, Rua Tomás Ribeiro, 34) angeboten werden.

Riesengroß ist die Auswahl an Keramik. Aus Barcelos im Norden kommt

z. B. nicht nur der berühmte, aus Ton gefertigte Hahn, auch mit Tauben besetzte Kerzenhalter, Musiker einer Feuerwehrkapelle und andere Figuren in lebhaften Farben werden dort hergestellt. Teller und Krüge aus Redondo (Alentejo) erkennt man an den naiv-bäuerlichen Motiven. Ganz anders der Stil der handbemalten blau-weißen Nachschöpfungen historischer Motive des 18. Jh.s aus Coimbra. Oder wie wäre es mit einem *paliteiro* (Zahnstocherhalter) aus der 1824 gegründeten Porzellanmanufaktur Vista Alegre (Largo do Chiado, 18)? Azulejos kann man bei »Sant' Anna« (Rua do Alecrim, 91–97) oder bei »Rouen« (Alameda Linhas de Torres, 25-A) in Auftrag geben.

Kupfergeräte direkt vom Kupferschmied gibt es in der Rua do Loreto, 58, und in der benachbarten Rua da Emenda. Reproduktionen alter Stiche und Stadtansichten erhält man bei »O Mundo do Livro« (Largo Trindade, 11) oder bei »Gravura 11« (Einkaufszentrum in der Rua Ivens, 58 / 64); alte Postkarten findet man am Kiosk São Francisco (Rua Nova do Almada, zwischen Nr. 71 und 75) und Portugalplakate gibt es gratis in der Direcção-Geral do Turismo (Avenida António Augusto de Aguiar, 86).

Kunsthandwerk aus ganz Portugal findet man auf der FIL-Artesanato, einer ständigen Sonderschau in der Messehalle (Feira Internacional de Lisboa, Praça das Indústrias; Bus 56. Täglich 14.30–20 Uhr, zur Messezeit 14.30–23 Uhr. Eintrittsgebühr). Eine gute Auswahl der berühmten und daher nicht gerade billigen Spitzen und bestickten Tischdecken aus Madeira bietet das »Madeira House« (Rua Augusta, 131). Die Spitzenindustrie auf Madeira wurde im 19. Jh. von Miss Phelps, der Tochter eines englischen Kaufmanns, entscheidend gefördert; als dann auch noch Königin Victoria Vertreter des jungen Gewerbezweigs 1851 zur Industrieausstellung nach London einlud, war Madeiras »Spitzen-Ruf« gemacht. Daneben findet man Tischdecken in fröhlichen Farben aus Viana do Castelo in Nordportugal, grobgestrickte Jacken und Pullover, gestreifte Baumwolldecken aus Reguengos (Alentejo) und – in der Rua dos Fanqueiros – alentejanische *capotes* (Capes oder Kutschermäntel). In einer kreuzstichähnlichen Technik bestickte Wollteppiche, deren Tradition auf das 18. Jh. zurückgeht, kommen aus Arraiolos im Alentejo (Casa Quintão, Rua Ivens, 30). Eine geübte Stickerin braucht gut zwei Wochen für einen Quadratmeter – was die Preise der Arraiolos-Teppiche erklärt.

Sport

Angeln (pesca): Trotz des verschmutzten Tejowassers sieht man überall Angler. Empfehlenswerter ist die Küste hinter Cascais bis zum Guincho.

Autorennen (corrida): Autódromo do Estoril

Fußball (futebol): Die größten Lissabonner Stadien sind das Estádio José Alvalade (Alameda das Linhas de Torres), in dem der Sporting Clube de

Portugal spielt, und das Estádio da Luz (Estrada da Luz, 203), in dem der Konkurrenzclub Benfica zu Hause ist. Bei wichtigen Spielen herrscht schon vor dem Stadion sehenswerte Volksfestatmosphäre mit improvisierten Verkaufsständen und Eßbuden.

Golf (golf): Clube Golf do Estoril (18 Löcher; 1,5 km nördlich von Estoril an der E.N. 9 nach Sintra); Clube de Golf Estoril-Sol, Linhó (9 Löcher; 6,5 km nördlich von Estoril an der E.N. 9)

Reiten (equitação): Hipódromo do Campo Grande; Hipódromo da Quinta da Marinha, Guincho (Cascais)

Rudern (remo): Clube Naval de Lisboa, Doca de Santo Amaro

Segeln (vela): Clube Naval de Lisboa, Doca de Belém

Stierkampf (tourada): Praça de Touros, Campo Pequeno (von Ostern bis Oktober; S. 123)

Tennis (ténis): Campo de Ténis do Parque de Monsanto; Estádio 1° de Maio, Avenida Rio de Janeiro; 2 städtische Plätze im Campo Grande; Campo de Ténis do Jamor, Vale do Jamor (beim Estádio Nacional. Das 1944 eröffnete, außerhalb der Stadtgrenze liegende Nationalstadion erreicht man am einfachsten über die Uferstraße in Richtung Cascais. Hinter Algés ist die Abzweigung nach rechts zum Estádio Nacional ausgeschildert.)

Trimm-Dich-Pfad (circuito de manutenção): Estádio Nacional, Vale do Jamor (an Wochenenden gut besucht)

Nähere Auskünfte zu diesen und anderen Sportarten erteilen die Fremdenverkehrsämter Lissabons (S. 174) und der umliegenden Ortschaften.

Städtische Verkehrsmittel

Lissabons Metro, die von morgens um 6 bis nachts um 1 Uhr verkehrt, ist zwar schnell und praktisch, aber im Sommer unerträglich heiß, in Stoßzeiten überfüllt und hat zudem bislang nur 16 Stationen. Der weitere Ausbau ist jedoch geplant.

Die Verkehrsgesellschaft Carris betreibt die städtischen Busse (*autocarros*), die Straßenbahnen (*eléctricos*) und Standseilbahnen (*elevadores*), deren letzte Fahrt je nach Linie zwischen 23 und 1 Uhr liegt. Die Überland-Busgesellschaft Rodoviária Nacional – R.N. – und eine Reihe kleiner, privater Busunternehmen bedienen die Vororte (S. 184). Bei den Bussen und Straßenbahnen zeigt man an der Haltestelle (*paragem*) mit Ausstrecken des Armes an, daß man mitfahren möchte. Zum Aussteigen muß man klingeln.

Das Tarifsystem der öffentlichen Verkehrsmittel ist völlig unübersichtlich. In der Metro und in einigen (beileibe nicht allen) modernen Bussen mit Fahrkartenentwerter gilt unabhängig von der Entfernung ein Einheitspreis; in den Straßenbahnen und Bussen mit Schaffner staffelt sich der Fahrpreis nach der Entfernung. Sehr zu empfehlen ist das Touristenticket (*passe turístico*), das sieben Tage lang zu unbegrenzten Fahrten innerhalb der Stadtgrenze mit der Metro sowie Verkehrsmitteln der Carris und Linha Verde (Flughafenbus S. 172) berechtigt. Für alle öffentlichen Verkehrsmittel gibt es auch Fahrscheinhefte (*cadernetas*) im Vorverkauf, die erheblich billiger sind als Einzelfahrkarten. Metro und Carris-Betriebe bieten dem Benutzer einen Streckenplan an (der auch an den Bushaltestellen aushängt) sowie einen Führer der öffentlichen Verkehrsmittel (Guia dos Transportes Públicos de Lisboa e Região).

Die Verkaufsstellen der Carris sind täglich von 8 bis 20 Uhr geöffnet. Man findet sie unten im Elevador do Carmo, Rua do Ouro; im Kiosk an der Avenida Fontes Pereira de Melo, Ecke Avenida Sidónio Pais (beim Parque Eduardo VII) und im Kiosk am Campo Pequeno. Verkaufsstellen der Metro für Touristentickets und Führer (geöffnet nur werktags von 8 bis 20 Uhr) befinden sich in den Stationen Entrecampos, Saldanha, Sete Rios, Rotunda, Restauradores, Rossio, Areeiro und Alvalade.

Stadtrundfahrten

Stadtrundfahrten diverser Veranstalter starten an der Praça Marquês de Pombal; meist sind im Programm der Besuch des Hieronymus-Klosters und des Kutschenmuseums in Belém eingeschlossen.

Seine schönste Seite zeigt Lissabon jedoch vom Fluß aus. Von Mai bis September organisiert die Stadt an Sonntagnachmittagen eine dreistündige, preiswerte, auch bei Einheimischen beliebte Tejo-Rundfahrt (Abfahrt: Estação do Sul e Sueste). Weitere Einzelheiten erfährt man beim Städtischen Fremdenverkehrsamt in der Rua Jardim do Regedor. Teurer sind die zweistündigen Flußrundfahrten mit mehrsprachiger Führung von Portugal Tours (Abfahrt täglich 10.30 und 14.30 an der Estação do Sul e Sueste, von Oktober bis April nur nachmittags). Fahrkarten erhält man bei Capristanos, Avenida Duque de Loulé, 47-A, oder direkt in der Estação do Sul e Sueste.

Nicht ganz billig, aber reizvoll sind die Rundflüge (voo panorámico) der Lusitanair (montags, mittwochs und samstags um 15 Uhr. Voranmeldung erforderlich bei R. N. Tours, Avenida Fontes Pereira de Melo, 33, Tel. 560015, oder direkt bei Lusitanair am Flughafen, Tel. 808085. Preisstand Mai 1986: 20 min = Esc. 3.950; 35 min = Esc. 4.200.00)

Strände (praia)

Lissabons Hausstrände liegen an der Costa da Caparica, an der Costa do Sol, nördlich des Cabo da Roca (Praia das Maçãs und deren Nachbarn), an der Serra da Arrábida und auf der Halbinsel Tróia. Hüllenloses Baden gibt es bislang nur inoffiziell (vor allem in Aldeia do Meco.) Viele Strände sind nicht beaufsichtigt; die Costa da Caparica und mehr noch der Guincho sind wegen ihrer Strömungen und Wirbelbildungen nicht ungefährlich. Hinweisschilder »perigo« (Gefahr) sind ernstzunehmen! Beachten Sie die Flaggen! (selbst

wenn es die anderen nicht tun): grün – keine Gefahr, Baden erlaubt; gelb –
Baden mit Vorsicht; rot – Gefahr, Baden verboten; weiß-blau kariert – Strand
zeitweise ohne Aufsicht.

Taxis

Taxis sind schwarz mit grünem Dach. Freie Taxis mit dem Schild *livre* oder
einem grünen Lämpchen an der Windschutzscheibe kann man überall mit
ausgestrecktem Arm anhalten. Die grünen Lichter neben dem Taxi-Schild
auf dem Dach zeigen den Tarif an. Ein Lämpchen bedeutet, daß der Wagen
zum Normaltarif fährt; zwei Lämpchen weisen auf den erhöhten Nachttarif
hin. Innerhalb der Stadt wird nach Taxameter bezahlt, ab Stadtgrenze wird
der Preis nach Kilometern berechnet, und zwar doppelt: hin und zurück!
Wegen der »platzsparenden« Fahrweise anderer Verkehrsteilnehmer sollte
man im eigenen Interesse immer rechts aussteigen.
Wenn kein freies Taxi aufzutreiben ist und man sich zu einem der wenigen
Standplätze begibt, muß man meist Schlange stehen, da andere die gleiche
Idee schon vorher hatten. Die wichtigsten Standplätze befinden sich am Rossio (gegenüber vom Café Nicola), vor dem Sheraton-Hotel (Picoas), in Ent-
recampos (direkt beim Denkmal südlich des Busbahnhofs) und natürlich am
Flughafen und am Bahnhof Santa Apolónia.
Funktaxis: Radio-Taxis de Lisboa, Tel. 825061–9; Autocoope, Tel.
659151–8

Telefon (telefone)

Ein Ortsgespräch (3 Min.) kostet zur Zeit Esc. 7$50. Zu vermeiden sind die
Telefonzellen alten Typs mit silbrig glänzenden Apparaten und horizontal
aufgesetzter Nummernscheibe – reinste Münzengräber, die das Geld nicht
wieder ausspucken. In Portugal »füttert« man die Automaten nämlich erst
dann mit dem Münzgeld, wenn sich der Teilnehmer meldet, und da der ent-
sprechende Mechanismus in den alten Telefonzellen normalerweise klemmt,
legt der andere natürlich in dem Moment auf, in dem der Apparat endlich die
Münze schluckt ... Besser sind die modernen Apparate mit vertikal ange-
brachter Nummernscheibe, die z. B. bei der Zweigstelle des Fernsprechamts
am Rossio (Telefones de Lisboa e Porto, Rossio, Nr. 66; täglich von 8.00 bis
23.00 Uhr geöffnet, an Feiertagen geschlossen) aufgestellt wurden. Sie funk-
tionieren zwar nach einem ähnlichen System, aber problemlos. In Cafés,
Lotteriegeschäften, Einkaufszentren oder Tabakhandlungen, die das Hin-
weisschild *telefone público* (mit einem stilisierten Telefonhörer) besitzen, findet man meist rote Apparate, die 2$50-Münzen speichern und unverbrauch-
tes Geld zurückgeben. Auslandsgespräche erledigt man am besten im Fern-
sprechamt am Rossio oder von einem Postamt aus.
Wer einen Teilnehmer im Telefonbuch sucht, muß unter dem letzten Nach-

namen nachschlagen (jeder Portugiese hat mindestens zwei, den der Mutter und den des Vaters; eine Grenze nach oben scheint es nicht zu geben). Gleiche Nachnamen sind nach dem ersten Vornamen alphabetisch geordnet. Ein Beispiel: João Francisco Lopes Nunes findet man unter *Nunes*, *João Francisco Lopes*.

Theater (teatro)

Die populärste Variante der Bühnenkunst sind noch immer die *revistas* (S. 40), auf die sich allein vier Theater im Parque Mayer sowie das Teatro Laura Alves (Rua da Palma, 253) und das z. Zt. heimatlose Adoque spezialisiert haben. Wichtiger und lebendiger als die Inszenierungen des großen staatlichen Teatro Nacional Dona Maria II sind die Vorstellungen der experimentierfreudigen, unabhängigen Bühnen, die oft in winzigen Sälen spielen und um ihr Überleben kämpfen. Dazu zählen u. a. A Barraca (z. Zt. ohne festen Saal), A Comuna und das Teatro Aberto an der Praça de Espanha, die Gruppe Cornucópia (Teatro do Bairro Alto, Rua Tenente Raul Cascais, 1-A) sowie das Teatro Ibérico in einer ehemaligen Klosterkirche in Xabregas.

Toiletten

S steht für *Senhoras* (Damen), *H* für *Homens* (Herren)

Überlandbusse

Die Rodoviária Nacional unterhält ein gut organisiertes Busnetz zu allen größeren Ortschaften Portugals. Auf vielen Strecken gibt es Expreßbusse, mit denen man oft schneller als mit dem Zug sein Ziel erreicht (Ausnahme: Zugstrecke Lissabon–Porto und Lissabon–Algarve). Fahrkarten kann man einen Tag im voraus besorgen.

Busbahnhöfe: Avenida 5 de Outubro, 75, für Busse in den Alentejo und in den Algarve; Avenida Casal Ribeiro, 18, für Busse in den Norden und Nordosten sowie sämtliche Expreßverbindungen (nächste Metro-Station für beide: Saldanha).

Stadtbusse s. Städtische Verkehrsmittel, S. 181

Vorverkaufsstellen

Pavilhão Abep, Praça dos Restauradores (Kiosk), geöffnet täglich von 9–22.45 Uhr

Frisa, Edifício Avis, Avenida Fontes Pereira de Melo (Geschäft Nr. 13 im Einkaufszentrum Imavis; Metro: Picoas), dienstags bis freitags 13–21.30, samstags und sonntags 11–21.30 Uhr, montags sowie im August geschlossen

Agência de Espectáculos, Praça Duque de Saldanha (in der Unterführung), montags bis freitags 10–14 und 15.30–19.30, samstags, sonntags und feiertags 10–19.30 Uhr

Rechts: Cabo da Roca, der westlichste Punkt Europas
Innen: Die königliche Sommerresidenz von Queluz

Agência Abelha, Avenida da Roma, 2-D, montags bis donnerstags 15.30–21.45, freitags bis sonntags 11–21.45 Uhr
Für Karten im Vorverkauf wird in der Regel ein Aufpreis von 10% erhoben.

Währung
Nationale Währung ist der Escudo, der in 100 Centavos unterteilt ist. Statt des Kommas zwischen Escudos und Centavos steht das Zeichen $. Alle Centavo-Münzen mit Ausnahme von $50 (50 Centavos) wurden 1982 aus dem Verkehr gezogen. 1000$00 (1000 Escudos) nennt man in der Umgangssprache 1 *conto*. 1986 entsprachen 1,–DM = ca. 65 Escudos. Tip: Escudos erst in Portugal eintauschen, da der Kurs zu Hause sehr viel schlechter ist.

Wetter
Schnee haben die meisten Lissabonner noch nie in ihrem Leben gesehen: Selbst im Januar, dem kältesten Monat, herrscht hier noch eine Durchschnittstemperatur von 11–12°C, allerdings begleitet von häufigen Regenfällen. Die sommerlichen Durchschnittstemperaturen (Juli/August) schwanken um 22°, was nicht ausschließt, daß das Thermometer an manchen Tagen auf 30° oder darüber steigt. Die Badesaison im Lissabonner Raum dauert von Juni bis Oktober, die durchschnittliche Wassertemperatur liegt im August bei 17–18°C. Im Frühjahr und Herbst kann man abends oft eine Jacke brauchen, für die Wintermonate sollte man Regenmantel und Schirm nicht vergessen.

Zeitdifferenz
In Portugal gehen die Uhren gegenüber Mitteleuropa immer eine Stunde nach. Vom letzten Sonntag im September bis zum letzten Sonntag im März gilt Greenwich Mean Time, anschließend wird die Uhr für die Sommerzeit um eine Stunde vorgestellt (= MEZ), ebenso wie in Mitteleuropa, so daß der Zeitunterschied von einer Stunde stets erhalten bleibt.

Zeitungen (jornais)
Deutschsprachige und andere internationale Zeitungen und Zeitschriften erhält man am Flughafen und in der Baixa bei folgenden Adressen:
Avenida da Liberdade, 18-A (Nähe Praça dos Restauradores); Praça dos Restauradores, 72; Rossio, 56; Rossio, 21; Rua do Carmo, 2-B (Nähe Rossio)

Zoo (Jardim Zoológico)
Der Zoologische Garten im Parque das Laranjeiras – Estrada de Benfica, ist täglich von 9 bis 20 Uhr geöffnet (Metro: Sete-Rios). Die Anlage, die dringend einer Modernisierung bedürfte, wurde 1905 auf dem ehemaligen Landgut des Grafen Farrobo eingerichtet.

Links: An der Costa da Caparica auf der Halbinsel südlich von Lissabon

Zitate

Kann man es den Portugiesen verdenken, wenn sie, bey einer Spatzierfahrt auf dem Flusse, Lissabon für die schönste Stadt der Welt halten?
Heinrich Friedrich Link

Lissabon, die mehrmals vergoldete, mehrmals verödete Stadt, die immer noch und immer wieder nach ihrer Seele sucht.
Gustav Adolf Himmel

Lissabon, so groß und düster, so vornehm und nachlässig wie eine schöne Frau, die sich vergessen...
Felix von Lichnowski

Mir gefällt das Land so, daß ich es zufrieden wäre, Englands Brot und Butter, seine Gesellschaft, die Kaminfeuer und Nebel einzutauschen gegen Portugals Obst und Sonne und Schmutz, ohne eine bessere Equipage durchs Leben als einen Esel.
Robert Southey

Ich fühle mich sehr wohl hier, da ich Orangen mag, und die Mönche mein schlechtes Latein verstehen, das ihrem eigenen gleicht – und ich mische mich unter die gute Gesellschaft (mit meinen Taschenpistolen), schwimme im Tejo, reite einen Esel oder ein Maultier, fluche auf Portugiesisch und habe mir Durchfall und Mückenstiche geholt.
Lord Byron

Drei kräftige Retuschen – die kahlen Hügel am Südufer mit Bäumen bepflanzen, die schmutzigen Fassaden mit glänzenden, fröhlichen Azulejos verkleiden und diese gesegneten Straßen einmal gründlich

ausfegen – und Lissabon wäre eine Schönheit, die Träume weckte, die Kunst anregte und zum Wallfahrtsziel würde. Aber ständig in Lissabon zu leben erschiene mir unerträglich. Es fehlt die geistige Atmosphäre, in der sich atmen ließe. Lissabon ist eine Stadt der Salonliteraten, der Fadosänger, der Stutzer und Wichtigtuer. Am übelsten aber, mein Freund, sind die Politikaster und die Politikasterei.
Eça de Queirós

Der Portugiese ist zu allem fähig, solange man es nicht von ihm verlangt. Wir sind ein großes Volk vertagter Helden. Allen Abwesenden ziehen wir eins über, mit Leichtigkeit erobern wir alle erträumten Frauen, und spätmorgens wachen wir in bester Laune auf, mit der farbigen Erinnerung an noch ungetane Heldentaten.
Fernando Pessoa

Tolstoi! Seine Welt auf die hiesige geklebt wie ein Abziehbild und beide würden aufeinanderpassen.
Curt Meyer-Clason

Bibliographie

(Auf portugiesische Literatur wird nur bei Bildbänden und in Sonderfällen verwiesen)

Allemann, Fritz René: 8 mal Portugal. München Neuauflage 1984 (eine der besten Einführungen)

Allemann, Fritz René / Francke, Klaus D. / Himmel, Gustav Adolf: Portugal. Luzern–Frankfurt 1979 (ausgezeichneter Bildband, bei dem Lissabon allerdings etwas zu kurz kommt)

Bairrada, Eduardo M.: Empedrados Artísticos de Lisboa. Lissabon 1985 (umfassende fotografische Dokumentation über Lissabonner Mosaikpflaster. Begleittext in portugiesisch, englisch und französisch)

Barreto, António / Mónica, Maria Filomena: Retrato de Lisboa Popular 1900. Lissabon 1982 (Lissabon in Fotografien aus der Zeit um die Jahrhundertwende)

Beckford, William: The Journal of William Beckford in Portugal and Spain. London 1954 (sehr subjektiv gefärbter Bericht über einen Portugalaufenthalt 1787–88 aus der spitzen Feder des englischen Autors des Horrorromans »Vathek«)

Câmara Municipal de Lisboa (Hg.): O Povo de Lisboa. Lissabon 1978 (Ausstellungskatalog mit zahlreichen Abbildungen – überwiegend alten Drucken und Stichen – über traditionelle, heute verschwundene Lissabonner Typen, ihren Alltag und ihre Feste)

Faber, Gustav: Portugal. München 4. Aufl. 1981 (ca. 160 von insgesamt 512 Seiten über Lissabon und Umgebung. Schwerpunkt: Geschichte und Kunstgeschichte. Über die politischen Kommentare liest man am besten hinweg)

França, José-Augusto: Lisboa Pombalina e o Iluminismo. Lissabon 2. Aufl. 1977 (die grundlegende Arbeit über den Wiederaufbau nach 1755. Überarb. u. erw. Ausgabe der franz. Erstausgabe: Une Ville des Lumières; la Lisbonne de Pombal. Paris 1965)

França, José-Augusto: Lisboa: urbanismo e arquitectura. Lissabon 1980

Freund, Bodo: Portugal – Geographische Strukturen, Daten, Entwicklungen. Stuttgart 1979

Guimarães, Sérgio, (Hg.): As Paredes na Revolução – Graffiti. Lissabon 1978 (politische Wandmalereien nach 1974)

Guimarães, Sérgio (Hg.): O 25 de Abril visto pelas crianças. Lissabon 1978 (die Nelkenrevolution von 1974 in Schülerzeichnungen)

Kuder, Manfred: Portugal. Reiseführer mit Landeskunde. Mai's Weltführer Nr. 39. 2., völlig neubearb. u. erw. Auflage Buchschlag bei Frankfurt 1986 (»eines der gründlichsten Reisebücher über das Land an der Westküste Europas« – Frankfurter Allgemeine Zeitung)

Lautensach, Hermann: Portugal aufgrund eigener Reisen und in der Literatur. Gotha 1937 (grundlegende Arbeit eines Geographen)

Link, Heinrich Friedrich: Bemerkungen auf einer Reise durch Frankreich, Spanien und vorzüglich Portugal. Kiel 1801/04 (noch ein illustrer deutscher Geograph)

Meyer-Clason, Curt: Portugiesische Tagebücher. Königstein 1979 (Lissabon von 1969 bis 1976 aus der Sicht des damaligen Leiters des Goethe-Instituts)

Pavão, Luís/Pereira, Mário: As Tabernas de Lisboa. Lissabon 1981 (Fotografien aus Lissabonner Kneipen)

Schubert, Jörg: Lissabon. Frankfurt 1981

Southey, Robert: Journals of a Residence in Portugal 1800–1801. Oxford 1960 (objektiver als Beckford, aber ebenfalls sehr unterhaltsam zu lesen)

Souza, Fernando (Hg.): Alfacinhas – Os Lisboetas do Passado e do Presente. Lissabon o.J. (die Lissaboner in Aquarellen von Alberto Souza, ergänzt mit alten Fotografien und Drucken)

Strelocke, Hans: Portugal. Vom Algarve zum Minho. Köln 1983 (kunstgeschichtlicher Führer)

Villier, Franz: Portugal. Paris 1976 (Portugal aus französischer Sicht. Sehr gut informierender und einfühlsamer Band)

Weber, Peter: Portugal. Räumliche Dimensionen und Abhängigkeit. Darmstadt 1980 (wissenschaftliche Länderkunde)

Register

192

Mai's
Reiseführer
Verlag

Mai's Weltführer

Reiseführer
für außereuropäische Länder
mit ausführlicher Landeskunde

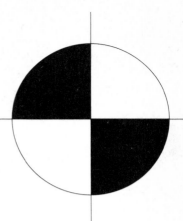

Mai's Auslandstaschenbücher

Bitte verlangen Sie unser ausführliches Gesamtverzeichnis

Mai's Reiseführer Verlag
Im Finkenschlag 22
6072 Dreieich-Buchschlag
Telefon 0 61 03/ 6 29 33

Städteführer
von Insidern für solche,
die es werden wollen

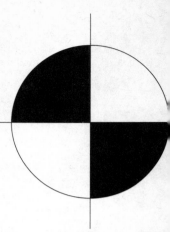

Mai's Städteführer

Nr. 1: Dublin
von Elsemarie Maletzke

Nr. 2: Zürich
von Joachim und Dorothea von zur Gathen

Nr. 3: Lissabon
von Ellen Heinemann

Nr. 4: Lyon
von Irmgard Köhler

Nr. 5: Tel Aviv
von Rudolf Nothdurft

Weitere Bände in Vorbereitung

Pressestimmen zu »Dublin«:

Dieser erste deutschsprachige Führer durch Dublin ist mehr als ein bloßer
Reiseführer: er ist eine Liebeserklärung an die Stadt am River Liffey.
(Frankfurter Rundschau)

Das Büchlein ist ein Glücksfall der Branche – amüsant geschrieben, voller
origineller Ideen und schnurriger Hinweise, dabei solide und vielseitig
informierend. (Brigitte)